行動志向の英語科教育の基礎と実践
―――教師は成長する―――

JACET 教育問題研究会 編

Action-oriented teaching and learning

SANSHUSHA

はじめに

　本書は，1998年刊行の『英語科教育の基礎と実践』の3回目の全面改訂版です。判型，体裁，章立て，文体を一新し，内容も執筆者間の連携を重視して，一貫性と統一性を心がけました。

　今回の全面改訂の目的は，2014年に完成した『言語教師のポートフォリオ』（J-POSTL: Japanese Portfolio for Student Teachers of Languages）【英語教職課程編】（JACET教育問題研究会）に含まれる96項目の自己評価記述文を編集の柱とすることと，前回の全面改訂（2012年版）以降に文部科学省が公表した外国語教育改革政策，中央教育審議会の指導要領答申，最近の研究成果などに基づいて，内容をアップデートすることです。幸い，本書の製作中2017年3月末に，小・中学校の次期学習指導要領（本書の資料編に掲載）が告示されたので，その内容を反映させることができました。

　次期学習指導要領では，2020年度から小学校3・4年に「外国語活動」，5・6年に教科としての「外国語（英語）」が導入され，同時に，中学校での教育内容の記述が大幅に改訂されています。今後，高校の次期学習指導要領もこの改訂内容に連動し，同時に，大学入試の形態も様変わりするでしょう。

　さて，教育改革の動向と告示内容を検討してみると，本書の編集の柱であるJ-POSTLの言語観，学習観，教育観と相通じていることがわかります。J-POSTLの理念的基盤は『ヨーロッパ言語共通参照枠』（CEFR: Common European Framework of Reference for Languages）（ヨーロッパ評議会，2001）ですが，次期学習指導要領にもCEFRの理念が反映されています。例えば，中央教育審議会の答申（2016）をはじめ最近公表された文部科学省の文書には，CEFRの共通参照レベルへの言及や，6段階の能力尺度（A1〜C2）を世界標準と認識していることが明記されています。

　特に，次期学習指導要領では，以下の2点が特徴的です。

- 「話すこと」を「話すこと（やり取り）」と「話すこと（発表）」に分類し，生徒の資質・能力の目標を4技能ではなく5つの領域としていること。
- 上記5つの領域の目標の記述を「…することができるようにする」という能力記述文（Can-Do形式）にしていること。

　これは，学習者を言語使用者とみなし，コミュニケーション言語活動を奨励するCEFRの行動志向の言語観と教育観が反映されていると考えられます。

　さらに，次期学習指導要領で導入された「主体的，対話的で深い学び」という概念は，技能統合型学習，あるいは，アクティブ・ラーニングを指すと考えられますが，CEFRの学習観である自立的（independent），協同的・インタラクティブ（cooperative and interactive）で，省察的な学び（reflective learning）に通じると考えられます。

本書は理論編，実践編Ⅰ・Ⅱ，資料編の4部構成になっています。理論編では，上述の論点をはじめ，基本となる教授理論を公的な文書，文献，研究報告書などを根拠に解説しています。実践編Ⅰでは，技能統合型を含めた4技能5領域と文法，語彙，文化の指導について具体的に記述し，実践編Ⅱでは，授業計画，授業実践，評価などについて事例を出しながら解説しています。資料編には，①J-POSTL【英語教職課程編】の自己評価記述文の全文，②英語で授業を行う際の基本的な用例集，③学習指導要領（外国語，抜粋）を掲載しました。なお索引では，様々な便宜を図って日英両語を併記しました。

　J-POSTLの自己評価記述文については，全章を通じ内容に即して，該当する記述文を側注に掲載しており，さらに各章の「課題」でも扱っています。自己評価記述文を使って，仲間との学びや自己の学習・実践の振り返りに役立ててくださることを期待しています。

　より詳しい情報を求める場合には，J-POSTL【英語教師教育全編】や関連する文献・資料を，下記のJACET教育問題研究会のホームページのサイトからダウンロードできます。

> URL：http://www.waseda.jp/assoc-jacetenedu/

　最後に，改訂の企画段階から執筆，校正に至るまで，特に初校段階の大幅な修正作業を含み，足掛け2年にわたり，辛抱強くお付き合いくださり，適切な助言と指示をしてくださった，三修社編集部の三井るり子氏に厚く感謝申し上げます。

2017年9月
執筆者一同

本書の利用法

> 本書の各章には，ページのサイドに注のスペースを設け（側注），内容に即したJ-POSTLの自己評価記述文をはじめ，重要な用語や概念の説明，参照すべき箇所の指示などを載せました。各章末には「課題」を用意し，最後に「参考図書」を紹介しています。

> 《本文中のJ-POSTLの略語について》
> 例えば J-POSTL の I 教育環境 A. 教育課程の1の自己評価記述文の場合：J-I-A-1 のように記載しています。

一般的な利用法

本書は基本的に英語科教育法の教科書として編纂されたものです。したがって，通例，理論的な知識から実践的な内容へと取り組んでいきます。本書においても，理論編で英語科教育に必要な基本的な知識や理論を学んだ後，実践編の具体的な指導方法の学習へと順に進むのが一般的な流れです。

しかし，側注を設けて用語解説や参照箇所を明示したことにより，必ずしも目次に沿った進度でなく，状況に応じて優先順位を決めて講義を進めることもできます。あるいは，本文を読んでくることを前提に，各章末にある「課題」についてグループ討議を中心に進めることもできます。「課題」は経験や学習の省察を促すタスクとして活用することが可能です。

J-POSTLと併用する利用法

教職課程を履修している学生ばかりでなく，現職の中学・高校の先生方でも，自分自身のニーズに沿って，ダウンロードしたJ-POSTLと併用しながら，英語教師としての授業力を高める目的で使用することができます。以下にその一例を，学生を対象として示します。

選んだ自己評価記述文を使って自己評価し，余白にその根拠をメモする。さらに，この学習活動で気づいた事柄は「学習・実践の記録」欄に記述する。		学習している章と同じJ-POSTLのセクションをダウンロードする。
		⇩
マイクロ・ティーチングを基にクラス（グループ）で，背景となる指導理論を確認しながら，意見を交換する。		ダウンロードしたJ-POSTLのセクションの自己評価記述文から自分がテーマとする記述文を選ぶ。
		⇩
授業案を基にマイクロ・ティーチングを行う。		選んだ記述文に関連する指導方法を章の記述を参照しながら，授業案（略案）を作成する

行動志向の英語科教育の基礎と実践

目　次

第1部　理論編

第1章　外国語教育の目的と意義　10
1. 日本の外国語教育の方向性　10　　　2. CEFRの言語教育観　15

第2章　英語教育課程　25
1. 教育課程と学習指導要領　25　2. 日本の英語教育課程の今後の方向性　30

第3章　第二言語習得と教授法　34
1. SLA研究 からの知見　34　　　2. 教授法　37

第4章　学習者論　43
1. 言語習得とは　43　　2. 自律と自立　44　　3. 自律的学習能力を育てる　45
4. 学習者要因　49　　5. 英語学習に成功する学習者　51

第5章　英語教師論　56
1. 教員として求められる資質能力　56　　2. 言語教師の役割　60
3. 英語教師の成長　62

第2部　実践編 I

第6章　リスニング　68
1. 基本概念　68　　2. リスニング指導　72

第7章　リーディング　81
1. 基本概念　81　　2. リーディング指導　82

第8章　スピーキング　92
1. 基本概念　92　　2. スピーキング指導　94

第9章　ライティング　107
1. 基本概念　107　　2. ライティング指導　110

第10章　技能統合型の指導：インタラクション　120
1. 基本概念　120　　2. 協同学習　121

第11章　文法指導　133
1. 基本概念　133　　2. 文法指導　135

第12章　語彙指導　140
1. 基本概念　140　　2. 語彙指導　144

第13章　異文化指導　149
1. 基本概念　149　　2. 指導の観点　152　　3. 異文化指導　155

第3部　実践編 II　～授業計画と実践～

第14章　授業計画に必要な知識　162
1. 授業計画の前提　162　　2. 授業計画の設定　164
3. 授業計画を設定する際に必要な観点　165
4. 授業案の作成の基本的な知識　167　　5. 授業で使用する教育機器　168

第15章　授業計画：授業案の作成　171
1. 授業案作成の概要と留意点　171　　2. 細案に記述する一般的な項目　172
3. 授業案の実例　174

第16章　授業実践　191
1. 授業の形態　191　　2. 授業の使用言語　194　　3. 模擬授業　197
4. 教育実習　199

第17章　評価　202
1. 評価すること　202　　2. 適切な評価　203　　3. 観点別評価について　206
4. 誤答分析　209　　5. Can-doリストと学習者の自己評価能力　210
6. CEFRによる評価とは　211

資料編
1　J-POSTL【英語教職課程編】：自己評価記述文　216
2　〈英語で授業〉基本用例　220
3　学習指導要領（小学校・中学校・高等学校）　225
4　次期学習指導要領（小学校・中学校）　239

索引　261
引用・参考文献　266

第 1 部
理論編

Education is not preparation for life;
education is life itself.
—John Dewey—

教育は人生の準備ではない。
教育は人生そのものである。
—ジョン・デューイ—

第1章
外国語教育の目的と意義

　最近の日本の外国語教育には，英米に加えヨーロッパの言語教育理念や概念，指導法が取り入れられてきています。例えば，『ヨーロッパ言語共通参照枠（CEFR）』に由来するCan-do形式の能力記述文の教育現場への導入がその代表です。また，本書の中で随所に参照する『言語教師のポートフォリオ（J-POSTL）』も，ヨーロッパで開発された言語教師教育のポートフォリオを翻案化したものです。そこで本章では，まず21世紀に入ってから打ち出された日本の外国語教育改善策の主な文書を基に，日本の外国語教育の方向性を概観します。次に，日本でも適用されつつあり，ヨーロッパの外国語教育の基盤であるCEFRの言語教育の理念や主要な概念を検討します。これらの記述内容を参考に，日本の外国語教育の目的や意義について考えてみましょう。

1. 日本の外国語教育の方向性

1.1　外国語教育政策の最近の流れ

　21世紀に入って以降，『「英語が使える日本人」の育成のための行動計画』（行動計画）(2003)に基づいて，文部科学省（以降 文科省）は英語コミュニケーション力の養成を目標に，様々な英語教育改革を実施してきました。全国6万人の中等教育英語教員に対する英語研修（2003年〜2007年），大学入試センター試験でのリスニングテストの導入，スーパー・イングリッシュ・ランゲージ・ハイスクール（セルハイ）における先進的英語教育の実践研究，ALT[1]の増員配置，小学校外国語活動の導入，生徒および教員の英語力達成目標の設定[2]とその対策，等々が推進されてきました。2009年の高等学校外国語学習指導要領には「英語の授業は英語で行うこと」という趣旨の文言が入りました。2011年には，主として英語教員と生徒の英語コミュニケーション能力が，「行動計画」で設定した目標に達していないとして，『国際共通語としての英語力向上のための5つの提言と具体的政策』[3]（以降，『英語力向上策』）を策定しました。この文書で提言された5つの具体的政策の1つが，各中等学校における「Can-doリスト」による学習到達目標設定で，その手引きが2013年に出されています。一方，文科省は内閣府との共同で『グローバル人材育成戦略』(2012)（以降，『グローバル人材』）を立ち上げました。この政策は，外国語教育全般を視野に入れていますが，特に英語教育と極めて強い関連性があります。スーパーグローバル大学やスーパーグローバル・ハイスクールに選定された教育機関の多くは，英語教育を重視したプ

[1] ALT (assistant language teacher)：外国語指導助手。第2章 2.2.1 側注 [17] 参照

[2] 英語力の目標：中学卒業時英検3級，高校卒業時英検準2級〜2級。英語教員英検準1級以上。

[3] 『英語力向上策』：2016年度を達成目標にしている。

ログラムで事業を展開しています。また，『英語力向上策』の提言に基づき，文科省は2014年から主に高校3年生を対象に英語力や英語学習意識調査[4]を行い，2015年6月に『生徒の英語力向上推進プラン』を出しています。さらに，2016年12月に中央教育審議会（中教審）は『幼稚園，小学校，中学校，高等学校及び特別支援学校の学習指導要領等の改善及び必要な方策等について（答申）』[5]において，主として次のような改善策を提案しています。

- 従来の4技能の枠組みを，CEFRの自己評価表[6]に基づいて今後は「聞くこと」「読むこと」「話すこと（やり取り）」「話すこと（発表）」「書くこと」の5つの領域とする。
- 観点別学習状況評価[7]に当たっては，「知識・技能」，「思考・判断・表現」，「主体的に学習に取り組む態度」の3つの観点で行う。
- 「主体的・対話的で深い学び」（アクティブ・ラーニング）の実現をめざす。
- 2020年度には小学校3・4年生で外国語活動，5・6年生で英語を教科として導入する。

この答申内容に沿って小学校・中学校の次期学習指導要領が2017年3月に告示されましたが，本節では，『英語力向上策』，『グローバル人材』，そして『外国語教育における「Can-doリスト」の形での学習到達目標設定のための手引き』を取り上げ，学習指導要領の背景にある外国語教育・学習観を探ります。

1.2 『英語力向上策』における外国語教育観

1.2.1 学習対象となる英語

この文書の表題に見られるように，文科省は学習対象とする英語を「国際共通語としての英語」としています。これは，英語教育の目標であるコミュニケーション力の育成と関連しています。英語という言語に関する分類には様々な観点がありますが，大きな枠組みで示すと**表1-1**のようになります。

この分類は，それぞれが独立したものではなく，相互補完的です。例えば，日本における英語はEFLであり，日本は拡大円圏に所属し，日本人が英語を使う場面はEILでもありELFでもあります。

これまで日本では「習得方法・使用形式」の分類に基づき，英語をEFLとして教育を展開してきました。具体的には，ENLやESLをモデルとした発音，教材，言語活動などに基づいた，いわゆるリテラシー教育を主体とした指導が行われ，暗黙の内に母語話者に近づくことが目標とされてきました。しかし，英語を国際共通語と特定したことによって，内円圏の英語・文化

[4] 英語調査結果：第4章
3.2参照

[5] 次期学習指導要領：
第2章および資料編参照

[6] CEFRの自己評価表：本
章2.3.3参照

[7] 観点別学習状況評価：
現行の制度では「外国語
表現の能力」，「外国語理
解の能力」，「コミュニ
ケーションへの関心・意
欲・態度」，「言語や文化
についての知識・理解」
の4つの観点。

[8] 英語話者数：Crystal (2003) を参考にした。この数値から，英語は母語話者だけの所有物ではないことがわかる。

[9] ENL：English as a native language

[10] ESL：English as a second language

[11] EFL：English as a foreign language

[12] 世界の諸英語：Kachru (1985) による世界の英語話者の3分類に基づく。Englishが複数形であることに注意したい。

[13] EIL：English as an international language

[14] ELF：English as a lingua franca

分類の観点	英語の種類	概要（カッコ内は推定の英語話者数[8]）
習得方法・使用形式（伝統的区分）	母語としての英語（ENL[9]）	英語を母語とする話者の英語。
	第2言語としての英語（ESL[10]）	学校や日常生活の場面で英語が使われている社会で，英語の非母語話者が学ぶ英語。
	外国語としての英語（EFL[11]）	日常生活の場面では使われないが，学校で教科として学ぶ英語。
世界の諸英語[12]（World Englishes）	内円圏の英語（Inner circle）	英語圏の国々（英，米，アイルランド，加，豪，NZ）で使われている英語の種類。ENLに相当する。（3.2〜3.8億人）
	外円圏の英語（Outer circle）	英語を公用語・通用語などにしている国々（インド，ナイジェリア，フィジーなど50以上の国・地域）で使われている英語の種類。ESLに相当する。（3〜5億人）
	拡大円圏の英語（Expanding circle）	日常生活の場面では使われないが，学校で教科として教えている国々（日本，ロシア，中国，韓国，欧州諸国など多数）の英語の種類。EFLに相当する。（5〜10億人）
コミュニケーション場面	国際語としての英語（EIL[13]）	国際的な会議・集会や商取引などで国際コミュニケーション言語として使われる英語。
	共通語としての英語（ELF[14]）	特に複数の英語の非母語話者間で共通のコミュニケーション言語として使われる英語。

表1-1 英語の分類

に限定せず，「コミュニケーション場面」のEILとELFをグローバルな共通語として学習対象としたことになります。しかし，国際共通語として使用される英語がどのような英語であるか一様には定義できません。

[15] EILの研究者：本項の記述は，Jenkins (2000, 2002) の研究成果に基づいている。

[16] EILの発音指導：第6章と第8章を参照。強勢以外に，特に/p/ /t/ /k/ の破裂音，seatとsitのような長母音と短母音の区別，birdやcurtainなどのあいまい母音の指導が必要であるとされる。

　EILの研究者[15]によると，国際コミュニケーションの場面で使われる非母語話者の英語は，話者の母語の音韻特徴やアイデンティティを表出しますが，英語として「通じること（intelligibility）」が基本であるとしています。つまり，正確な発音，文法，語彙で英語を使用することはもちろん大切ですが，基本的には誰にでも通じる英語を使うことが前提となります。具体的には，EILの発音指導[16]の目標設定で，「決定的に重要」とされているのは強勢（ストレス）と言われています。日本語の音韻特徴は高低ですが，英語は強弱です。英語では語，句，文のそれぞれの単位で，どこに強勢が置かれるか，また，強勢の位置によって自分の言いたいことが変わるなど，

12

1.2.2 外国語教育の意義と外国語能力の定義

英語を国際共通語としたことによって,『英語力向上策』では外国語教育の意義を次のように特定しています。

- 英語をはじめとした外国語は子供たちの可能性を大きく広げるツール。
- 日本の国際競争力を高めるための重要な要素。

外国語を学習するだけではなく,ツールとして使用できるようになれば,活動範囲とともに人的交流が広がります。その結果,社会や国の利益に資する働きをすることが期待されます。事実,国連などの国際的な機関で,外国語を駆使できる日本人職員が少ないことが国益を損なっているという指摘もあります[17]。この観点は,OECD(経済協力開発機構)も認めている世界の標準的な考え方と言えます。

一方,外国語能力は次のように定義されています。

- 異なる国や文化の人々と外国語をツールとして円滑にコミュニケーションを図ることができる能力。

この能力には,異なる国や文化の人々と臆せず積極的にコミュニケーションを図ろうとする態度[18],相手の文化的・社会的背景への配慮,相手の意図や考えに対する的確な理解力,理論的な思考力・説明力・説得力などが含まれるとされています。

以上の内容は,OECDのPISA(学習到達度調査)における国際的な学力規準であるキー・コンピテンシー(図1-1)の3つの能力の内,2つの能力を想起させます。つまり,「ツール(言語や情報機器)をインタラクティブに使用する能力」と「言語や文化的背景が異なる人々からなる集団でインタラクションする能力」で

[17] 国際機関で働く日本人:例えば,国連機関で働く日本人職員の増強問題に関する参議院議員団の報告書(中内,2010)などで,課題が指摘されている。

[18] 臆せずコミュニケーションを図る態度:通じる英語の指導(前項参照)が,この態度につながることを示唆するものと考えられる。

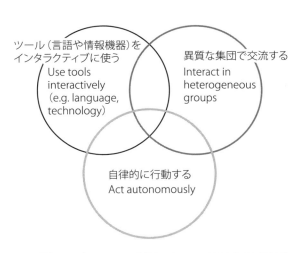

図1-1 キー・コンピテンシー OECD/PISA(2003)

す。英語を国際共通語と位置付けたこととあわせ，以上の観点は文科省が改めて明確に打ち出した外国語教育観と考えられます。

1.3　グローバル人材の育成

　文科省は，『英語力向上策』に続き，2012年に『グローバル人材育成戦略』を発表しました。その中で，「グローバル人材」の概念には以下のような要素が含まれるとされています。

要素Ⅰ：語学力・コミュニケーション能力
要素Ⅱ：主体性・積極性，チャレンジ精神，協調性・柔軟性，責任感・使命感
要素Ⅲ：異文化に対する理解と日本人としてのアイデンティティ[19]

　以上のうち，外国語教育では主に要素ⅠとⅢが対象となります。要素Ⅰについては，初歩から上級まで段階別に目安が例示されています。それによると，「①海外旅行会話レベル，②日常生活会話レベル，③業務上の文書・会話レベル，④二者間折衝・交渉レベル，⑤多数者間折衝・交渉レベル」となっています。グローバル人材育成事業では，国際競争力を高めるための人材を確保することが目的なので，④と⑤のレベルの人材を継続的に育成することを重視しています。つまり，④⑤のレベルの言語使用者の育成を最終段階の目標とすれば，学校での外国語教育においては，①②のレベルと要素Ⅲの育成に焦点を当てることになります。異文化間での私的で実用的な外国語運用力の育成は，グローバル市民となるための第1歩であり，グローバル人材のすそ野を広げることになります。

1.4　学習到達目標としてのCan-doリスト

　『英語力向上策』の具体策の1つとして文科省が2013年に作成したのが，『外国語教育における「Can-do[20]リスト」の形での学習到達目標設定のための手引き』(以降『手引き』)です。このなかには3つの目標が掲げられていますが，要約すると次のようになります。

・各学校が到達目標をCan-doリストの形で設定し，生徒の指導と評価の改善に活用する。
・Can-doリストにより，4技能を統合した総合的な英語力を育成する指導につなげる。
・教員と生徒がCan-doリストを共有することで，生徒に英語学習への期待や目的に対する自覚が芽生え，言語習得に必要な自律的学習者

---

[19] 3要素以外に必要な資質：「幅広い教養と深い専門性，課題発見・解決能力，チームワークと(異質な者の集団をまとめる)リーダーシップ，公共性・倫理観，メディア・リテラシー等」が求められている。

[20] Can-do：文科省の文書ではCAN-DOとしているが，本書では他の略語と混同しないようCan-doで統一している。

としての態度・姿勢が身に付くとともに，学習意欲の更なる向上に
もつながることが期待される。

Can-doというのは「〜することができる」という能力記述文のことです
が，この形式は『ヨーロッパ言語共通参照枠（CEFR[21]）』に由来しています。
CEFRについては次節で詳しく扱いますが，文科省はこのCEFRの中の6段階
の共通参照レベル（**2.3.3**参照）を世界標準と認め，2014年度から始めた英
語学力試験問題と測定基準に採用しています。つまり，Can-doリストの導
入は，ヨーロッパの言語教育観や学習観を取り入れたことを意味します。
しかし，これには課題があります。CEFRは複雑で包括的な「学習，教育，
評価」の参照枠ですが，日本が利用しているのは「評価」に偏っているようで
す。例えば，上記3点の目標に合わせて課題を考えてみると次のようにな
ります。

- 『手引き』の補足説明によると，Can-doリスト形式の目標設定に適し
  ているのは，観点別学習状況の4つの評価[22]の観点のうち「外国語
  表現の能力」および「外国語理解の能力」としているが，他の2つの観
  点「コミュニケーションへの関心・意欲・態度」と「言語や文化につい
  ての知識・理解」に関しては軽視される可能性がある。
- 補足説明によると，Can-doリストは生徒による自己評価に活用する
  ことが可能で，これにより，生徒自身の学習の振り返り（省察），外
  国語学習への意欲・自信の向上，自律的な学習といった効果が期待
  できるとしている。ヨーロッパでは学習者のために省察ツールとし
  てELP[23]（ヨーロッパ言語ポートフォリオ）が開発されているが，日
  本でも，Can-doリストを省察や自律的学習につなげるツールが必要
  と考えられる。

以上の課題に関しては，次節と第4章，第5章，第10章で詳しく検討しま
すが，Can-doリストを効果的に活用するためには，CEFRの言語教育観の背
景にある理念や概念も同時に日本の文脈に取り入れていく必要があります。

2. CEFRの言語教育観

2.1 CEFRと言語教育システム
　21世紀冒頭に欧州評議会[24]によってヨーロッパの言語教育政策の方向
性を決定づける文書が編纂されました。それが『ヨーロッパ言語共通参照枠

[21]CEFR：Common European Framework of Reference for Languages: Learning, teaching, assessment
CEFRの日本語版：2004年に翻訳された。『外国語教育Ⅱ 外国語の学習，教授，評価のためのヨーロッパ共通参照枠』（訳編：吉島茂・大橋理枝他，朝日出版社，増補版2014）

[22]観点別学習状況評価：次期学習指導要領では3つの観点となる。本章1.1参照

[23]ELP：European Language Portfolio
本章2.1参照

[24]欧州評議会（Council of Europe：COE）：1949年設立。人権，民主主義，法の支配の分野で国際社会の基準策定を主導する汎欧州の国際機関で，2017年現在加盟国は47か国。日本はアメリカ，カナダ，メキシコ，バチカンとともにオブザーバー国。本部はフランスのストラスブール。言語政策部門が言語教育政策を司り，オーストリアのグラーツに欧州現代語センター（ECML）が政策実施機関として設置されている。

図1-2 オーストリアの教育システム
(Mehlmauer-Larcher, 2015)

(CEFR)』です。CEFRは，「ヨーロッパの言語教育のシラバス，カリキュラムのガイドライン，試験，教科書等々の向上のために一般的基盤を与えること」(CEFR, p.1)を目的として開発されました。したがってCEFRには，ヨーロッパの政治的，教育的，社会文化的な背景に基づく言語観，学習観，教育観が総合的に記述されています。CEFRの主要な理念や原則に関しては後述しますが，ここでは，CEFRを基盤とした言語教育のシステムを，オーストリア・モデル（図1-2）を使って説明します。

　CEFRを中心として，上段にカリキュラム，教科書，試験が配置されています。試験の下には，学習者のための省察ツールであるELP（ヨーロッパ言語ポートフォリオ）があります。ELPは欧州評議会が作成したひな型を利用して，国ごとに，また，教育段階ごとに異なるバージョンが作られ，2010年までに100以上が認定を受けています。ただし，認定制度は2010年で終了しています。最下段にある「教師教育」ですが，この基本となる文書は『ヨーロッパ言語教師教育プロフィール：参照枠』（以降Profile[25]）で，2004年に欧州委員会の後援でイギリスのサウザンプトン大学の研究チームによって開発されました。これは欧州各国で共通理解される教員養成課程のカリキュラム・デザインに資するスタンダード[26]（規準）として編纂されたものです。それに対して，EPOSTL[27]は言語教育履修生のための省察ツールとして，欧州評議会のプロジェクト・チームが2007年に開発したものです。教師教育の観点から見ると，Profileの対象は主に教員養成カリキュラムの立案者なのでトップ・ダウンであり，EPOSTLの対象は履修生で，教師の成長に必要な具体的な授業力に焦点を当てていることからボトム・アップのアプローチと言えます。

　以上の通り，ヨーロッパの言語教育システムはCEFRを基盤として，カリキュラムから試験，学習指導，教師教育，教科書に至るまで構造化されています。

　一方，CEFRには異文化間能力に関する記述が不足しているという観点から，『言語と文化の複元的アプローチ参照枠』（FREPA[28]）が2012年に編纂されました。現在，FREPAに基づく異言語・異文化間教育の指導法が研究

[25] Profile：European Profile for Language Teacher Education: A Frame of Reference (Kelly & Grenfell, 2004)

[26] スタンダード(standards)：能力水準を段階別，観点別に特定した規準のこと。例えば，正規教員，優秀教員，管理職などに分けてそれぞれの能力水準を観点別に記述し，指導，研修，評価などに利用される。

[27] EPOSTL：European Portfolio for Student Teachers of Languages (Newby et al., 2007)。J-POSTLの原作。

[28] FREPA：A Frame of Reference for Pluralistic Approaches to Languages and Cultures – Competences and resources (Candelier et al., 2012)

されつつあります。今後，FREPAはCEFRとともに異文化間教育の基盤として機能するようになると考えられます。

2.2 CEFRと言語教育政策

CEFR（2001年）の理念と原則に従い，欧州評議会は言語教育政策の目的を明示的な形で発信してきました。その中でも，複言語主義[29]と複文化主義[30]は政策の要となっています。

欧州評議会（2006）によると，言語政策の目的は，「複言語主義」，「言語的多様性」，「相互理解」，「民主的市民性」，「社会的結束」を促進することにあるとされています。この5つの目的は相互補完的です。多言語の大陸であるヨーロッパでは，母語以外に2言語以上の複数の外国語を学ぶことによって，異文化を理解し，文化的差異を受容することが可能になると考えられています。また，複言語能力は，多言語社会での民主的・社会的プロセスへの参加を容易にし，社会的な結束を高めると期待されています。

一方，複文化主義あるいは複文化能力は，FREPAに見られるように，異文化間能力という用語で語られるようになりました。そこで，CEFRの他の概念の前に，複言語主義と異文化間能力について説明しておきましょう。

2.2.1 複言語主義

まず，多言語主義[31]と複言語主義の違いを理解しておきましょう。ごく簡潔に言えば，多言語主義は言語の社会的側面に着目した考え方で，1つの国や地域社会における2種類以上の言語の共存状態を指します。一方，複言語主義は個人の複数の言語体験に注目します。個人の中では，複数の言語体験は個別に存在するものではなく，相互作用しながら共存しています。つまり，複言語主義教育では，言語のすべての知識や経験を活かし，それらを関連づけ，相互に作用させるコミュニケーション能力の育成が重要であると考えます。

戦乱の歴史を繰り返してきた多言語・多文化社会のヨーロッパを統合するためには，複言語主義はもっとも重要な理念の1つです。多言語社会を維持し，継続的な調和と平和，人的交流を促進するためには，すべての言語は，コミュニケーションとアイデンティティ表現の手段として，同等の価値を持っていることを認識する必要があります。同等の価値をもった複数の言語を学ぶことによって，人々は言語的多様性への認識，異文化理解，文化的な差異の受容が可能となります。複数の言語を使ってある程度のコミュニケーションができれば，多言語社会における民主的かつ社会的なプロセスへの参加が容易になります。したがって，多言語社会で何らかの役割を果たすには，個別言語の達人を目指す必要はありません。言語的なバ

[29]複言語主義：
plurilingualism
[30]複文化主義：
pluriculturalism

[31]多言語主義：
multilingualism

リアーを張らずに人的交流を促進できる異文化間話者になることが目標となります。

こうした複言語主義の理念のもとに，ヨーロッパでは，母語以外に2つ以上の言語を習得することが言語教育の目標になっています。2つ以上の外国語を学ぶことによって，子どもたちは，多元的な視野を持つことが可能になります。批判的でバランス感覚に優れた見方ができるようになり，言葉によるコミュニケーション能力だけでなく，考える力，自己理解，他者理解，アイデンティティの確立といった要素を発達させやすくなることが予測できます。

ヨーロッパでは小学校低学年から外国語教育が導入されていますが，7割以上の小学校[32]が英語を選択しています。英語が国際共通語として認識されていることを表していますが，日本と異なり，中学から第2の外国語を必修または選択で勉強することになります。日本の外国語教育は，ほぼ英語に特化されています。この点を考慮し，J-POSTLは英語教師を対象にしています。しかし，将来的には外国語教師全体に共通するツールとして機能することが期待されます。

2.2.3 異文化間能力

CEFRが世に出た当初は，複言語主義と並んで，複文化主義という用語が使われていました。個人の複数の文化的体験は，言語能力と同様，相互に関係，作用し合い統合された能力として機能しているという考え方です。その根底には，言語は文化の主要な側面であり，文化を体現するための手段である，という考え方があります。この理念は，CEFR以降，異文化間能力（IC[33]）という用語で展開してきています。それでは，ICとはどのような能力を指すのでしょうか。

ICを一言で定義すると，他の文化や文化的多様性を認め尊重する「態度」を意味します。近頃では，小学生から大学生に至るまで，異文化体験と称して，海外研修がよく行われています。異文化への気づきや異文化理解のためには，研修への参加は大いに推奨されるものです。しかし，参加したからと言って，必ずしもICが身につくとは限りません。研修期間中には，自分たちとは違った生活スタイルや，価値観の異なる人々と遭遇することになります。それらを全て理解できればいいのですが，中には理解を超え，受け入れがたいこともあります。そのような場合，否定したり，非難したり，無視したりせず，世の中には理解できないことが存在するという認識を持ち，違いを違いとして認める態度が必要になります。海外研修などの特別な機会だけでなく，普段の授業の中で，このような認識や態度を育成する教育を行うことが大切です。これを異文化間教育と言います。異文化間教

---

[32] 小学校での英語教育：EU圏では73%の小学校が英語を外国語として選択している。中学・高校では90%以上になる（Eurydice, 2012）。

[33] 異文化間能力：intercultural competence（IC）第13章 1.2, 1.3参照

育は民主的でグローバルな市民としての意識を育むことが期待されています。言語教育において，複言語能力とICの育成は相互補完的な役割を果たします。

2.3 CEFRの主な言語教育観

2.3.1 CEFRの学習者観

CEFRは学習者中心の教育方法論を採用しています。以前は，教師や彼らが用いる指導法や教材に視点が置かれていました。つまり，教師が学習者に知識や技能を伝達するという教師中心の考え方が主流でした。しかし，CEFRでは，多様な学習者がどのようにして言語を習得するかという観点から，彼らの特性や効果的な学習方法に注目しています。この考え方は，言語学習者は言語使用者，社会で何らかの課題を達成する社会的行為者，そして生涯学習者であるというCEFRの理念に反映されています。次項からは，この理念を具体的に表現する「行動志向アプローチ」，「共通参照レベル」，「生涯学習者」の3つの概念について説明します。

2.3.2 行動志向アプローチ [34]

言語は使用するものであるという言語観に基づいて開発された教授法・学習法が，コミュニカティブ・アプローチです。このアプローチは，CEFRの前身である『スレショルド・レベル』[35]によって，1980年代には欧米各国の言語教育の規範となりました。具体的には，個別の言語形式に左右されない，概念や機能を中心とした言語活動に基づく，コミュニカティブな指導法（CLT[36]）です。CLTはCEFRにも受け継がれ，「行動志向アプローチ」として発展しました。

行動志向アプローチでは，言語学習者も言語使用者と区別せず，「社会的行為者」[37]，つまり，「与えられた条件，特定の環境，個別の行動領域の中で，必ずしも言語とは関連しないが，課題を達成することが求められている社会の一員」と見なされます。この社会的存在としての個人は，「一般的能力」[38]と「コミュニケーション言語能力」を使って，（1）言語活動を行います。その言語活動は，特定の（2）生活領域に属する場面と関連します。

（1）言語活動

4技能にインタラクション[39]を加えた5技能を構成要素としています。受容（読む，聞く）と産出（話す，書く）は，インタラクションのための基本的技能です。テキストや情報を読んでわかるとか聞いてわかるというのが受容能力で，口頭発表するとかレポートを書くなどは産出能力です。それに対してインタラクションは，2人以上の間でメッセージや意見をやり取

[34] 行動志向アプローチ：action-oriented approach

[35]『スレショルド・レベル』：Threshold Level（初版1975, 改訂版1990）

[36] コミュニカティブな指導法：communicative language teaching (CLT)，第3章 2.3参照

[37] 社会的行為者：social agent

[38] 一般的能力（general competences）とコミュニケーション言語能力（communicative language competences）：いずれも第3章 2.3参照

[39] インタラクション：第3章 1.3，2.3 図3-2，第5章 2.2，第10章参照

りすることです。しかし，単なる言葉のやり取りだけではなく，相手の言葉を聞きながら，その趣旨を前もって想定し，さらに自分の次の発言内容を準備するというプロセスが入ります。つまり，受容と産出を同時に行っていることを意味します。言い換えると，対話する技能と言ってもよいでしょう。したがって，言語学習においては，コミュニケーションの中心的な役割を果たす技能として，インタラクションは極めて重要です。

（2）生活領域

言語の使用場面[40]である生活領域は，次の4つに分類されます。

- 公的領域：ビジネスと行政体，公共サービス，公共的性格の文化・娯楽的活動，メディア関係など通常の社会的交渉。
- 私的領域：家族内の関係や個人の社交的な行動。
- 教育領域：一定の知識や技能を習得することを目的とした制度化された学習と訓練の場。
- 職業領域：職業上の行為に関係する個人の活動とつながりのある全てのもの。

教室では上記の領域との関連性を常に意識してテーマを設定し，言語活動を行うことが求められます。因みに，日本の『グローバル人材』での段階別目安（1.3参照）は，CEFRの領域と比べ，かなり限定的な分類と言えます。

2.3.3 共通参照レベル[41]

CEFRの参照レベルで用いられているA1〜C2の段階は，NHKの英語講座のレベル設定に利用されているので，その存在は日本でもよく知られるようになりました。文科省でも，CEFRの共通参照レベルは世界標準であることを認め，評価・測定基準に採用しています（1.4参照）。しかし，日本で適用されているのは共通参照レベルの一部にすぎません。**表1-2**はCEFRの第3章で参照枠全体のまとめとして紹介されている3種類の共通参照レベル表の目的と概要をまとめたものです。日本ではこの3種類の内「全体的な尺度[42]」だけに焦点が当たっているようです。他の2つの参照レベルの能力記述文には，社会文化的能力，異文化間能力，学習態度・方略，コミュニケーション方略（メタ言語能力）などの「一般的能力」が含まれています。

日本の学校教育で導入しているのは今のところ「全体的な尺度」を基にしたCan-do形式の到達目標です。今後，「自己評価表」や「話し言葉の質的な側面」も取り入れる必要がありますが，いったんCan-doを作成したら，テキストや教材に即して徐々に導入しながら，学習者とともにその目標の妥

---

[40]言語の使用場面：生活領域 (domains)，公的領域 (public domain)，私的領域 (personal domain)，教育領域 (educational domain)，職業領域 (occupational domain)。第2章 1.3参照

[41]共通参照レベル：common reference levels

[42]全体的な尺度：global scale
自己評価表：self-assessment grid
話し言葉の質的な側面：qualitative aspects of spoken language use

共通参照レベル	目的と概要
全体的な尺度	専門家でない利用者にとって体系を分かりやすく，また，教師やカリキュラムの計画担当者にとって方針を立てやすくするために設定された枠組みで，A1～C2のレベルの各記述文には2.3.2で述べた言語活動と領域の内容が組み込まれている。
自己評価表	学習者が自分の5技能[43]のおおよその能力を評価できるように，技能ごとにA1～C2レベルの能力記述文が記載されている。
話し言葉の質的な側面	学習者の言語行動を評価するための枠組みで，レベルごとに言語の使用領域，正確さ，流暢さ，インタラクション能力，結束性の5つの評価項目で構成されている。

表1-2 CEFRの共通参照レベルの枠組み

当性を検証していくことが重要です。特に「自己評価表」については，学習者のためにELP（ヨーロッパ言語ポートフォリオ）のような振り返りのためのツールを開発し，活用していくことが必要になります。一方，教師のためのJ-POSTLにおいては，教授法，授業計画・実践，自立学習をはじめ各分野で上述の3種類の共通参照レベルに対応した自己評価記述文が含まれています。

2.3.4 生涯学習[44]

（1）生涯学習の意味

　複言語主義の考え方では，生涯にわたって複数の言語を学ぶ権利があり，生涯にわたって言語学習を続けることによって，個人の成長，教育，仕事，移動，情報へのアクセス，異文化間能力向上に関する機会が平等になるとされています。これが，ヨーロッパの生涯学習の概念です。しかし，どのようにしたら言語学習を続けられるようになるのでしょうか。J-POSTLの前書きでは，次のように述べられています。

　これまでの日本の学校英語教育では，「（英検やTOEICなどの）能力試験で良い成績をとる」，「入試に合格する」，「仕事で使える」という3種の英語力が目標とされ，学習者の動機付けとなってきました。しかし，こういう目標は，短期または中期的な目標にはなりえても，長期的な目標とは言えませんし，また外的な動機付けに過ぎません。これらに代わる，英語学習の長期的目標や，内的動機付けとなりうる観点が，生涯学習，言い換えると「学び方を身につけること」[45]です。つまり，

[43] 5技能：「次期学習指導要領」では，従来の4技能に代わり「聞くこと」「読むこと」「話すこと（やり取り）」「話すこと（発表）」「書くこと」の5つの領域としてこの枠組みを採用している。

[44] 生涯学習（life-long learning）：言語教師に当てはめると「学び続ける教師」に該当する。

[45] 学び方を身につける：learning to learn

自分の意思で英語の学習を始め、学習の管理ができる自律した学習者になること、そして、英語の学習は楽しく役に立つという実用感覚を生涯持ち続けること、こういった長期的な目標を持てるようになることです。

　さて，次に，自律した学習者とはどのような学習者なのか，そのような学習者になるためには何が必要なのかを，さらに具体的に考えてみましょう。

（2）自律的学習者 [46]

　学校を卒業してから，必要に応じて再び語学を勉強しようとする時，どうするでしょうか。よく耳にするのは，「海外に行ってその土地の人と多少はコミュニケーションを楽しみたい。学校で習った英語は役に立たないし，忘れてしまったから，語学学校に通う」という話です。せっかく学校で学習したのに，再び月謝を払って語学学校に通うのは，いかにももったいない話です。もし学校で勉強の仕方を身に付けていたら，たとえ学習した内容を忘れたとしても，語学学校に頼る必要はなく，自分で学習計画，目標，方法を組み立てることができるでしょう。自律的学習者とは，必要になれば，いつでも独力で学習を再開することができる人のことです。他人の援助を受けずに独り立ちしている状態を「自立」と言いますが，「自律」とは，自分のルールをもって行動する能力のことです。CEFRの生涯学習の概念は，次の3つの自律的学習観 [47] に支えられています。

　　・自分の言語と学習を振り返って，状況にふさわしい結論を引き出す能力。
　　・自ら学ぶようになるための方略を開発する能力。
　　・自己の学習に責任を持つ能力。

　この3つの自律的能力（自律性）は，一朝一夕には育成できません。教師と生徒が共有するCan-do形式の学習到達目標を設定しても，それだけでは期待できません。ポイントは，第1の能力にあります。この能力を一言でいうと，「省察」[48] です。Can-doを設定したら，省察を促す仕組みを作る必要があります。省察する力が身に付くにしたがって，第2，第3の能力が育成されると考えられます。
　学習者の中には，省察する力を自ら身に付けていく者もいますが，その数は恐らく同年齢の内多くても数パーセントにすぎないでしょう。大多数の学習者は，学校教育の中で，教師や仲間との協同的な学習を通じて，徐々に獲得していくと考えられます。ヨーロッパでは，省察力を養うために役

---

[46] 自律的学習者：
　　autonomous learner

[47] 自律的学習観：Newby
　　（2011：127）による。

[48] 省察：reflection
　　第5章 3.1参照

立つツールとしてポートフォリオが開発されています。

（3）ポートフォリオ[49]

　ヨーロッパでは，言語学習者のためのELP（ヨーロッパ言語ポートフォリオ），言語教育履修生のためのEPOSTL（ヨーロッパ言語教育履修生ポートフォリオ）を自律的な学習を育成する省察ツールとして教育実践の場に介在させています。

　ポートフォリオの原義は，紙ばさみ式の書類入れやそこに入っている書類そのもののことですが，学校教育では，学習者の学習の成果を整理した記録という意味で使われます。ポートフォリオにはいくつかのタイプがありますが，ELPやEPOSTLは能力記述文に基づいて学習の進歩や評価（特に自己評価）を継続的に記録し，さらに，その客観的な証拠となるテスト結果，作文，活動の成果物などを添付するという形になっています。能力記述文は，ELPでは学習者の習熟度に合わせてCEFRの参照レベルから抜粋されることが多いようです。また，添付する材料に何を含めるかは教師と学習者の話し合いによって決めています。

　一方，EPOSTLの自己評価記述文[50]は，言語教師に求められる主要な授業力を，7分野31領域に分類し，合計195項目の自己評価記述文で構成されています。添付する記録はドシエ[51]と呼ばれ，授業観察・実践・評価，レポート，事例研究，アクション・リサーチなどの成果を自己評価のエビデンス（証拠）として保存するようになっています。

　因みに，EPOSTLの自己評価記述文の多くは，CEFRのB2レベルの記述文とリンクしています。なぜなら，ヨーロッパの高等学校卒業時点での到達目標をB2においているからです。一方，教職課程履修者の大学卒業時の目標はC1，修士はC2です。日本では高校卒業時英検準2級〜2級，英語教師準1級で，CEFRではそれぞれA2〜B1とB2に相当すると考えられています。したがって，J-POSTLでは日本の状況に合うように記述文を15項目減らしたり，文言を修正したりして日本の文脈に合致するよう工夫しています。

　さて，ELPとEPOSTLに共通する教育的な原則は，「学習者の参加」「学習者の省察」「適切な目標言語の使用」[52]の3点であると言われます。この3つの原則は相補的で，1つでも欠けてはいけません。つまり，学習者の省察を促すには，自らの学習に能動的に参加させ，目標言語の使用モードに導き入れることが必要である，ということです。

　すでにEPOSTLはJ-POSTLとして翻案化されました。Can-doの導入に伴い，各学校で独自の日本版ELP[53]の開発が望まれるところです。

---

[49] ポートフォリオ (portfolio)：『英語教育指導法事典』（米山，2003）に，種類や利用効果が詳しく解説されている。

[50] 自己評価記述文：self-assessment descriptors

[51] ドシエ (dossier)：仏語起源で英語ではfileに相当するが，ポートフォリオと同義で使われることもある。その場合，履歴・業績など個人の能力を証明する書類一式を指す。

[52] ポートフォリオの3原則：Little et al. (2007) による。

[53] 日本版ELP：すでに開発の試みが行われている（清田，2015, 2016）。

| 課　題 |

1.　これまで受けてきた英語の授業や自分の学習方法を振り返り，良かったと思う授業や学習方法を
　　出し合い，その後，英語教師となるための今後の課題について話し合ってみましょう。

2.　J-POSTLの次の2つの記述文について，本文や下段の参考図書を手掛かりに，具体的にはどのよう
　　な内容が含まれるかを話し合ってみましょう。

　「英語を学習することの意義を理解できる。」(J-I-B-1)

　「学習者と保護者に対して英語学習の意義や利点を説明できる。」(J-I-C-1)

参考図書

● 『複言語・複文化主義とは何か　ヨーロッパの理念・状況から日本における受容・文脈化へ』
　細川英雄・西山教行(編)，くろしお出版(2010)

　CEFRの複言語・複文化主義の意義を確認し，その思想や理念が，ヨーロッパや日本においてどのよ
　うに受容され，教育活動に文脈化されようとしているのかという課題を，主に英語以外の外国語研
　究者・教育者が議論を展開している。

● 『「グローバル人材」再考』西山教行・平畑奈美(編)，くろしお出版(2014)

　2012年に文科省が発表した『グローバル人材育成戦略』構想に対して，批判的な立場から，日本が育
　成すべき真の「グローバル人材」像を示すために編纂されている。編者を含め9人の執筆陣が，自ら
　のグローバル体験を視点に論じている。

第 **2** 章
英語教育課程

現在の日本の英語教育課程の中で，どのようにすれば学習者が主体的に学習を行い，英語によるコミュニケーション力をより確実に身につけられるような英語教育を行うことができるのでしょうか。本章では教師が授業の計画，実践および評価を行う際に理解しておくべき教育課程（カリキュラム）の全体像をまず取り上げ，必要な基本的用語を説明します。また，学習指導要領の変遷と現行の学習指導要領における外国語教育のねらいを概観します。最後に，今後の日本の外国語教育の方向性について考えます。

1. 教育課程と学習指導要領

1.1 教育課程とは何か

　外国語教育に限らず，どの教科においても学校や教室という場で教えるにあたってまず教師が考慮しなくてはならないのは教育課程（カリキュラム[1]）の全体像です。一般的にカリキュラムとは次の3つの要素から成り立っています：(1) 何をどの順に教えるか（例. 教えるべき単語や文法項目などの言語材料），(2) どのように教えるか（例. 言語活動や使用教材），(3) どのように評価するか。

　カリキュラムを構築する際には，まず学習者のニーズを把握し，その上である期間内に学習者が到達すべき目標を設定，さらにその目標を達成するのにふさわしい指導内容や教授方法を選定し，学習者の目標達成の度合いを知るための評価方法を考えた上で編成します。そのため，教師は授業計画を立てる前に自分が教えるカリキュラムの内容について十分に理解しておく必要があります。

> [1]カリキュラム
> (curriculum)：教育機関が提供するすべての教育プログラムのこと。シラバス (syllabus) と呼ばれることもある。

1.2 学習指導要領[2]とは何か

　日本の公教育における教育課程とは，文部科学省が編成する学習指導要領のことを指します。学習指導要領では，小学校，中学校，高等学校ごとに，各教科における目標や大まかな教育内容を定めています。各学校ではその学習指導要領を基準として，地域や学校の実態を考慮した上で，目標を実現するために教育内容や授業時数，単位数などからなるカリキュラムを編成します。特に，小学校・中学校は義務教育であり，学習指導要領を基準とすることによって全国どの地域で教育を受けてもある一定水準の教育が

> [2]学習指導要領
> (The Course of Study)：海外では国の教育課程はナショナル・カリキュラムと呼ばれる。

[3] J-I-A-1：学習指導要領に記述された内容を理解できる。

[4] J-I-B-2：学習指導要領と学習者のニーズに基づいて到達目標を考慮できる。

受けられるようになっています。そのために，教師が学習指導要領の目標と内容を十分に理解することは日本の学校教育において非常に重要となります（J-I-A-1 [3]）。さらに，教師は学習指導要領の内容のみならず，生徒の英語力や学習の動機など，生徒のニーズも把握する必要があります。在籍する生徒の実態に基づいて，長期的な年間指導計画，つまり1年間に亘る学習目標の設定，指導内容，指導順序，学習形態や活動などの指導方法，指導の時間配当および使用する補助教材などを選定します（J-I-B-2 [4]）。

通常，学習指導要領は教育課程審議会の答申に示された方針に基づいて，文部科学省が依頼した「協力者会議」の協力を得て作成し，最終的に文部科学大臣名で告示されます。協力者会議とは，英語教育に携わる中学・高校・大学教員，指導主事や学識経験者などからなる集団で，主として教科調査官を窓口とする文部科学省側と一緒に，討議を繰り返して成案を得ます。

1.3　学習指導要領の変遷

学習指導要領は，昭和22年（1947）の制定以降，社会のニーズの変化や

[5] 語数：単語数のことで，連語（in front of, get upなど）や慣用表現（excuse me, for exampleなど）は含まない。第12章参照

告示年	年間授業時数	指導語数[5]	特　徴
昭和33年（1958）	105時間週3時間以上	1,100〜1,300語	「言語材料」および「学習活動」は学年指定
昭和44年（1969）	105時間週3時間標準	950〜1,100語	「学習活動」の代わりに「言語活動」「国際理解」が目的に加わる
昭和52年（1977）	105時間週3時間標準	900〜1,050語	「言語活動」（3領域）のねらいがより具体的に示される各学年共通の言語活動
平成元年（1989）	105〜140時間週3+1時間標準	1,000語程度	コミュニケーションを図ろうとする態度「言語材料」の学年別指定が廃止「言語活動」が4領域に
平成10年（1998）	105〜140時間週3+1時間標準	900語程度	外国語（英語）の必修化実践的コミュニケーション能力「言語活動の取扱い」を設け，「言語の使用場面」「言語の働き」に配慮
平成20年（2008）	140時間週4時間標準	1,200語	コミュニケーション能力英語基礎力の定着
平成29年（2017）	140時間	1,600〜1,800語程度	5領域を総合的に扱う言語活動授業を英語で行うことを基本とする

表2-1　中学校学習指導要領における変遷

教育に関する理論や指導法の変化・発展に伴い，改訂が繰り返されてきました。以下，昭和33年（1958）以降の中学校・高等学校の英語科目における変遷を概観します（**表2-1，2-2参照**）。

　学習指導要領の中で用いられている「言語材料」とは，音声，文字および符号，単語，連語，慣用表現，文法事項など，言語活動を行うのに必要な素材のことを指しています。一方，「言語活動」とは，英語を理解し，英語で表現する運用能力を育てるために，実際に言語を使用して聞くこと，話すこと，読むこと，書くことを実践するための活動のことです。また言語活動を行うにあたり，具体的な「言語の使用場面」を設定したり，「言語の働

告示年	単位数	指導語数[6]	科目名・特徴
昭和33年 （1958）	15	4,700〜4,900語	「英語A」（実業高校） 「英語B」（普通科高校）
昭和44年 （1969）	18	3,600〜5,000語	「英語A」「英語B」「初級英語」 「英語会話」
昭和52年 （1977）	18	2,300〜2,950語	「英語I」「英語II」 「英語IIA」（聞き話すこと） 「英語IIB」（読むこと） 「英語IIC」（書くこと）
平成元年 （1989）	22	2,900語程度	「英語I」「英語II」 「オーラルコミュニケーションA」 「オーラルコミュニケーションB」 「オーラルコミュニケーションC」 「リーディング」「ライティング」
平成11年 （1999）	21	2,700語程度	「英語I」「英語II」 「オーラルコミュニケーションI」 「オーラルコミュニケーションII」 「リーディング」「ライティング」
平成21年 （2009） （2008年度内）	21	3,000語程度 （高校で1,800語）	「コミュニケーション英語基礎」 「コミュニケーション英語I」 「コミュニケーション英語II」 「コミュニケーション英語III」 「英語表現I」「英語表現II」 「英語会話」 授業を英語で行うことを基本とする
2022年から 年次進行により 実施予定	17	4,000〜5,000語 程度[7] （高校で1,800〜 2,500語程度）	「英語コミュニケーションI／II／III （仮称）」 「論理・表現I／II／III（仮称）」 発信力を強化する言語活動の充実 5領域を総合的に扱う言語活動

表2-2　高等学校学習指導要領における変遷

[6] 高校の語数：中学・高校の総合計で最大限を示している。

[7] 2022年以降の語数：小学・中学・高校を通した総合計で，高校卒業時点での指導語彙数を指す。

き」を取り上げることが重要です。例えば現行学習指導要領では，中学校の
英語の授業で取り上げるべき言語の使用場面として，あいさつ，自己紹介，
買い物，家庭での生活，地域の行事などが挙げられており，また高校の授
業では中学校の例に加えて，手紙や電子メールでのやり取り，地域での活動，
職場での活動，本・新聞・雑誌などを読むこと，などの使用場面が例とし
て挙げられています。さらに，中学校，高校に共通した言語の働きの例と
して，コミュニケーションを円滑にする，気持ちを伝える，情報を伝える，
考えや意図を伝える，相手の行動を促す，などが挙げられています。

1.4 2009年の学習指導要領

　小学校は2011年度から，中学校は2012年度から，高校は2013年度入学
生から順次実施されました。「知的基盤社会の時代」[8]と言われる現代にお
いて必要となる「生きる力」を育むことを基本理念とし，基礎・基本を確実
に身につけ，それらを活用して自ら主体的に学習に取り組む能力や態度を
養うことが重要だと規定されています。また，外国語を通じて，言語や文
化に対する理解を深め，積極的にコミュニケーションを図ろうとする態度
や考えや情報などを理解したり伝えたりする力の育成を目標として掲げ，
様々な取組みを通して充実が図られてきました。

1.4.1 小学校　外国語活動[9]

　2011年度に，日本の公立小学校において現行学習指導要領が全面実施さ
れるにあたり，「外国語活動」が必修化されました。5〜6年生を対象にそれ
ぞれ年間35単位時間の授業時間数が確保されました。外国語活動という名
称ですが，原則として英語を取り扱うことになっており，学級担任を中心
とした指導が行われています。また，より弾力的な指導を行なうために，
学年別ではなく5年生，6年生の2学年を通して以下のような目標が明示さ
れています。

> 「外国語を通じて，言語や文化について体験的に理解を深め，積極的に
> コミュニケーションを図ろうとする態度の育成を図り，外国語の音声や
> 基本的な表現に慣れ親しませながら，コミュニケーション能力の素地を
> 養う。」

このように「聞くこと」「話すこと」を中心としたコミュニケーション能力の
素地を養うことが主目的とされています。また，文部科学省はコミュニケー
ション能力の素地とは次の3点から成ると説明しています：（1）言語や文化
について体験的に理解を深める，（2）積極的にコミュニケーションを図ろ

[8] 知的基盤社会の時代：
新しい知識・情報・技術
が政治・経済・文化をは
じめ社会のあらゆる領域
での活動の基盤として飛
躍的に重要性を増す時代
のこと。

[9] 外国語活動：教科と異
なり，総合学習の時間と
同様，数値による評価は
行わない。

うとする態度の育成を図る，（3）外国語の音声や基本的な表現に慣れ親しませる。小学校における外国語活動のこれらの目標と内容を理解し，小学校・中学校の連携を意識した授業作りをすることが教師には求められています。

1.4.2　中学校　英語
「外国語」の目標は以下のようになっています。

> 「外国語を通じて，言語や文化に対する理解を深め，積極的にコミュニケーションを図ろうとする態度の育成を図り，<u>聞くこと</u>，<u>話すこと</u>，<u>読むこと</u>，<u>書くこと</u>などの<u>コミュニケーション能力</u>の基礎を養う。」（下線は筆者による）

1998年の学習指導要領では「<u>聞くことや話すこと</u>などの実践的コミュニケーション能力の基礎を養う」ことが目標とされており，音声によるコミュニケーション力がより重視されていました。2008年の改訂では，コミュニケーション力とは実践性を必然的に伴うものであるという考えのもと，「実践的」が削除され，「積極的にコミュニケーションを図ろうとする態度」という表現が用いられています。また，「聞くこと」と「話すこと」だけではなく，「読むこと」，「書くこと」を加えた4領域にわたる言語技能を総合的に指導し，学習者が4技能を統合的[10]に活用できるコミュニケーション力を身につけることがより重要視されていることがわかります。同時に，文法はそのコミュニケーション力を支える基礎であり，言語活動と効果的に関連づけて指導すべきものとしてとらえられています。

[10] 技能統合型：実践的取り組みについては第10章参照

1.4.3　高校　英語
「外国語」の目標は以下のようになっています。

> 「外国語を通じて，言語や文化に対する理解を深め，積極的にコミュニケーションを図ろうとする態度の育成を図り，<u>情報や考えなどを的確に理解したり適切に伝えたり</u>するコミュニケーション能力を養う。」（下線は筆者による）

高校の学習指導要領においても，1998年の学習指導要領では目標として挙げられていた「実践的コミュニケーション能力」という表現から「実践的」という文言が削除されましたが，外国語の目標を構成する要素に大きな変化は見られませんでした。ただし，新たに「的確に」理解し，また「適切に」表現する，という表現が加わりました。単なる英会話力ではなく，言語の

使用場面や対人関係，背景などをふまえ，言葉の働きに十分配慮し，4技能を統合的に活用できるコミュニケーション能力の育成が求められていることがわかります。

高いコミュニケーション能力を持つグローバル人材[11]の育成のため，教師も生徒も英語をできるだけ多く使用することが求められています。特に高校では高等学校の学習指導要領において英語に関する各科目に共通する内容等として「生徒が英語に触れる機会を充実するとともに，授業を実際のコミュニケーションの場面とするため，授業は英語で行うことを基本とする。その際，生徒の理解の程度に応じた英語を用いるよう十分配慮するものとする」と初めて明記されました。ただし，これは教師が単に100%英語で授業[12]を行う，ということではなく，英語でのコミュニケーション中心の外国語教育を推進する必要がある，ということです。つまり，生徒が英語でコミュニケーションを行う場面や言語活動を多く設定し，英語で英語を理解したり，英語で表現することになれるような指導を行うことが教師には求められています。

2. 日本の英語教育課程の今後の方向性

2.1 アクティブ・ラーニング[13]

第1章でも述べられているように，グローバル社会を生き，これからの社会を創り出していく子供たちが，社会や世界に向き合い，異なる国や文化の人々と臆せず積極的にコミュニケーションを図っていくためには，英語力の向上が必須であり，また思考力，判断力，表現力，交渉力などの様々な資質・能力が求められることになります。そのため，中央教育審議会(中教審)は『次期学習指導要領答申』(2016)の中で，学校教育でこれから一層必要となるのは主体的・対話的で深い学び[14]，つまり「アクティブ・ラーニング」という視点だと述べています。アクティブ・ラーニングとは，教師主体の受動的学習ではなく，生徒が自ら課題の発見と解決に向けて主体的かつ協同的に学ぶ学習の形態を指します。すなわち，アクティブ・ラーニングでは教師は生徒に知識を一方的に与えるのではなく，生徒の自主性を尊重し，生徒の活動を助け，生徒が彼ら自身の知識やスキルを活用・統合するのを見守る役割を果たします。生徒は，問題発見・探求・解決という学習プロセスの中で，様々な人との協同や対話を通して自らの考えや学びを広げ，深めます。このように，アクティブ・ラーニングとは自らの学習活動を振り返って次につなげる主体的な学びの過程と言えます。今後英語教育においても，こうした主体的かつ対話的な深い学びが行われるように教師

---

[11] グローバル人材の育成：第1章 1.3参照

[12] 英語で授業：実践的取り組みについては第16章 2.2参照

[13] アクティブ・ラーニング(active learning)：実践的な取り組みについては第10章参照

[14] 対話的学び：第5章 2.2参照

は日々の授業を改善していく必要があります。アクティブ・ラーニングの視点から，情報や相手の考えを的確に理解し，また自分の持っている情報や考えを適切に伝えることによって英語力・コミュニケーション力を養うような言語活動の設定や教材・題材の選定が重要となります。

2.2 英語教育課程の今後の方向性

　文部科学省は生徒の着実な英語力向上を図るため，2013年に『グローバル化に対応した英語教育改革実施計画』を，さらに2015年には『生徒の英語力向上推進プラン』[15]を発表しました。これらの中ではグローバル化に対応した新たな英語教育のあり方と方向性がさらに詳細に説明されています。これらの提案に基づいて，また上記のアクティブ・ラーニングの実質化に向けて，中教審が2016年にまとめた『次期学習指導要領答申』では，学習指導要領の全面改訂に向けて基本的な方向性が説明され，今後，小学校は2020年度，中学校は2021年度に新学習指導要領が全面実施，高校では2022年度以降に順次年次進行により実施されます。新学習指導要領では「聞くこと」「読むこと」「話すこと（やり取り）」「話すこと（発表）」「書くこと」の5つの領域[16]別に学習到達目標がCan-do記述文により設定されています。

2.2.1 小学校　中学年

　小学校段階において現在5〜6年生を対象に行っている「外国語活動」が3〜4年生対象に必修化されます。「聞くこと」および「話すこと（やり取り）」「話すこと（発表）」の3つの領域を中心とした言語活動を通じて外国語やその背景にある文化に慣れ親しみ，外国語学習への動機付けを高めることが求められます。相手に配慮しながら聞いたり話したりすることを中心としたコミュニケーション能力の素地を養うことが目標となり，週1コマ，年間35単位時間程度の外国語活動が始まります。主に学級担任が英語支援員，地域の外部人材やALT[17]とのティームティーチングなどを通して指導します。

2.2.2 小学校　高学年

　一方，5〜6年生対象にこれまで行われてきた外国語活動は一定の成果を上げました。文部科学省の調査結果によると，児童の間には「読むこと」「書くこと」を含めたより総合的・系統的な英語学習への知的欲求が高まっているとされ，英語を「教科化」し，初歩的な英語の運用能力の養成を目標とすることになりました。外国語やその背景にある文化の多様性を尊重し，相手に配慮しながら聞いたり話したりすることに加えて，発達段階に応じて段階的に読んだり書いたりすることを含めた言語活動を通してコミュニケーションを図る基礎となる力を育成します。5つの領域別に目標が設定さ

[15]『生徒の英語力向上推進プラン』：このプランの基になっている調査結果と分析は第4章3.2参照

[16] 5つの領域：第1章 側注[43]参照

[17] ALT（assistant language teacher）：外国語指導助手。日本人教師の補助をする。国が1987年から実施している「語学指導等を行う外国青年招致事業」（通称JETプログラム）を通して招致，各自治体が雇用，民間会社から派遣，などの形態がある。

れ，小学校卒業段階で600〜700語程度の語数を習得することも目標です。

　教科化により，国語の時間に学んでいたローマ字の学習を発展させ，英文字としてのアルファベットや単語の認識，日本語と英語の音声や特徴の違いへの気づき，語順など文構造への気づき等を促すような指導を行う必要があります。小学校5〜6年生対象に週2コマ，年間70単位時間程度の英語の授業が行われます。教科として系統的に学ぶため，短時間学習や60分授業など柔軟な時間割編成が検討されたり，また，学級担任が専門性を高めて指導し，併せて専科指導を行う教員の配置も検討されています。

2.2.3　中学校

　中学校では小学校での学びとの連続性を図り，同時に高校における学びの高度化のために基礎力をしっかり養うことがより求められます。学校や地域，他教科での学習内容と関連付けながら，対話的な言語活動を重視し，日常的あるいは社会的な話題について理解・表現したり，簡単な情報交換を行うことのできるコミュニケーション能力の養成が目標です。また，授業を実際のコミュニケーションの場面とする観点から，中学校段階でも英語の授業は英語で行うことを基本とすることが明記されています。その際，必要なことは生徒の理解の程度に応じた英語を教師が用いることを十分に配慮することです。教師が英語で授業をすることが目的なのではなく，生徒が英語に触れる機会を増やし，英語を英語のままで理解したり，英語で発信しやすい環境づくりのための方針であることを理解しておきましょう。そのためには5つの領域を統合的に育成する活動に適した題材や生徒の発達段階や興味に応じた素材の適切な選定が重要となります。中学校では1600〜1800語程度の語彙の習得が目標とされ，年間140単位時間分の授業が行われます。（**表2-1**参照）

2.2.4　高校

　高校では，中学校での学びとの連続性を図り，5つの領域にわたる言語活動をさらに「高度化」することが求められるようになります。例えば，日常生活から社会問題まで，より幅広い話題について，発表，討論・議論，交渉などを行う言語活動や，グローバルな視点で他教科での学習内容とも関連付けながら，英語を用いて課題解決を図る力を育成するような「技能統合型」言語活動などを行うことがこれからは求められます。特に課題があるとされている「話すこと」「書くこと」において発信力を強化するための言語活動を充実させ，これらの活動を通して，情報や考えなどを的確に理解し，適切に伝えたりするコミュニケーション能力の養成が目標とされます。高校では1800〜2500語程度の語彙の習得が目標とされ，小学校・中学校・

第2章｜英語教育課程

高校を通して高校卒業レベルでは4000〜5000語程度の語彙数の習得が目標となります。（**表2-2**参照）

　このように小学校・中学校・高校を通して5つの領域別に一貫した学習到達目標[18]が設定され，大学や社会において英語力，コミュニケーション力をさらに伸ばすための基盤を確実に育成することが新たな英語教育には求められています。グローバル社会において自分の考えや価値観を展開し，厳しい交渉を勝ち抜くことのできる人材の育成のためです。2020年度の東京オリンピック・パラリンピック開催などを見据え，主体的な学びを通して英語によるコミュニケーション力をより確実に身につけるような英語教育が教師の側にも今後より一層求められることでしょう。

[18] 学習到達目標：『次期学習指導要領答申』（2016）には各学校段階間の接続を重視し，小中高を通して一貫して育むべき指標形式の目標を設定すると述べられている。第1章 1.4参照

課　題

1.　J-POSTLの次の2つの記述文について，本文や下段の参考図書を手掛かりに，自分の意見をまとめてから，話し合ってみましょう。

「学習指導要領に記述された内容を理解できる。」（J-I-A-1）

「学習指導要領と学習者のニーズに基づいて到達目標を考慮できる。」（J-I-B-2）

2.　外国語教育においてアクティブ・ラーニングを展開するためにはどのような点に留意する必要があるか，話し合ってみましょう。また，アクティブ・ラーニングにふさわしい言語活動や題材にはどのようなものがあるか，考えてみましょう。

参考図書

● 『英語で教える英語の授業：その進め方・考え方』望月正道・相澤一美・笠原究・林幸伸，大修館書店（2016）

　学習指導要領で中学・高校では「英語で授業を行うこと」が明記されたが，従来の教え方からどのように授業を改善すれば良いのかを整理し，具体的な英語での授業のやり取りや活動例，指導案が提案されている。

● 『授業が変わる！ 英語教師のためのアクティブ・ラーニングガイドブック』上山晋平，明治図書出版（2016）

　理論だけではなく，アクティブ・ラーニング型授業の環境づくり，言語活動例，家庭学習指導，評価とテスト，さらに他教科との連携など，具体的にどのようにアクティブ・ラーニングを英語の授業に取り入れたら良いのかが分かりやすい。

第3章
第二言語習得と教授法

　グローバル化の進展とともに，英語学習者のニーズや彼らをとりまく環境は大きく変化しています。特に，20世紀以降，外国語教育は言語知識の獲得よりも，目標言語を使用したコミュニケーション能力の育成に重点が置かれるようになりました。また，第二言語習得プロセスを対象とする第二言語習得（SLA）[1] 研究が進み，これまでの教授法や学習法に理論的な基盤が提供されたり，より有効な教授法が開発されるようになってきました。本章では，SLA研究から得られた知見を概観し，伝統的な言語教授法とコミュニケーション能力育成を重視した教授法について学びます。

[1]第二言語習得：
second language
acquisition (SLA)

[2]理解可能なインプット
（comprehensible input）：
S. Krashen による用語。
Krashenは学習者の言語
能力より少し上で，なお
かつ理解可能なインプッ
トを与えることが言語習
得において不可欠と主張
した。

[3]形式・意味・機能の結
びつき：form-meaning-
function mapping

[4]インテイク (intake)：
内在化。学習者によって
気づかれ，理解されたイ
ンプットが学習者自身の
言語知識の一部となるプ
ロセスを指す。

[5]中間言語
（interlanguage）：
L. Selinker による用語。
母語と目標言語の中間段
階にある学習者の言語体
系のこと。

1. SLA研究 からの知見

1.1　インプット

　言語習得には理解可能なインプット[2]が不可欠です。学習者は，「読む」，「聞く」といった受容的活動を通して，インプットを得ます。学習者は，インプットを理解するとき，目標言語の形式・意味・機能の結びつき[3]に気づくことが重要です。例えば，"Would you like to come to my house?" というインプットを得て，形式（語彙・文法），意味（語や文の内容），機能（丁寧な誘い）の結びつきに気づき，理解できた場合，それは学習者の言語知識の一部となります。このプロセスをインテイク（内在化）[4]と言います。つまり，言語習得は，学習者によって気づかれ，理解されたインプットが学習者言語（または中間言語[5]）に内在化されることによって進んでいくプロセスと考えられます。しかし，学習者が目標言語のインプットを1回得ただけで，その形式・意味・機能の結びつきを完全に理解することは困難です。内容を理解できても，形式まで注意を向けられなかったり，形式と意味の結びつきは理解しても，機能面を理解せず，適した場面で適切な表現を使うことができない場合もあります。インプットは，学習者の興味・関心や中間言語の発達段階に応じて適切にかつ，継続的に与えられることが大切です。

1.2　アウトプット

　学習者による「話す」「書く」といった産出活動をアウトプットと言います。学習者がアウトプットをすると，インプットでは得られなかったさまざまな気づきが得られる可能性があります。例えば，"I drive … drived …

yesterday"と発話する学習者は，不規則動詞driveの過去形を覚えていなかったことに気づくかもしれません[6]。つまり，アウトプットの活動[7]は，自分の中間言語と目標言語とのギャップに対する気づきを促し，学習者の知識や技量の不足している部分を明らかにすることが期待できるのです。

また，アウトプットをするには，中間言語に内在化された語や文法に関する知識をうまく統合させて使わなくてはなりません。例えば，「犬が水を飲んでいる」という英文を産出する場合，dog, water, drinkなどの単語や進行形や冠詞に関する文法的な知識だけでなく，それらの知識を統合させて，意味のある文を作らなくてはなりません。学習者の語や文法に関する意識的な知識を「宣言的知識」[8]と言い，それらが実際に正しい文章を産出するため必要な知識に変わったもの「手続き的知識」[9]と言います。アウトプットには，学習者の宣言的知識を手続き的知識へと変化させる役割もあると考えられます。つまり，アウトプット活動を繰り返せば，知識の手続き化が進み，スムーズな言語使用ができるようになるというわけです。このプロセスは「言語知識の自動化」[10]とよばれます。しかし，アウトプットの重要性は自動化を促進することだけではありません。他の重要な役割としては，アウトプットすることにより，言えることと言えないこと（書けることと書けないこと）がより明確になり，中間言語に対する気づきが促され，学習目標が明確になったり，学習意欲が高まるということが挙げられます。

1.3 インタラクション

インタラクション（相互交流／相互作用）とは，言語の双方向によるやり取りによって意思伝達や情報交換をすることです。インタラクションでは意味交渉[11]が行われるため，学習者の言語習得プロセスが大きく促進すると考えられます[12]。例えば，対話者は相手の述べていることがわからない場合，意味を確認するために質問などのフィードバックをします。フィードバックされた側は，表現を言い換えたり，誤りを修正することになります。このようなやり取りにより，学習者は自分の中間言語を検証・修正することができ，結果として言語習得は促進されると考えられます。また，インタラクションを通して，円滑なコミュニケーションを実現するには，言語知識や適切なストラテジー使用（J-II-A-4[13]）だけでなく，表情やジェスチャーなどの非言語コミュニケーション能力，場面や相手の社会文化背景に関する知識，興味，共感，寛容などの好ましい態度を備えることも重要であることに気づくでしょう。

[6] 誤りへの気づき：アウトプットに対する相手の反応や修正により，自分の言語能力の不足している部分に気づくこと。

[7] アウトプット活動：M. Swainは，インプットだけでなく，目標言語で話したり，書いたりするアウトプット活動の重要性を提唱した。

[8] 宣言的知識（declarative knowledge）：叙述的知識ともいう。本章2.3参照

[9] 手続き的知識：procedural knowledge

[10] 言語知識の自動化（automatization）：J. R. Andersonによる認知学習のアクトモデル（ACT: Adaptive Control of Thought Model）により広がった考え方。第7章2.3.2 (2)，第16章2.2参照

[11] 意味交渉：negotiation of meaning

[12] インタラクションの効果：理解可能なインプットやアウトプットの量が増え，中間言語への気づきがより増加すると考えられる。

[13] J-II-A-4：つなぎ言葉，あいづちなどを効果的に使って，相手とインタラクションができる力を育成するための活動を設定できる。

1.4 発達最近接領域と足場がけ

人間は道具や人を介しながら発達すると考えたヴィゴツキー[14]の理論をSLAに応用し，学習者が一人で到達できる言語活動領域を「実際の発達領域（ZAD）」[15]，学習者が先生や他のクラスメートの助けを得て到達することのできる領域を「発達最近接領域（ZPD）」[16]と呼ぶことがあります（図3-1）。例えば，ある学習者が動詞の過去形を学習したとします。この学習者は規則動詞であれば過去形を作ることができるので，この文法項目はZADに入っていると言えます。しかし，不規則動詞については，まだ習得が進んでいません。"I watched TV and buyed a book." と言ってしまいました。そのとき，先生が "You bought a book." と言ったとします。学習者は自分の誤りに気付き，"Oh, I bought a book." と言い直します。このように，先生の支援により，不規則動詞buyの過去形を産出することができた場合，教師の適切なフィードバックにより，学習者のZADの領域が広がることが期待できます（J-VII-F-1[17]）。適切な支援や助言は，学習の足場を構築することになるため，「足場がけ」[18]と呼ばれます。言語習得を促進させるには，効果的な「足場がけ」を築くことが重要です。しかし，学習者の言語習得プロセスには個人差も大きく，教室内で教師が一人一人のZPDを把握し適切な「足場がけ」を作ることは，困難な場合もあるでしょう。そこで，学習者に自らの学習について振り返りをさせ，教師だけでなく，学習者自身が自らのZADやZPDにある目標言語項目を意識することができれば，「足場がけ」を活用しながら，効果的にZAD領域を広げることができると考えられます。

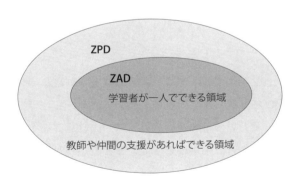

図3-1 Zone of Proximal Development
（Vygotsky, 1978をもとに作図）

1.5 学習ストラテジー

学習者はさまざまな学習ストラテジーを使って，目標を達成しようとします。成功する学習者ほど，自分の学習プロセスを助けるストラテジーを知っており，それを用いて学習を効果的に行っていると考えられます（J-V-C-5[19]）。学習ストラテジーは，メタ認知ストラテジー，認知ストラテジー，社会情意ストラテジーに分類されます[20]。メタ認知ストラテジーは学習を管理して行いやすくするために主に学習の前後で用いる方略であ

---

[14] ヴィゴツキー（L. S. Vygotsky）：ロシアの心理学者（1896-1934）
[15] 実際の発達領域：zone of actural development（ZAD）
[16] 発達最近接領域：zone of proximal development（ZPD）

[17] J-VII-F-1：学習者の誤りを分析し，建設的にフィードバックできる。
[18] 足場がけ：scaffolding

[19] J-V-C-5：学習者が学習ストラテジーを適切に使えるように支援できる。
[20] 学習ストラテジーの分類：O'Malley & Chamot（1990）による。
メタ認知ストラテジー：metacognitive strategies
認知ストラテジー：cognitive strategies
社会情意ストラテジー：social/affective strategies

り，「話す前に準備する」「どこに注意を向けるかあらかじめ決める」「自己評価する」などがあります。認知ストラテジーは「何度も繰り返して書く」「単語を分類して覚えやすくする」など学習中に用いる方略です。また，社会情意ストラテジーは学習を他の学習者と一緒に行うことで取り組みやすくしたり，自分の不安や恐れを和らげるためのストラテジーで，「友人と一緒に学習する」「深呼吸をして不安をコントロールする」などがあります。学習者が試行錯誤の中から，自分に適した学習ストラテジーを発見することも大切ですが，学習につまずいている生徒は，それを乗り越えるストラテジーを自分では考えつかない場合があります。教師が有効なストラテジーを紹介したり[21]，生徒同士でストラテジーの使用について話し合わせることも有効です。

[21] 学習ストラテジーの使用：4技能における学習ストラテジーの使用は第6章〜第9章参照

2. 教授法

2.1 文法訳読法

　文法訳読法（GTM）[22] は，中世ヨーロッパにおけるラテン語教育以来，広く外国語学習に用いられてきた教授法です。その特徴は，母語を使用した文法教育と，学習言語から母語への訳読です。特に，入試に出題される長文読解対策として，日本で最も普及した教授法と言えるでしょう。確かに，英語の語彙や文構造を正しく理解したかどうかを確認するため，日本語に訳させることは有効な場合もあるでしょう。しかし，GTMには様々な批判があります。最も大きな問題は，日本語訳をすることにより，日本語の使用時間が増え，学習者のコミュニケーション能力を高めるために不可欠な英語によるインプット・アウトプット活動の時間が少なくなることです。また，日本語に訳すためには，学習者は，単に英語の文構造や意味だけでなく，日本語の文構造や語彙，英語には対応していない文化的要素（敬語の使用など）なども検討しなくてはなりません。英語と日本語の言語構造や文化的背景などの差異は比較的大きいため，2つの言語を対照し分析することを課すこの学習法は，学習者にとって認知的負担が大きく，英語嫌いを生み出す可能性があります。

[22] 文法訳読法：grammar translation method（GTM）

2.2　オーディオリンガル・メソッド[23]

　1950〜60年代に広く実践されたこの教授法は，行動主義[24]心理学の習慣形成理論に基盤を置きます。すなわち，ことばは「刺激−反応」の結びつきが習慣化されて習得されると考えます。また，言語学的には構造言語学[25]の言語観を反映し，外国語学習における重要なことは，母語と外国語

[23] オーディオリンガル・メソッド：audiolingual method
[24] 行動主義：behaviorism
[25] 構造言語学：structural linguistics

の構造上の相違を学習することであると考えられました。書き言葉よりも話し言葉が重視され、パターン・プラクティス[26]と呼ばれる文型練習を口頭で繰り返すことによって習慣が形成され、ことばが定着すると考えられました。したがって、学習者は母語話者による音声をひたすら機械的に繰り返します。例えば、"It is a cat."という基本型のcatの部分をdog, lion, snakeなど別の単語に置き換えたり、形容詞を加えて"It is a big cat.""It is a very big cat."などと次第に複雑な文章を産出する方法があります。オーディオリンガル・メソッドは、内容があまり重視されず単調な活動であるという批判を受けました。しかし、言語の構造に自然に注意が促され、母語話者のイントネーションや発音を真似て繰り返し発声するので、特に初期の学習者にとって一定の効果があると考えられます。

2.3 コミュニカティブな指導法

目標言語を使用したコミュニケーション能力の育成を学習目標とする教授法を総称して、コミュニカティブな指導法（CLT）[27]とよびます。CLTは外国語の教材で広く用いられてきた文法や言語構造のシラバス[28]から、言語がコミュニケーションにおいて果たす意味や機能を重視した概念・機能シラバス[29]への転換を図りました。概念・機能シラバスでは、依頼、謝罪、同意などの伝達目的を特定し、コミュニケーションが行われる場面や社会的文脈を明確にした上で、それらを目標言語で表現することが学習の目標となります。概念・機能シラバスにおいて、カリキュラムは言語使用の場面ごとのユニットに分けられ、言語項目はコンテクスト（文脈）の中で教えるように編成されています。

図3-2は、コミュニケーション・イベント[30]と呼ばれるコミュニケーション活動モデルです。このモデルには、CLTとCEFRの行動志向の言語観の要素がすべて含まれています。これによると、コミュニケーションは、場面や話題に反映される社会的文脈の中で生じること（中央下段）、文脈中の概念や機能が使用される文法構造や形式に影響を与えること（同中段）がわかります。また、対話者間の認識や言語能力などの差を埋めるために、言語

[26] パターン・プラクティス：pattern practice

[27] コミュニカティブな指導法：communicative language teaching (CLT)。第1章2.3.2参照

[28] 言語構造中心のシラバス：grammatical syllabus / structural syllabus

[29] 概念・機能シラバス：notional-functional syllabus

[30] コミュニケーション・イベント：communication event（CEFR p.50, p.101参照）

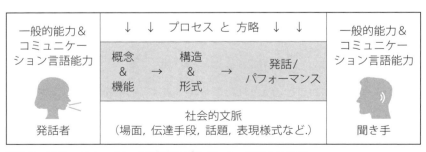

図3-2 コミュニケーション活動モデル（Newby, 2011から作図）

一般的能力	・叙述的知識[31]（世界に関する知識，社会文化的知識，異文化に関する知識） ・技能（実際的技能[32]，異文化間技能[33]） ・実存論的能力[34]（態度，動機，認知的スタイルなど）
コミュニケーション 言語能力	・言語能力（語彙，文法，意味，音声，正書法，読字に関する能力） ・社会言語能力（社会的関係を示す言語標識，礼儀上の慣習，言語使用域の違いなど） ・言語運用能力（ディスコース能力，機能的能力）

表3-1　CEFR[35]におけるコミュニケーション能力の枠組み

[31] 叙述的知識：宣言的知識とも言う。

[32] 実際的技能：practical skills and know-how

[33] 異文化間技能：intercultural skills and know-how

[34] 実存論的能力：existential competence

[35] CEFR：第1章参照

の処理方法やコミュニケーション方略（同上段）といったメタ認知能力（主に一般的能力に属する）を用いて，中段，下段の内容を調整することが示されています。

　異なる言語や文化をもった他者と効果的に考えや気持ちを伝え合うコミュニケーション能力の育成を目指す行動志向アプローチ[36]においては，言語能力だけでなく，一般的能力の育成も視野に入れる必要があります（表3-1）。とくに，異文化間能力[37]の育成は，CEFRの複言語・複文化主義の理念[38]と密接に関連しており，意識的に行われるべきでしょう。コミュニケーション能力の育成を目指して，教室内でさまざまな教授法が実践されていますが，主要な4点に絞って解説します。

[36] 行動志向アプローチ：第1章 2.3.2参照

[37] 異文化間能力：intercultural competence 詳しくは第13章参照

[38] 複言語・複文化主義の理念：第1章，第13章参照

2.3.1　タスク中心教授法

　タスク中心教授法（TBLT）[39]は，学習者に課題や作業を与え，学習者同士が課題達成のためにインタラクションを行いながら，コミュニケーション能力の育成をめざす教授法です。タスクにはインフォメーション・ギャップ，ジグゾー，問題解決型[40]など様々な種類があります。インフォメーション・ギャップの例は，ペア活動において生徒Aがすべての情報を持ち，生徒Bが生徒Aとやり取りをしながら自分の欠けている情報を補うタスクです。例えば，教師は完全な絵が描かれている紙を生徒Aに配り，情報の一部が欠けている絵を生徒Bに配ります。Bは絵を英語で説明したり，Aに質問をしながら，欠けている情報を発見し，補うことによって，絵を完成させます。ジグゾータスクは，グループのメンバーがそれぞれ絵や文章の断片を持ち寄り，情報を交換することで，1つのまとまりのある絵や文章を完成させたり，課題を遂行したりするタスクのことです。インフォメーション・ギャップと似ていますが，ジグゾーは参加者全員が全体の一部の情報を対等に分け持っています。問題解決型タスクは，学習者が何らかの問題への

[39] タスク中心教授法：task-based language teaching（TBLT）

[40] インフォメーション・ギャップ：information-gap task
ジグゾー：jigsaw task
問題解決型：problem-solving task

解決策を見出すことや、与えられた状況で一定の結論に至ることを目標とするタスクです。

TBLTでは，学習者同士がタスク遂行のために目標言語を使用してインタラクションを行わなくてはならない状況が生み出されます。そのため，教師中心ではなく，学習者中心のコミュニカティブな授業へと転換しやすくなります。

2.3.2 内容中心教授法

内容中心教授法（CBLT）[41]とは，言語と教科などの内容を同時に習得することを目指した教授法です。学習者は，地理や社会などの教科あるいは，環境問題などのテーマに関して，目標言語で授業を受けます。また，特定の教科内容について，読解，聴解，ディスカッション，発表などを行いますが，目標言語の形式よりも，意味や機能に焦点が当たりやすくなります。CBLTは，学習者にとって興味の持てる内容であり，十分なインプット量とアウトプットがある場合は，効果的かもしれません。しかし，そうでない場合，または，言語の形式へ注意を向けさせる工夫が十分に行われない場合は，学習者の言語習得は正確性に欠ける可能性が高いようです[42]。

2.3.3 内容言語統合型学習

内容言語統合型学習（CLIL）[43]は、言語以外の教科内容を目標言語を使って学習することが基本とされています。例えば，地理や化学などの教科や，時事問題や異文化理解などの学習を目標言語で行うことにより，学習内容を理解させることを目指します。評価の対象は，内容理解の深度であり，言語の習得は評価対象にしないことが原則です。CLILの重要な指針に「4つのC」があります。これは，Content（教科内容の理解），Communication（目標言語の使用），Cognition（認知思考力の育成），Community/Culture[44]（文化またはコミュニティー）を指します。CLILでは言語の形式や語彙は難易度により段階的に教えられるのではなく，内容に合わせて柔軟に扱われます。また，学習者の認知思考力の発達を考慮し，暗記，理解などの低次な思考力（LOTS）[45]を育成する活動から応用，分析，評価，創造的思考などより高次な思考力（HOTS）[46]を要する活動へと移行します。CBLTと異なり，使用言語は必ずしも目標言語だけに限定されず，理解を深めるために母語の使用も認められます。さらに，CLILではペアワークやグループ活動が多く取り入れられ，プロジェクト型学習などによる協同学習が基本です。また演劇や絵画など創造性の高いタスクにより評価が行われるなど，目標言語でコミュニケーションを取りながら，学習者の協調性と自律性も育成されることが期待されます。日本でも徐々に普及しつつありますが，内容の

---

[41] 内容中心教授法
（content-based
language teaching,
CBLT）：カナダのイマージョン教育などにおいて用いられてきた。

[42] Swain, M. and Lapkin,
S.(1995)による。

[43] 内容言語統合型学習：
content and language
integrated learning
（CLIL）

[44] Community/Culture：
教室内で多様な物の見方，価値感，考え方を共有して作りあげている文化やコミュニティー。

[45] LOTS：lower order
thinking skills
[46] HOTS：higher order
thinking skills

深い理解よりも英語スキルの習得が主要な目的となっている場合が多いようです。

2.3.4 フォーカス・オン・フォーム[47]

　CLTが普及し，学習者が目標言語によるコミュニケーション活動を行う機会が増えることは望ましいことです。しかし，意味・機能中心のコミュニケーション活動を行うときに，形式にまで十分注意を払うことは困難が伴います。また，口頭でのコミュニケーション活動中に，教師が生徒一人一人の誤りに気づいてそれらを正すことは，ほぼ不可能でしょう。そのため，せっかく内容重視のコミュニケーション活動をしても，学習者が自分の文法や語彙の誤りに気づいて修正する，あるいは，必要な形式を習得する機会が少ないという問題があります。フォーカス・オン・フォームは，タスク中心教授法やCLILなどにおいて，意識的に言語の形式（語彙や文法）に焦点を当てる活動や指導を指します。簡単に言えば，意味中心の活動において，必要に応じて形式にも注意を向けさせるアプローチです。例えば，リーディング教材において目標言語項目を太字にして生徒の注意を引き付けたり，タスクを行っている間に，いったん中断し，必要な目標言語の形式について話し合わせたり，活動後の振り返りの中で言語面の確認を行わせるなどがあり，コミュニケーション活動の様々な段階で取り入れることができます。

[47] フォーカス・オン・フォーム：
Focus on Form（FonF）

課　題

1. CLTの授業方法は日本でも長い間推奨されてきました。しかし，いまだに定着していません。その原因は何だと思いますか。これまでの学習経験を踏まえて，話し合ってみましょう。

2. 今まで受けてきた授業を振り返ったり，これから自分でやってみようと思う授業を想像したりしながら，次のJ-POSTLの記述文の意味を友達と話し合ってみましょう。

   「理論を理解して，自分の授業を批判的に評価できる。」（J-I-C-3）

参考図書

- 『第二言語習得研究から見た効果的な英語学習法・指導法』村野井仁，大修館書店（2006）

  教室SLA研究の成果を基に，言語学，認知心理学，社会言語学などの分野で得られる知見と照らし合わせながら解説し，効果的な学習法・指導法が提案されている。

- 『英語学習のメカニズム』廣森友人，大修館書店（2015）

  SLA研究成果が学習者の視点からわかりやすく解説されている。インプット，アウトプット，動機づけ，学習方略などの研究成果と効果的な教材やトレーニング方法が提示されている。

- 『フォーカス・オン・フォームとCLILの英語授業』和泉伸一，アルク（2016）

  中学や高校の活動事例も豊富に紹介しながらフォーカス・オン・フォームの理論と実践について解説している。フォーカス・オン・フォームとCLILを志向した英語授業との融合が提案されていて参考になる。

第4章
学習者論

　教師は学習者を育てることが第一義的な役割です。したがって，学習者についてよく理解しておく必要があります。本章では，母語と外国語の習得方法の違いから説明を始め，外国語学習においては自立性の養成が大切であること，それには，中間言語の使用や目標の設定を奨励することなどが必要であることを記述します。さらに，外国語学習に影響を与える様々な学習者要因，学習者が持つ価値観と英語の習熟度の関係について考えます。

1. 言語習得とは

1.1　母語習得と外国語習得

　人間はだれでも生まれた時から，言葉の習得を始めます。最初は「ママ」，「パパ」，「まんま」などを表す/m/，/b/，/p/の唇を使う音からです。これは意識的に行う学習ではなく，本能的に行う学習です。それが可能であるのは人間の脳に，言語習得装置[1]という機能が備わっていると考えることができるからです。言葉を習得する子供たちは，母語である第一言語[2]（L1）が話される環境にいれば，その言葉と接する時間は，少なくとも1日10時間以上，1年間で3,650時間以上で，小学校に入学する6歳までには20,000時間をはるかに越えます。音声の習得に関しては，子供がテレビなどからの音声を繰り返す[3]のも含めて，意識して行う学習は必要ありません。つまり，子どもは生まれてからL1をシャワーのように浴び続けていることになります。L1で意識して行う学習は，文字言語の習得[4]から始まります。

　しかし，第二言語（L2）（外国語）を学んでいる学習者が，その言語が話される社会にいない場合は，L2をシャワーのように浴びながら無意識のうちに学習することはできません。音韻体系の習得も含め，意識して行う学習が必要となります。外国語学習では，主として教室環境での限られた時間での学習になります。したがって，外国語は母語を覚えたように無意識に習得できるものではなく，意識的な努力が必要です。

1.2　学習者としての成長

　第一言語（L1）習得では，親たちがコミュニケーションの相手を務めてくれるので，コミュニケーションを通して習得は進みます。第二言語（L2）である外国語の習得では，先生が手助けをしてくれますが，親のようにそば

[1] 言語習得装置：language acquisition device（LAD）普遍文法ともいう。

[2] 第一言語（first language＝L1）：母語や母国語という用語もあるが，ここでは第一言語を採用する。次々に言語を習得していった場合，第二言語，第三言語となる。

[3] 音声繰り返し：L1習得中の子供を観察すると，1人でぶつぶつ言葉を発していることが多いし，テレビの子供番組の出演者のセリフを繰り返していることが多い。

[4] 文字言語の習得：小学校へ就学する前に，自分で学ぶ文字は，ひらがなが多い。

43

段　階	特　徴
英検5級から英検3級まで	依存型学習者
英検準2級と英検2級	自立型学習者
英検準1級と英検1級	自立型使用者

表4-1　英検合格者とその特徴

[5] 依存型学習：先生の指示に従いながら学習する者。

[6] 自立型学習：依存的な態度を脱却し，自分で学習を進めることができる者。

[7] 英検の報告：日本英語検定協会の報告『STEP英語情報』(2006)による。

にいて，いつでもコミュニケーションの相手になってくれるわけではありません。ですから，L1習得とL2習得は自ずから習得形態が違います。つまり，L2習得では，学習者自身が積極的に学習を進めていく必要があるのです。しかし，英語学習を始めた段階では，学習者は主体的には何もできないので，先生の指示に従いながらの学習[5]になります。学習の習熟度が進むにつれて，自分で学習していく方法を覚えていき，自分で学習[6]ができるようになります。そのことをまとめたものに，英検の報告[7]があります。英検は受験者の英語力を7段階で判定しています。2005年度の合格者に対して調査紙調査を実施した結果は**表4-1**の通りでした。つまり，3級までの合格者は教師依存的，準2級と2級は部分的に教師に依存しつつも目標を立てたり課外でも進んで勉強したりできるが，日常的に英語を使用できない。準1級と1級は，日常的な英語使用者であると報告しています。この表から分かるように，英語学習者は，準2級のレベルから，自分で勉強できるようになるようです。

2. 自律と自立

　自律と自立はよく混同されますが，自律とは自分で目標を立て，その目標を達成するため教材を選び，学習計画を立て，途中で進み具合を確認し，目標を達成しようとする継続的な努力ができる能力を指します。それに対して自立は，一つ一つの段階においてそういうことができている状態を指します。自立した学習者という枠組みを考えると，自律することは，その枠組みの一番高いレベルにあると考えられます。

2.1　自律する学習者

[8] EFL環境：第1章 1.2.1参照

　学習者は，英語が日常的に使われていないEFL環境[8]では，教員など周りの人間だけの指示や支援だけでは，英語を習得できません。**表4-1**からもわかるように，教室内での依存型学習だけでは，英検3級程度の英語力が精いっぱいでしょう。それを越えて，英語の熟達度を上げるためには，教室外でも勉強をしなければなりません。その場合，自分で自分の学習の面倒をみる能力が必要です。その面倒を見る能力ですが，まず，達成すべき目標に対して必要な教材と，適切な学習計画を立てる能力が必要です。次に，

その教材で計画にしたがって勉強を継続する能力も必要です。少し経過したら，その学習計画がうまく機能しているかをチェックします。うまく機能していない場合は，計画を修正する能力も必要です。そして，目標を達成することができるのです。しかし，学習計画は多くの人が立てるのですが，うまくいく人は多くありません。それは，学習計画がずさんであるということもありますが，計画をきちんと継続する意志の強さが欠けていることが多いからです。語学学習においては，自律性の低い学習者の大半は学習を自ら進んで行うということはほとんどありません[9]。つまり，言語学習の自律性は，長期にわたり自分を律して学習を継続していく意志の強さが必要です。目標や計画を立てる力なども含めて，これができる学習者を自律的学習者[10]と言います。

2.2　自立している学習者（自立型学習者）

自立型学習者というと何でも1人でできる学習者のように聞こえますが，そうではありません。自立型学習者にも，1人ではできないことや，理解できないこともたくさんあります。自立型学習者は，その場合，どのようにしたらいいか，どの本を読めばいいか，誰に頼ればいいかを思いつくことができます。また，ある人が自立するためには，その人を自立させるだけの環境が整っていることが必要です。このことを説明するために，日本の英語教育で考えてみます。受験勉強では，自立型学習者が多く出ます。それは，自らの努力と望む結果の間に関連性があることを理解できるからです。受験勉強では，その努力を助けるために，テスト対策に効果的な訳読式授業が行われていたり，数種類の辞書や学習参考書，問題集が書店に山積みになっていたり，そして予備校までもがそろっているという環境があります。しかし，テストのための英語学習ではなく，英語のコミュニケーション技能[11]の習得においては，多くの自立型学習者を育てることは難しいのです。なぜなら，英語のコミュニケーション技能習得において，指導者，授業，教材という学習環境がまだ十分に整っていないからと言えるでしょう。

3. 自律的学習能力を育てる

3.1 学習者の中間言語の使用を奨励

言語教育では，学習者の中間言語[12]を奨励することが重要です。このことは，母語習得の過程から判断してもわかります。子どもは習得の初期から名詞などを覚え，文にすることなくその名詞を使い意思を伝達しようとします。周りで観ている親たちは，「まんま」などの意味を理解し，食べ

---

[9] 自律性の低さ：語学学習においては，目新しい機器や学習環境を整えただけで，自律性の低い学習者の大半が自ら学習を進んで行うということはほとんど起こらない。

[10] 自律的学習者：第1章 2.3.4 (2) 参照

[11] 英語のコミュニケーション技能：基本的な対人間のコミュニケーション技能をBICS (basic interpersonal communicative skills) という。

[12] 中間言語：第3章 1.1 側注 [5] 参照。言語習得中の幼児が使うような片言で未完成な言語に用いる。

物を与えるなどの反応をします。すると，あなたのことを理解し受け入れているという気持ちが子どもに伝わります。その結果，子どもは，自分の言葉で，望む反応が得られるので，意思を伝えられるという気持ちを強くします。こうしたやり取りを繰り返しながら，さらに名詞や動詞を覚えて，L1を習得していきます。この過程はコミュニケーションしようとする気持ちに下支えされています。やがて，子どもは徐々に社会に参加していきます。つまり，子どもの中間言語の機能[13]を理解し受け入れることが，言語習得を伸ばす積極的な評価になっていると言えます。そう考えると，外国語教育においても，学習者の中間言語の使用を奨励し，評価することが必要です。例えば，過去形の不規則変化の例を挙げると，英語母語話者[14]の子どもでも，go の過去形に goed や make の過去形に maked などを使うことが観察されています。言語を習得中の子どものLAD[15]が，実際には，goed や maked などが使われる場面に遭遇しなくても，「過去を表す場合には，動詞の原形にedをつけるようだ」と考え，その規則を当てはめ，表現するのです。それを「間違い」とされると，自分の脳の指示で作った文を否定されるので，英語を話したり書いたりすることに自信を無くしかねません。しかし，誤りをそのままで見過ごすわけにはいきません。どうすればいいのでしょう。それには言い直し[16]を利用するのです。生徒が，"I goed to Tokyo yesterday." という文を作ったら，それを間違いだと指摘するのではなく，教員が，"Oh, you went to Tokyo yesterday." と言い直してあげればいいのです。そうすれば，学習者としては，意志の伝達はできているし，適切な形も学ぶことができます。このように，英語はコミュニケーションの手段なので，伝わることが一番重要です。言語能力が十分に発達していない段階では，子どもは，適切な母語が使えません。子どもは，ことばを適切に使えるようになるまで待たずに中間言語で表現しようとします。その表現しようとする姿勢が重要です。母語習得中の子どもを持つ親たちは，子どものそのような不十分な言語使用を，意味が伝われば訂正もせずに，受け入れます。その態度が，言語能力を発達させるのです。

3.2 コミュニケーションの道具としての英語使用を奨励

英検やTOEICなどの検定試験で良い成績を得ると有利なことが多くあるので，試験のための言語学習も否定できません。しかし，言語は，コミュニケーションのための道具[17]です。多くの学習者は，外国人と英語を使って会話ができると喜びを感じます。しかし，異文化を背景に持つ人とのコミュニケーション能力を養う英語学習ではなく，入学試験や検定試験のための勉強だけでは，英語の正確さを気にしすぎて，英語を使うことに委縮しがちになります。その結果，英語を使うことを避ける日本人が多くなっ

---

[13] 中間言語の機能：文法的には適切でなくても発話者が伝達したいことを相手が理解し，その伝達内容に答えること。

[14] 英語母語話者：English native speakers，あるいは，native speakers of English

[15] LAD：本章1.1 側注[1]参照

[16] 言い直し (recast)：第8章 2.4.4参照

[17] コミュニケーションのための道具：ツール (tool)。第1章で紹介したキー・コンピテンシーの中でも，ことばをインタラクションのツールと位置付けている。

	読む力		聴く力		書く力		話す力	
	2014	2015	2014	2015	2014	2015	2014	2015
B2（準1級相当）	0.2	0.0	0.3	0.2	0.0	0.0	NM	NM
B1（2級相当）	2.0	2.0	2.0	2.1	0.7	0.7	1.7	1.2
A2（準2級相当）	25.1	29.9	21.8	24.2	12.8	17.2	11.1	9.8
A1（3級相当）	72.0	68.0	75.9	73.6	86.5	82.1	87.2	89.0

＊NMは，測定が無い。

表4-2　高3生の英語4技能に関する結果（単位は％）

てしまいます。そのことをNEWSWEEK[18]は，「受験英語の厳しすぎるストライクゾーンに萎縮してボールを投げられない日本人が大勢いる」と評しました。また，現在，日本の高校で広く行われている訳読式での学習で自立型学習者になれるのは，同学齢のせいぜい20％程度です。それを示す根拠として，2014年度[19]と2015年度[20]に全国の国公立高校3年生対象に文科省が行った「英語力」と「英語学習に対する意識」に関する調査結果があります。2015年調査の英語の4技能に関する結果（**表4-2**）が示す通り，高校卒業時の到達目標[21]に達しているのは30％前後です。特に，「書く力」と「話す力」といった産出能力に大きな課題があることがわかります。

　「英語学習に対する意識」の調査方法は，質問項目のうち最も当てはまるものを1つ選択する形式です。グローバル人材の上級レベルに該当するのは，質問項目の①～④と考えられます。調査結果（**表4-3**）で，この項目を合計してみると，2014年度13.7％，2015年度18.3％で，多少上昇していることが分かります。一方，⑤⑥は海外研修と海外旅行という実用的なレベ

[18] *NEWSWEEK*：2011年5月25日号

[19] 2014年度調査：国公立約480校の69,000名（話す力は約16,600名）を対象にして実施。

[20] 2015年度調査：国公立500校の90,000名（話す力は約22,600名）を対象にして実施。

[21] 英語力の目標：第1章1.1 側注[2]参照

質問項目	2014	2015
①英語を使って，国際社会で活躍できるようになりたい	8.9%	11.2%
②大学で自分が専攻する学問を英語で学べるようになりたい	3.3%	4.7%
③高校卒業後に，海外の大学などに進学できるようになりたい	0.9%	1.4%
④高校在学中に留学して，海外の高校の授業に参加できるようになりたい	0.6%	1.0%
⑤海外でのホームステイや語学研修を楽しめるようになりたい	5.0%	5.6%
⑥海外旅行などをするときに，英語で日常的な会話をし，コミュニケーションを楽しめるようになりたい	36.7%	35.6%
⑦大学入試に対応できる力をつけたい	19.6%	18.8%
⑧特に学校の授業以外での利用を考えていない	25.0%	20.6%

表4-3　英語学習に対する生徒の意識

（表4-2，表4-3：文科省「平成27年度 英語力調査結果（高校3年生）の速報（概要）」から作成）

[22] 外発的学習動機：入試などの外発的動機は、その目的が終わると急激に弱くなってしまうので中期的と言える。次項を参照

[23] 学習者のニーズ分析：ニーズ・アナリシスと言う。

[24] 目標設定：次項参照

ルでの英語習得を意識しているので一括りにできると考えられます。両年度ともこの割合は41％を超え、最大の学習集団となっています。⑦と⑧を選んだ生徒は、それぞれ大学入試や学校の授業という外発的学習動機[22]しか持ちえないのであろうと推測できます。合計するとほぼ40％になるので、これも大きな学習集団となっています。

この学習者の意識は、文科省が期待する英語教育の目標と大きなギャップがあるようです。しかし、重要なことは、目標を上から押し付けるのではなく、学習者のニーズ分析[23]をしたり、異文化理解に関心を持つように動機づけをしたりして、少しでも意識を高めることができる目標を設定[24]させることです。そして、これからの日本の英語教育は、異文化を背景とする人とコミュニケーションをするために外国語を学ぶという意識を育てていくことが大きな課題になると思われます。

3.3　学習目標を設定することを奨励

鳥飼（2016）は「外国語は生涯をかけて学ぶものであり、…目的意識を持つということはなかなか難しいでしょうが、あえて自分なりの『目的』『目標』を設定することを勧めたいと思います。…『英会話が趣味』という人に限ってなかなか英語力がつかないのは、目的が明確でなく、なんとなくやっているだけだからかもしれません」（pp.18-19）と述べています。

教員は自分が指導している学習者に、短期的、中期的、そして長期的動機付けを行う必要があります。この点に関しては第1章で若干触れていますが、ここでさらに詳しく考えてみましょう。短期的な動機づけは、毎日の自分の授業を面白く、わかりやすくすることによって、学習者に「ためになった」と思わせることが肝心です。具体的には、Can-doを使ってその日の学習目標を明示し、それを達成できるようにする指導が行われているようです。一方、日本の中学校や高校では中期的な動機づけで終わっているように思われます。例えば、入試に合格したり、検定試験でよい結果を出したりすることを動機づけに利用することが多いようです。このような中期的な動機は、個人の将来を決める可能性があるので重要ですが、これだけで動機づけされた学習は、机上の学習にとどまり、知識を詰め込むだけで言葉の運用力はつかない可能性があります。言語は使用を通して習得されるものですが、教室で規則を学び、少しだけ練習し、その後、家庭で机に向かって予習・復習や宿題をしたり、テストの勉強をしたりするだけの学習では、言葉を使用する機会は圧倒的に不足します。

最後に、長期的な動機づけについて考えてみましょう。外国語教育の意義については、文科省からいくつかの指針が出されています。中には中等教育レベルを超えた内容が含まれていますが、基本的には、言葉や文化が

異なる人と交流し，相互理解を深め，世界の調和と平和を求める意識を育成することに最大の意義があると考えられます。そのためには，CEFRの理念の1つでもある，外国語を生涯にわたり学習する[25]，という意識を育て，必要があれば他の言語の学習も始める態度を育成することが重要です。グローバル化時代[26]では，相手の価値観を理解できないとうまくコミュニケーションをすることも難しくなります。これからの時代では，多くの人と理解し合い，多くの人の気持ちに共感する能力[27]が必要になります。異文化を背景とする人とのコミュニケーションのために学習者は生涯にわたり，英語もそれ以外の外国語も，必要に応じて，自律的に学ぶという姿勢がこれからの生きる力として重要となります。日々の授業で，こうした英語学習の意義をふまえ，様々な角度から長期的な学習の動機づけを図っていくことが求められます。

4. 学習者要因

　40人もの学習者が在籍している教室環境では，学習者の表情が一様に見えても，個々の学習者の内面は多様です。得意な科目や勉強のやり方もそれぞれ異なっています。運動が得意な子がいれば，絵が上手な子，歌や踊りが好きな子もいます。一人ひとりのニーズも異なります（J-I-B-2[28]）。学習者の個性は生まれつきな面もありますが，生まれてからの環境も影響します。学習者の特技，性格，個性などの特性は，特定の学習に影響を与えることが多いので，学習者要因と言います。学習者のニーズは，学習者の特性から生み出されることがよくあります。学習者が英語を勉強する動機は，学習環境と認知スタイル[29]によって強くなったり，弱くなったりします。したがって，学習者要因とそれから生ずる動機を理解することは重要です（J-I-B-3[30]）。

4.1　認知スタイル

　認知スタイルとは，個人が，与えられた情報を知覚し，記憶したりする方法や，ある問題に際して，それを解決する場合にとる方法のことです。L2学習に重要なスタイルとしては，①場依存型／場独立型，②曖昧性に対する寛容と非寛容　③カテゴリーの幅[31]，④認知的熟慮性／衝動性，⑤聴覚／視覚優先性などがあります。ここでは，第二言語習得との関係で，よくとりあげられる場依存型／場独立型と曖昧性に対する寛容と非寛容について解説します。

[25] 生涯学習：第1章 2.3.4 参照

[26] グローバル化時代：テクノロジーの発達により，自分と異なる文化背景を持った人と出会うことが格段に増える時代。

[27] 共感する能力：他人が考えたり感じたりしていることを自分のこととして理解できる力である。共感力が低いと，自分の考えや文化にこだわり，他人の考えや文化に対して否定的な態度を取ることが多い。共感力が高くない学習者はL2習得が難しいと考えられる。

[28] J-I-B-2：学習指導要領と学習者のニーズに基づいて到達目標を考慮できる。

[29] 認知スタイル：次項を参照

[30] J-I-B-3：学習者が英語を学ぶ動機を考慮できる。

[31] カテゴリーの幅：物事を認知したり，記憶したりする時，中心となる骨格だけを覚えようとする狭いカテゴリーを用いるか，対象の物事に様々な事柄を付加しようとする広いカテゴリーを用いるかの違い。

4.2　場依存型／場独立型認知スタイル

　学習者は，一般的に学習の熟達度が高くなっていくと，しだいに，文系思考が得意であるとか，理系思考が得意であるというように，自分の進路を確立していきます。この進路選択の違いは，場独立型と場依存型の認知スタイルに関係しています。場独立型の学習は規則を使っての学習が得意と言われています。理系に多いタイプです。これに対して，場依存型の学習者は，規則を使うより暗記する学習の方を得意とします。年号を覚えたりするのが得意な文系に多いタイプです。コミュニケーションに関係する対人関係では，場独立型の学習者より場依存型の学習者の方が得意であると言われています。言い換えると，場依存型の学習者の方が，コミュニケーションを取りながら言語能力を高めていくことに長けていると考えられます。しかし，場依存型と場独立型の2つの認知スタイルは，決定的なものではありません。個人は誰でも両方の傾向を持ち，どちらかの傾向がより強いだけなのです。特に子どもは，大人に比べて，場依存型の傾向が強く，年齢が高くなるに連れ，徐々に場独立型の傾向を示していきます。

　英語学習で考えてみましょう。場独立型の学習者は，文法的な規則や文章の構造などの体系的な学習が好きです。一方，場依存型の学習者は，母語話者との会話の中で経験的に外国語を習得することを得意とします。つまり，知的関心の対象が異なるのです（J-I-B-4[32]）。規則を使った指導とコミュニケーション活動をうまく使い分けて授業を展開すると，場独立型と場依存型の両方の学習者に配慮した指導となり，両方に達成感を与えることができます。

4.3　曖昧性に対する寛容と非寛容

　外国語学習は，明確に理解できない曖昧な部分があり，それでも学習を続けなければならないことがあります。したがって，外国語学習では，その曖昧性に対して寛容であることが必要となります。学習の始めから，曖昧さを持った課題に向かう機会が多くあります。つまづきの原因としてよく報告されることを考えてみましょう。文字の場合，アルファベットの小文字の b と d や p と q などの鏡文字の習得の難しさが報告されています。文法では，後置修飾[33]，受動態[34]，時制一致などは学習者が戸惑うところです[35]。また，語彙を覚える時，例えば，異文化の違いで，なぜ昼にdinnerを食べるのかや，ある種の語彙の多義性について明確にわからない場合も多々あります。しかし，学習はその曖昧性をそのままにして進まなければならないことがよくあります。習熟度が高い学習者と低い学習者を観察すると，曖昧さへの耐性[36]に差があることがわかります。いろいろな学習場面において，曖昧性に対して寛容な学習者と不寛容な学習者がいま

---

[32] J-I-B-4：学習者の知的関心を考慮できる。

[33] 後置修飾：日本語は前置修飾である。英語は前置修飾と後置修飾が混用されている。

[34] 受動態の曖昧性の例：日本語の「れる」「られる」が必ずしも英語の受動態と一致しないのは，多くの学習者の悩みの種である。

[35] 文法の曖昧性の例：中学校で学ぶwould likeは，高校で学ぶ仮定法がわからないと明確な理解はできない。したがって，文法的な説明はせずにwantと同じ意味だとして学習を進めていることが多い。

[36] 曖昧さへの耐性（ambiguity tolerance）：曖昧性許容度とも言う。学習スタイルの1つの範疇。

す。勉強している内容が曖昧ではっきり理解できなくても一所懸命考える，練習する，試行錯誤する学習者がいます。先生にすぐに解答を求める学習者がいます。自分で試さないで，友達に，「おい，どうすればいいんだ」と解法をたずねる学習者もいます。答えだけを教えるように頼む学習者もいますし，少しやってみて，挫折すると，「意味わかんない」と投げ出す者もいます。全く何もしない者もいます。つまり，曖昧さに対する耐性によって，学習の成果に差が生じる可能性があるということです。曖昧性に対する寛容的な態度は学習者要因の1つですが，年齢が上がるにしたがって寛容性は高くなります。学習の始めに不寛容な態度をとることはある意味で仕方がないことです。しかし，曖昧性を克服できずに前に進めない学習者を見つけ，彼らをよく観察し，支援していくことによって，彼らの学習が軌道に乗る可能性は十分にあります（**J-IV-B-7**[37]）。

> [37] J-IV-B-7：学習者の学習スタイルに応じた活動を設定できる。

4.4 発達障害

　学習者特性とは少し違いますが，最近は，発達障害も注目されています。発達障害は，生まれながらの脳の機能障害が原因です。感覚が過敏でこだわりが強い自閉症などの「広汎性発達障害」や，じっとしているのが苦手な「注意欠陥多動性障害」などの総称です。このような学習者に対しては，注意して観察をし，教員が1人で対処するのではなく，同僚，カウンセラー，保護者，特別支援教育コーディネーター，学習支援員などと連携して見守り，支援することが重要です。

5. 英語学習に成功する学習者

　日本の学校環境において，英語習得に成功している学習者はどのような価値観を持っているのか，英語習得に成功していない学習者の価値観とどう違うのか見てみましょう。

5.1 認知ストラテジー使用

　日本でどのような学習者が英語学習に成功しているのでしょう。このことを，3588名の大学生に対して実施した調査[38]から考えてみます。調査対象の学生全体を英語の成績で3分割して，成績上位層と中位層と下位層に分けました。

　分析の結果わかったことですが，上位層は筆記を中心とした英語学習に適していていますが，中位層と下位層はどちらかというと適していない傾向にあります。上位層と中位層では，学習した既知情報を新しい情報の理

> [38] 大学生に対して実施した調査：酒井（2010）による。

解に利用する点や，失敗したことに対して省察をする点が共通しています。一方，下位層にはこの2点がありません。上位層と中位層を分けているのは，上位層は「学習した重要なことを自分の言葉に言い換えるようにしている。つまり，教科書等の内容を何となく分かった状態にしておくのではなく，自分の言葉に置き換えられるほど深い学びをしてきている」のですが，そこまでの学習は，下位層はもちろん，中位層も行っていません。つまり，教科書の内容を自分の言葉として完全に理解しようとする意識があるかどうかで，成績が異なります。その意識を持っている層はテストの成績が高く，さらに，学習に興味を持つことで，頑張ることの必要性に対して効果的に対処できるようになります。一方，英語の筆記を中心とした学習にやや不向きな中位層は，勉強が楽しいと感じられず，結果として努力できない傾向にあるようです。したがって，高成績が取れる上位層の授業に対する要望は，評価より授業内容を重視する傾向にあります。それに対して，中位層と下位層[39]は，成績が低くなるにしたがい，授業内容より評価についての意識[40]が強くなる傾向にあります。

この分析結果に対して，大学に限らず，中学校や高校の英語教員はどのように対処することができるでしょうか。まず留意しておくことは，規則を中心とした筆記での英語学習を苦手とする学習者でも，コミュニケーションを中心とした学習を好む傾向にあるということです。したがって，両方のバランスを取った指導が必要であるということになります。また，省察が苦手な層に対する指導としては，自分の学習を客観視できる省察のためのツールの使用が効果的であると考えられます。省察は，メタ認知能力[41]を養成するために重要な方略ですが，省察ができない学習者に，ただ振り返れと指導しただけでは方法もわからないし，継続もできません。そこで，わかりやすい振り返りの手がかりがあると便利です。学習目標や学習過程がはっきりと示され，自らの学習の省察を容易にするツールを考案することです。例えば，予習や授業で理解できなかった箇所や，試験でできなかった箇所を記録できるようなポートフォリオ[42]がいいでしょう。省察（振り返ること）ができるようになると，学んだことを思いだすので，既知情報の利用も少しずつ可能になると考えられます。

5.2 学習に対する価値観による成績の違い

価値観には，内的価値観[43]と外的価値観[44]があります。前述した調査では，学習に対する価値観についても調べてみました。その結果，学習者の学習に対する内的価値観は，学習の成果に大きく影響を与えていることがわかりました。成績が上位層の学習者は，英語学習に対して多くの内的価値を見出しているのに対して，中位層や下位層の学習者は，あまり内的

[39] 下位層の興味：文字の学習よりコミュニケーションの学習に興味を持つ傾向が強い。

[40] 下位層の意識：テストの成績が学習の主な目的になっている。

[41] メタ認知能力：聞く能力や読む能力などを同時に使う場合にみられるような複数の認知能力を使う能力。

[42] ポートフォリオ：第1章 2.3.4（3）参照

[43] 内的価値観：自分の中から湧き出る興味や関心などから生まれる価値観である。

[44] 外的価値観：自分の中からではなく外部からもたらされる価値観である。例えば，英語を頑張れば入試に合格するとか，仕事で有利になるという外からの刺激により生まれる価値観である。

価値を見出していません。その違いを，まず下位層の例から見ていきます。平均的な下位層の学習者が持つと思われる内的価値観は，以下の5つです。

- 英語の授業で学んでいる内容は興味深い。
- 英語を学ぶことは興味深い。
- 英語をたくさん勉強すればするほど，楽しくなる。
- 英語でのコミュニケーションに役立てるために英語を勉強する。
- 英語の授業で学ぶことは好きだ。

次に，平均的な中位層の学習者が持つと思われる内的価値観は，下位層が持つ上述の5つの価値観に次の1つが加わり，6つになります。

- 英語の授業で教えられている内容を学ぶことは自分にとって重要だ。

最後に，平均的な上位層の学習者は，この6つの内的価値観に次の4つの価値観が加わり，10の内的価値観を持っていると考えられます。

- 新しいことを学べるので，授業ではやや難しめな内容が好きだ。
- これまで受けてきた英語の授業に満足している。
- このクラスで学んだことを他の授業でも使えると思う。
- 英語の授業で学んでいる内容は知っておくと役に立つと思う。

以上の結果から，英語学習に対する内的価値観を多く持つようになるには，どのようにすればよいのかを検討してみましょう。おそらく，学習者の内的価値観は日常生活や社会生活の中で英語の使われている現状に対する認識や，授業を通しての経験から影響されることが大きいと考えられます。つまり，日常生活や社会生活における英語の重要性を認識する，英語を使う楽しさや苦しさを味わう，英語に関する何か（例えばテスト等）を達成する喜びまたは挫折感等などが内的価値観を構築すると考えられます。

教員は往々にして，「英語ができると将来役に立つ」などと，外的価値観を授業の動機づけとしがちです。しかし，調査結果から，下位層の学習者でも，英語学習に興味が無いわけでなく，英語の重要性は理解していますが，実際には，授業には興味を持ちにくいのです（J-IV-B-6[45]）。そこで，中位層と下位層の学習者に対応するには，まず，学習者に「やってみたい」と思わせることが重要です。授業内容に関して興味・関心を持たせ，「やってみてもいい」と，学習者に思わせ，うまく達成させ，その達成感により内的価値観を育むようにすることが重要です（J-I-B-5[46]）。教員は自分の思い込み

[45] J-IV-B-6：学習者のやる気や興味・関心を引き出すような活動を設定できる。

[46] J-I-B-5：学習者の達成感を考慮できる。

[47] NHK語学講座：語学学習に興味を持つにはテレビ番組がいいが，学習効果を上げるためにはラジオ番組の方がよい。

[48] 映画を使う学習方法：DVDやブルーレイなどを使い，初めに日本語字幕で洋画を見て内容を理解し，次に英語字幕で洋画を見る。わからない単語が出てきたら，画面を止めて調べる。英語字幕でわかるようになったら，字幕を消してリスニング力を鍛える。

[49] 洋楽を使う学習方法：単語や表現だけではなく，イントネーションなど英語の音声面での力がつく。

で，学習者に必要なものを決めるのではなく，学習者が何を欲し，そしてどうすれば英語の学習に取り組むことができるのか，目の前にいる学習者の意識を調査して授業を始めるべきでしょう。そうしないと，学習者は自分で自分の学習に責任を持とうと思うようにならないでしょう。

　今後，ますます日本は外国との交流が必要になります。外国の文化や外国の人との交流に関心を持ち，自律的に学習できるように学習者を導くことが求められます。外国語は時間をかけて学習すれば次第に習得していくものです。学習を持続すれば，英語を苦手と考えている層も英語が使える日本人になる可能性が高くなります。そのためには，英語を学習する面白さを示し，彼らが持続してできる学習方法，例えば，NHK語学講座[47]や洋画[48]を使った学習法，洋楽[49]を歌うことを通してのスピーキング向上法などを指導するといいでしょう。学習者は学習の面白さを理解すると内的価値観を変えることができます。持続的な学習の必要性を理解させその方法を身に付けさせることで，学習者としての自律性は大いに高まると期待されます。

第4章 | 学習者論

課　題

1. 今までの英語学習において，自分はどのようなストラテジーで勉強してきたかを振り返り，以下の記述文についてグループで話し合ってみましょう。

   「学習者が学習ストラテジーを適切に使えるように支援できる。」(J-V-C-5)

2. 自分の英語学習を振り返り，以下の学習者要因の①から⑤の中で，自分はどの傾向が強いか考え，グループで意見を交換してみましょう。
   ①場依存型／場独立型
   ②曖昧性に対する寛容と非寛容
   ③カテゴリーの幅が広い/狭い
   ④認知的熟慮性／衝動性
   ⑤聴覚／視覚優先性

3. 自分の英語学習を振り返り，自分にとって内的価値観が大きいのか，外的価値観が大きいのか考え，グループで意見を交換してみましょう。

4. 外国語学習において，適切な動機づけは重要です。以下の記述文について，各自の経験を踏まえ，グループで話し合ってみましょう。

   「学習者が英語を学習する動機を考慮できる。」(J-I-B-3)

参考図書

● 『学ぶ意欲の心理学』市川伸一，PHP新書（2001）

　学習者の「やる気」とか「意欲」というものが心理学ではどのようにとらえられているかを説明している。特に，よく研究や実践で引用される「学習動機の2要因モデル」について詳しく解説してあり，その調査項目も記載されている。

● 『自己調整学習の指導』バリー J. ジマーン・セバスチアン ボナー・ロバート コーバック（原著）塚野州一・牧野美智子(訳)，北大路書房（2009）

　すべての児童・生徒は優れた学習者になれるという前提に基づいて書かれている。成功する学習者は自らの学習を推進するために自己調整の方法，つまり，時間管理，試験のための予想と準備，読む方略と書く方略を共通に使っている。本書は自己調整学習の研究と理論を利用できるように意図した本である。

● 『反省をさせると犯罪者になります』岡本茂樹，新潮新書（2013）

　省察と反省は混同されることがあるが，省察とは自己の内部での熟慮であり，外部から強要するものではない。本書は，よく世間で使われる「反省しなさい」という言葉が，いかに効力がなく危険な言い方であるかを述べ，反省を求めないで，面接等で行為を省察させる方法を紹介している。

第5章
英語教師論

　これまで教わった英語の先生の中で，良かったと思う先生の姿をイメージしてください。学習者から見た「良い先生」と，本章で述べる「求められる教師の資質能力」の間には何か共通点があるでしょうか。学校教育では，教職としての資質能力と，専科教員としての資質能力の両方が求められます。実際には両者を厳密に区別することはできませんが，それぞれの具体的な資質能力や役割を把握しておくことは，実践的で省察的な学びにつながります。本章では，教員に求められている資質能力を概観し，その後，成長し続ける英語教師として必要な知識・技能・授業力を，J-POSTLを利用しながら検討していきます。

[1]「教師」と「教員」：本章では，「教師」と「教員」の両語を用いている。その違いは，前者は教育を担当している者一般，後者は教員免許を持つ学校の教育職員を意識している場合である。しかし，それほど厳密に区別することはしていない。

1. 教員[1] として求められる資質能力

　中央教育審議会（中教審）が2012年に文科省に提出した『教職生活の全体を通じた教員の資質能力の総合的な向上方策について』（以降「審議のまとめ」）において，「これからの教員に求められる資質能力」が提言されました。提言の核心は，「学び続ける教員像の確立」にあります。つまり，社会の急速な進展の中で，知識・技能が陳腐化しないように絶えず刷新する必要があるということです。この提言は現在でも教師教育の指針とされているので，まずその要点だけをまとめてみます（**表5-1**）。

教職としての資質能力	使命感，責任感，探究力，向学心，教育的愛情
専門職としての資質能力	専門的知識， 実践的指導力（教科指導，生徒指導，学級経営等）
総合的な人間力	人間性，社会性，コミュニケーション力，協働性

表5-1　教員として求められる資質能力（文科省2012から作成）

　上記の3分類の資質能力は，それぞれ独立したものではなく，学習や教育経験を省察する過程で，相互に関連し合いながら形成されます。この分類に留意しながら，「教職」と「専科の教員（英語科教員）」を分けて，それぞれの資質能力を具体的に考えていきます。

1.1 教職として求められる資質能力

　学校教育の現場に立つと，自分の授業以外にも，取り組まなければなら

第5章 | 英語教師論

教職としての適性	人格・性格の適性
□教育に対する情熱と熱意がある。	□人に対する偏見や差別意識がない。
□自主的に学び続けることができる。	□社会のルールや常識をわきまえている。
□他の教員や地域と連携する協調性がある。	□問題に対して柔軟に対応できる。
□高度な専門的知識・技能に関心がある。	□物事に対して好奇心がある。
□他者の意見を取り入れ授業改善ができる。	□人の話をよく聞き，コミュニケーションを大切にする。
□学習者のニーズを理解できる。	□プラス志向である。
□説明や指示を明確にできる。	□明るく，落ち着いて振る舞う。

表5-2 教員の適性

ない職務や課題が山のように存在し，呆然とするかもしれません。ホームルーム（学級経営），生活，進路，部活動などを軸とする生徒指導のほか，教務（カリキュラム，時間割，授業改善計画の作成・実行など），学校行事，情報化，特別支援，地域との連携等々は，ほとんどすべての学校に共通する職務です。これらに加え，それぞれの学校独自の業務や課題が存在します。

もちろん一人ですべてをこなすことはできません。学校では職務分掌を定め，各教員が役割を分担し，各分掌主任を中心に職務を遂行していきます。しかし，何年も同じ分掌を続けるわけではありません。通例2〜3年に1度は入れ替えが行われます。こうして，常に新しい課題に取り組み，自ら探求心を持って，教職としての使命感や責任感を育んでいくことが求められます。

教員の資質能力を備えることができるかどうかは，人間的（人格・性格）な適性と教職としての適性を考慮する必要があります。人間も職業も様々ですから，自分をよく分析し，教職が自分に合っているかどうかを判断する必要があります。その判断材料として，現職英語教員対象に行った調査結果[2]，および，「審議のまとめ」とJ-POSTLの要点を加えて作成した適性の目安が**表5-2**です。自己分析や仲間との話し合いに利用してください。

1.2 英語科教員として求められる資質能力

学習指導要領や英語教育改善策などの記述から，英語科教員に求められる基本的な資質能力を，英語力と授業力[3]の2点から要点をまとめると**表5-3**のようになります。

[2] 現職英語教員対象の調査：JACET教育問題研究会が行った全国の教育委員会指導主事対象の調査（2004年）と全国の教育実習現場指導教員に対する調査（2005年）を指す。

[3] 授業力：指導力，教授力などの用語が用いられることがあるが，ここではそれらを含め授業力で統一した。

英語力	・英検準1級, TOEIC 730, TOEFL PBT 550以上。 ・英語の授業を英語で行うことができる。
授業力	・外国語学習指導要領に基づいて指導することができる。 ・4技能をバランスよく育成する力。特に,「読むこと」や「書くこと」の育成では,外国語学習指導要領の趣旨を踏まえた指導をする。

表5-3 英語教員の基本的な資質能力

1.2.1 英語力

　表5-3で示した基準をクリアすれば,誰でも教員としての適性があるとは言い切れません。実際に,文科省の調査によれば,2011年で英検準1級以上相当の英語力を有している教員は公立中学校で約24%,同じく高等学校で約49%,2014年には,小学校が0.8%,中学校の英語担当教員が27.9%,高校の英語担当教員が52.7%となっています。目標とする全国平均70%には到達していませんが,数値が向上していることから,各都道府県市区町村の教員試験をパスした現職の先生方が,忙しい職務の合間に,日々研鑽に励んでいる姿が見て取れます。重要なことは,「学び続ける」姿勢です。この教師の姿が,学習者の模範となります。もちろん,目標に到達することは大切です。しかし,目標値に到達しても,探求心と向学心を持ち続けることが必要です。

　一方,「英語で授業を行う力」は授業力とも関連します。ここで想定するのは,これまでのような教師中心の授業ではありません。よく質問に出されるのは,「文法の説明まで英語でやるのか」,「英語を日本語に訳す場合はどうするのか」などというものです。これらは従来の教え方から発想されています。これからの授業は,学習者中心でなければなりません。つまり,授業を英語で行うということは,教師が英語を使って知識を与えるということではなく,学習者に英語を使う経験をできるだけ多く与えることです(J-V-E-2[4])。教師と生徒とのやり取りばかりでなく,生徒同士の学び合いの中で,英語を使うよう仕向けることになります。

　それでは,学習者に英語を使う経験を多く与えるための授業では,教師はどのような場面で英語を使いながら指導すればよいでしょうか。基本的には,授業展開に沿って,教室英語[5]を使いこなすことが第1歩となります。

　英語を使う経験を学習者にできるだけ多く与えることが必要ですが,英語だけでは理解が進まないと考えられる場合には,効果的に日本語を使用することも必要です(J-V-E-1[6])。難しい単語や熟語の意味,複雑な文法事項,日英の発想の違いなどは,無理に英語を使わず,手短に日本語を使ったほうが理解が早いことも心得ておくべきでしょう。

[4] J-V-E-2:学習者が授業活動において英語を使うように設計し指導できる。

[5] 教室英語(classroom English):第16章 2.1, 2.2および資料編2〈英語で授業〉基本用例集参照

[6] J-V-E-1:英語を使って授業を展開するが,必要に応じて日本語を効果的に使用できる。

1.2.2 授業力

　学習指導要領における外国語教育の目標は，コミュニケーション能力を養うことです。その中核には，「情報や考えなどを的確に理解したり適切に伝えたりする」能力があり，その能力は，「言語や文化に対する理解」や「積極的にコミュニケーションを図ろうとする態度」と不可分に結び付いているとされています。つまり，英語教員には，授業を通して，こうした能力や態度を育む指導をすることが求められています。

　しかし，以上のような文言だけでは，恐らくどうしてよいか途方に暮れてしまうかもしれません。そこで，(1)コミュニケーション能力，(2)言語や文化に対する理解，(3)コミュニケーションを図ろうとする態度の3点に分けて，それぞれどのような指導の観点があるのかを考えてみましょう。

(1) コミュニケーション能力[7]

　第1章でも扱いましたが，「グローバル人材育成戦略」の中では，コミュニケーション能力の目安を初歩から上級まで段階別に，①海外旅行会話レベル，②日常生活会話レベル，③業務上の文書・会話レベル，④二者間折衝・交渉レベル，⑤多数者間折衝・交渉レベルとしています。このうち，グローバル人材として必要な能力は，④⑤のレベルになります。このレベルを育成するために必要な授業内活動は，聞いたり読んだりしたことについてまとめたり話し合ったりすること。時事問題や社会的な話題などについて発表・討論・交渉などの言語活動を豊富に体験させること，などとしています。

　発表・討論・交渉などの言語活動をすることが学校教育の最終段階とすれば，①と②の段階でも，そのような言語活動につながるような授業を展開することが必要です。そのためには，4技能を習熟させるとともに，複数の技能を統合して使う活動[8]を設計することが必要です。つまり，生徒の興味・関心が高い話題について，ペアやグループで互いに学び合い，考えや気持ちを伝え合うこと（インタラクション）を目的としたアクティブ・ラーニングを取り入れることが重要となります。

(2) 言語や文化に対する理解

　これは非常に奥の深い内容を含んでいますが，理念としては，第1章と第13章の複言語主義と異文化間能力の考え方をしっかり押さえておくことが必要です。英語学習の入門期から，言語と文化を一体なものとして捉え，言語と文化の多様性への気づきを促す指導が大切です。日本では英語学習が主体になり，英語という言語と英語圏の文化だけに目が向く傾向にあります。しかし，中学や高校の教科書では，アジア，アフリカ，南米，ヨーロッパ等々に関する様々な教材が用意されています。それらの教材を使っ

[7] コミュニケーション能力（communicative competence）：第1章 2.3.2および第3章 2.3参照

[8] 技能統合型の活動（skills-integrated activities）：第10章参照

て，学習者にそれぞれの国や地域で話されている言語や社会・文化について調べさせ，互いに学び合うという活動を取り入れていくことは可能でしょう。

異文化間教育の授業力は，海外留学や海外研修の経験の有無[9]によって差が出ることがこれまでの研究で判明しています。つまり，海外経験のある教員の方が，経験のない教員より自信があり，教歴を積むにつれて授業力が向上していきます。海外経験のない教員の授業力は教歴を積んでも有意に向上していきません。つまり，海外経験は大学での座学，書籍，インターネットなどから得られる知識より，個人の想像力や思考力を高めることに役立つのです。できるだけ早い時期に，留学や研修の形で海外を経験することを推奨します。

[9] 海外経験の有無と授業力との関係：現職教員対象の全国調査結果に基づく分析による（久村，2014）。

（3）コミュニケーションを図ろうとする態度

この態度を養うには，「コミュニケーションは楽しい」という内的な充実感を持たせる指導が大切です。ある大学生対象の調査[10]で，英語を学ぶ理由として，「世界の人々と話せるから」が第2位にランクされました。「話せる」ということは「コミュニケーションする」と同義と考えられます。海外研修などでホームステイを経験した学生の多くは，帰国後「ホストファミリーや現地の人と，英語でコミュニケーションができたらもっと楽しかったのに」などという感想を漏らします。コミュニケーションをするということは基本的に楽しいものです。この楽しさを味合わせるには，入門期から，インタラクション活動を取り入れた，学習者中心のアクティブ・ラーニングによって，英語を使う活動を豊富に取り入れて行きます。学習者が話したり書いたりする英語には，文法，発音，語彙などの間違いがたくさんあり，つい指摘し直したくなるかもしれません。しかし，それは最小限にとどめ，彼らの活動への参加意欲を重視することです。間違いを恐れずに発言すること[11]を奨励することが大切です。

[10] 大学生対象の調査：大木（2014）による。

[11] 間違いを恐れず発言すること：第1章 1.2.1 の通じる英語，および，1.2.2 側注[18]参照

2. 言語教師の役割

2.1 言語学習の意義を伝える

「なぜ英語を学習するのか」という問いに対して，「英語は国際共通語だから」とだけ答えるとすれば，やや思考停止状態に陥っていると言わざるをえません。もし英語を「外国語」に置き換えたとすれば，その回答は意味をなさなくなります。つまり，言語教育のプロであれば，もう一歩踏み込んで，英語を通した外国語学習の意義と利点をきちんと説明できるようにしてお

第5章｜英語教師論

きたいものです（J-I-C-1[12]）。

ヒントは第1章で述べた複言語主義の考え方にあります。日本では初等・中等教育の外国語教育は英語が支配的ですが，英語を通して異言語や異文化に触れさせ，複元的視野，バランス感覚，他者理解，考える力，アイデンティティの確立などを養うことを目指すことはできます。また，ヨーロッパの言語教育理念を応用して，「多文化共生（相互理解，民主的市民性，社会的結束）を推進し，世界の平和と調和に貢献する市民を育成する」という大きな目的を設定することも可能でしょう。

一方，国際共通語としての英語を学ぶ利点は，第1章で扱った日本の英語教育改善の基本的な考え方に通じます。

・子供たちの可能性を大きく広げる重要なツール。
・日本の国際競争力を高めていく上での重要な要素。
・異なる国や文化の人々と円滑にコミュニケーションを図るツール。
・異文化に対する理解と日本人としてのアイデンティティを育む。

以上の内容を組み合わせ，英語学習の意義や利点を，学習者や保護者に説明できるようにしておくことが大切です。

2.2 言語使用者を育てる

これまでの英語教育では，4技能に習熟させることが目標になっていました。しかし，それだけでは学習者に留まります。使用者にするためには，4技能を統合した言語能力，つまり，インタラクションの技能を育成する[13]必要があります。

インタラクション技能を育成するには，授業では学習者中心の協同学習，あるいは，アクティブ・ラーニングの形態をとることになります。ペアやグループ・ワークを主体としたロールプレイ，ディスカッション，ディベート，メール交換等々の活動を取り入れていくことが，この技能を習得させるためには必要となります。

J-POSTLでは「スピーキング活動」，「ライティング活動」のセクションで，インタラクション指導につながる記述文を扱っています。しかし，この技能を育成するための授業力を身に付けるには教育経験が必要です。したがって，【英語教職課程編】では3つの記述文を基本的な授業力として選びました（J-II-A-3，A-4，B-3[14]）。

また，「V授業実践」の「C. 学習者とのインタラクション」のセクションに，インタラクションを促す技能についての記述文が掲載されています。

劇作家・演出家であり，教育実践の分野でも活躍している平田オリザは，

[12] J-I-C-1：学習者と保護者に対して英語学習の意義や利点を説明できる。

[13] インタラクション：第1章 2.3.2，第3章 1.3，第10章参照

[14] J-II-A-3：発表や討論などができる力を育成するための活動を設定できる。
A-4：つなぎ言葉，あいづちなどを効果的に使って，相手とのインタラクションができる力を育成するための活動を設定できる。
B-3：学習者がEメールなどのやり取りを行うのを支援する活動を設定できる。

61

この課題に対して示唆に富む提案をしています。彼は，「会話」という言い方を，「対話」という言い方に変えたらどうかと提案し，「対話的な精神」を次のように定義しています。

「（対話的な精神とは）異なる価値観をもった人と出会うことで，自分の意見が変わっていくことを潔しとする態度のことである。あるいは，できることなら，異なる価値観を持った人と出会って議論を重ねたことで，自分の考えが変わっていくことに喜びさえも見出す態度だと言ってもいい。（平田，2012，p.103）」

彼の言う「対話」は，「インタラクション」と言い換えることができます。学校教育の最終段階として，このような態度を育むことを目標にすることは可能です。「対話（インタラクション）する」は「コミュニケーションを楽しむ」ことの原点にあると考えられるからです。

3. 英語教師の成長

3.1 省察と自己評価

J-POSTLの記述文は，自己評価のための記述文です。自己評価をきちんと行うことができるようになるには，様々な知識と経験が必要です。知識や経験が乏しい学習者の自己評価は，あまり信頼できません。しかし，いくら知識を増やし，経験を積んでも，それらの知識や経験を自分のものとして内在化させていなければ，やはり自己評価は中途半端なものとなるでしょう。したがって，知識や経験を内在化させるための方法を身につける必要があります。それが「省察」です。教職課程においては，自律的な教師になるために，まず省察の方法を身に付ける必要があります。J-POSTLの記述文が単なるチェックリストではないのは，それらを使って省察することが前提になっているからです。

比喩的な言い方をすると，省察とは経験との対話（インタラクション）と言えるかもしれません。よくPDCAサイクルという言葉を耳にすると思います。これは，もともとビジネス用語でしたが，教育分野でも使われるようになりました。Plan（計画）→ Do（実行）→ Check（評価）→ Act（改善）の頭文字です。PDCAサイクルを学校の授業に当てはめてみると，3段階になります。前時の授業の反省（改善）に基づいて授業計画を立てる（計画）→ 授業を行う（実行）→ 授業を振り返る（反省・評価），となります（J-II-C-7[15]）。これを「省察サイクル」[16]に言い換えてみると，授業前の省察 → 授業中の省察 → 授業後の省察となります。つまり，自分の知識や授業（経験）と絶

[15] J-II-C-7：計画・実行・反省の手順で，学習者や授業に関する課題を認識できる。

[16] 省察サイクル（reflection cycle）：授業前の省察（reflection for action），授業中の省察（reflection in action），授業後の省察（reflection on action）

第5章｜英語教師論

えず対話しながら，省察する態度を内在化させることが，正確な自己評価力の育成と教師の自律につながります。

それでは，省察する態度にはどのような要素[17]が必要でしょうか。J-POSTLでは次の3要素を強調しています。

- 教師に求められる授業力とその背景にある教授理論について考えること。
- 教職課程を履修している仲間どうし，および，履修生と指導教員との間で話し合い（対話）を持つこと。
- 自分の授業力や知識に関して自己評価をすること。

第1の要素は，自分が受けてきた授業や実践した経験を振り返ると同時に，自分の授業力を延ばすために必要な知識や実践力について考察することです。第2の話し合いは，第1の要素をさらに深めるには重要で，省察には欠かせない要素です。最後の自己評価は，話し合いや対話を通して行った省察の結果を反映させます。したがって，自己評価は，頻繁に行う必要はありません。1年に2〜3回行えばよいのですが，第1〜第3のいずれの場合も，J-POSTLが効果的なツールとなるはずです。

3.2 授業の評価と改善

3.2.1 基本的態度

省察サイクルに基づいて，自分の授業の評価と改善を図ることが大切です。その概要をまとめると**表5-4**のようになります。

学習者と授業に関する省察の観点は，例えば次のようなことが考えられます。

- 学習者の興味・関心を把握しているか。
- 学習者の興味・関心を引き出す導入（活動）の工夫がされているか。
- 学習者の緊張感，集中力を維持できるような工夫や指導ができているか。
- 学習者の発話に対して，適切なフィードバックができているか。
- 学習者への発問の内容や意図は明確か。
- 各活動の時間配分が適切か。

授業前の省察	前時を振り返り，課題に気づきその解決策を考える。
授業中の省察	生徒の様子を観察し，気づいた課題を書きとめる。
授業後の省察	本時の授業を振り返り，課題に気づきその解決策を考える。

表5-4 省察の概要

[17]省察の3要素：
EPOSTLの編者の1人のFenner（2012）による。

3.2.2 J-POSTLに基づく評価と改善

具体的には，J-POSTL I-Cの「言語教師の役割」の記述文の内容を実践していくことになります。いくつかの記述文を利用して考えてみましょう。

（1）「理論を理解して，自分の授業を批判的に評価できる。」(J-I-C-3)

理論については，主な外国語学習の教授法[18]についてのそれぞれの利点と問題点，外国語として英語を学ぶ学習者の言語習得の特徴，学習者要因，4技能の指導理論などについての深い理解が必要です。授業の評価方法として，授業中に学習者の様子を観察したり，テスト結果などの学習成果に基づき，課題について反省と原因の分析をします。また，授業をビデオで撮影し，観点別（授業展開，発問の適切性，各活動の時間配分，学習者へのフィードバックの方法など）に利点と問題点を評価します。

（2）「学習者からのフィードバックや学習の成果に基づいて，自分の授業を批判的に評価し，状況に合わせて変えることができる。」(J-I-C-4)

日常の授業で学習者を観察するのみならず，学習者が授業で理解できなかった点についてアンケート調査し，なぜ理解できなかったのか原因を分析[19]します。学習成果については、定期テストにおいて，学習者が点を取れなかった箇所を確認し，授業のどの点に問題点があったのか分析します。また，小テストや宿題のプリントで学習者が間違えた部分を確認し，なぜ間違えたのか原因を分析します。分析の結果、状況に応じて授業を変える必要がありますが，その方法について例を挙げます。

①活動の時間配分を変える。（例：学習者の話す力がついていない場合，話す力を伸ばすための活動の時間を増やす。）

②活動の難易度を変える。（例：学習者がペアで話す活動に積極的に活動していなかった場合，話しやすいテーマに変更したり，会話の雛型が書かれた補助プリントを作成する。）

③活動の内容を変える。（例：学習者の読む力がついていない場合，教えていなかった語彙の推測やスキミングやスキャニングなどの読解ストラテジーを明示的に教える。）

④言語材料の提示や練習方法を変える。（例：学習者に現在完了形の概念が定着していない場合，学習者がより理解しやすい導入方法を工夫し，定着のための練習方法を変える。）

（3）「他の実習生や指導教諭等からのフィードバックを受け入れ，自分の授業に反映できる。」(J-I-C-5)

---

[18] 外国語教授法：第3章 参照

[19] テスト結果の分析： 第17章 4. 参照

第 5 章｜英語教師論

　授業実施後は，厳しい批判でも反発せずに謙虚に受け入れ，授業の改善に努めます。問題点を指摘された場合には，どのようにその問題点を改善できるか考え，自分の授業を修正します。また，問題点が指摘され，その改善方法について提案があった場合，改善案を取り入れて実践してみましょう。改善案を実践してうまくいかない場合は，自分で別の改善案を考え，再度実践してみることも重要です。

（4）「他の実習生の授業を観察し，建設的にフィードバックできる。」
（J-I-C-6）

　クラスメイトあるいは他の実習生の授業について建設的なフィードバックをするためには，授業の良かった点と改善点について，観点別（声の大きさなどの言語スキル，ジェスチャーなどの非言語スキル，時間配分，言語材料の提示方法，学習者への対応など）に述べます。また，学習者の様子を観察し，授業者が気づいていない点について言及します。評価をするときには，指導案に基づき授業者の授業の意図を理解した上で，学習者の立場から改善点についても具体案を提示するとよいでしょう。

課　題

1.　本章の冒頭で提案した「教えてもらって良かった英語の先生」のイメージと「求められる英語教師の資質能力」との間の共通点を，自分の考えをまとめてから話し合ってみましょう。

2.　次のJ-POSTLの自己評価記述文について，学習者の年齢，学習経験，授業内容を考慮し，自分の考えをまとめてから話し合ってみましょう。

　「学習者の母語の知識に配慮し，英語を指導する際にそれを活用できる。」(J-I-C-2)

参考図書

● 『英語教師の成長─求められる専門性』石田雅近・神保尚武・久村研・酒井志延（編著），（英語教育学大系第7巻）大修館書店（2011）

　　21世紀に入って以来の日本の英語教育と英語教員教育の制度改革の動向を追いながら，様々な調査結果と分析に基づいて，教員養成，採用，研修，評価，資質能力などの実態を論述している。さらに，欧米の教師教育の動向を，訪問調査に基づいて紹介し，英語教師に求められる専門性について課題と展望を示している。

● 『英語教師は楽しい』柳瀬陽介・組田幸一郎・奥住桂（編），ひつじ書房（2014）

　　NPOの代表，中学・高校の現職教員，大学教員から成る27名の執筆陣が，それぞれの立場から，肯定的で前向きな英語教師像を浮き彫りにしている。第1部は英語教師としての楽しさ，第2部は英語教師が置かれている現状，第3部は英語教師の幸福論という構成である。本書を読むことによって，英語教師への不安や迷いを払拭してくれる。

第 2 部
実践編 I

Give a man a fish, and he will eat for a day.
Teach a man to fish, and he will eat for a lifetime.

—Lao Tzu—

人に魚を一匹与えれば、その人は一日の糧を得る。
人に魚の釣り方を教えれば、その人は一生の糧を得る。

—老子—

第6章
リスニング

　2人以上の間でインタラクションをする際に，まず相手の言葉を聞いて理解することが必要です。本章では，最初に，リスニングを能動的な活動と捉え，音声的な特徴を認識し，背景知識や文脈を活用しながら音声情報を処理していくプロセスであることを概観します。次に，指導の観点と英語の文字や音の特徴への気づきについて理解した後に，リスニングの目標とリスニングの教材と種類について考えます。最後に，3段階の指導手順を踏まえ，内容の理解，リーディング・ストラテジーの活用のための具体的な指導方法について学びます。

1. 基本概念

1.1　リスニングとは

　リスニングとは音声言語（話し言葉）を聞き取ることです。リスニングは受容技能ですが，単に外部からの音声を受け取る受動的な活動ではありません。コミュニケーションは常に場面や話題に反映される社会的文脈の中で生じます。したがって，聞き手は既に持っている背景知識（スキーマ[1]）を活用しながら，文脈や場面に基づいて情報を処理し，意味・内容を能動的に構築します。聞き手は言語情報に含まれる手がかりを基に，スキーマから内容を再構築し，話し手の意図を理解し解釈しようとします。一般的にスキーマは社会的・文化的側面に関する内容スキーマと，文法・修辞法やテキストの構成に関わる形式スキーマの2つに分けられます。聞き手が言語情報を理解するために必要なスキーマがないと，意味を理解できなかったり，話し手の意図とは異なる解釈をしたりすることになります。

　文字言語（書き言葉）とは異なり，音声言語は瞬時に消え，話し手の速度や語彙レベルをコントロールすることが難しいため，音声言語から即座に語彙を認識し，意味と関連づけることが求められます。したがって，意味内容を再構築するために，話し言葉の音声的特徴（強勢，リズム，イントネーション），文法的特徴（省略，短い発話），語彙的特徴（kind of などの曖昧な言葉，つなぎ言葉）などにも慣れておく必要があります。

1.2　リスニングのプロセス

　話し手から聞き手への伝達行為[2]において，話し手の言語の文構造や形式は，伝達する内容の概念や機能の影響を受けています。その中で，聞き

---

[1] スキーマ（schema）：経験によって形成された心的枠組で，新しい情報や知識を理解する際の基盤となる。

[2] 伝達行為：第3章2.3のコミュニケーション活動モデルを参照

手の理解度に影響を与える文脈的要因として，話している場面，話し手同士の関係性，話の目的，話題の背景知識，などが挙げられます。また，言語的要因として，音声のスピード，一文の長さや文の複雑さ，語彙の豊富さなどが挙げられます。

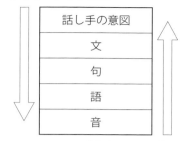

図6-1　インタラクティブ処理

リスニングのプロセスを処理の段階に分けて考えると，音声の認識と意味の理解・解釈の2段階に大きく分けることができます。音声の認識の段階では，1つの語における音素の違い（例，pinとbinのpとb），弱く発音される音と強く発音される音の違い（例，aboutのaは弱く，appleのaは強い），単語の強勢や音の連結，リズムやイントネーションを認識します。また，意味の理解・解釈の段階では，語彙や文法的知識に基づき，文の意味を理解します。語彙や文法的知識だけで理解できない場合は，文脈や背景知識を活用し，話し手のイントネーションの違いや事実と意見の区別などから，話し手の意図も推測します。

これらの処理は，音 → 語 → 句 → 文 → 話し手の意図という順序で，細部から全体へと行われる場合はボトム・アップ処理と呼ばれ，逆に聞き手が持っている背景知識を活用し，話し手の意図 → 文 → 句 → 語 → 音という順序で全体から細部へと行われる場合は，トップ・ダウン処理と呼ばれます（**図6-1**）。音声情報を理解するためには，両者を相互的かつ統合的に行うインタラクティブ処理が重要となっています。

1.3　指導の観点

1.2で概観したとおり，リスニングのプロセスは複雑であり，談話の様々な側面が関わってきます。指導の観点として，リスニング能力を構成する下位技能を(1)音声の側面，(2)内容の側面，(3)ストラテジーの側面の3つの観点[3]から捉えるとよいでしょう。

（1）音声の側面
- 通常の速さで話された話し言葉を処理する。
- 言語のかたまり（チャンク[4]）を短期記憶に保持する。
- 英語の音声を区別する。
- 強勢，リズム，イントネーションのパターンとそれらが伝える意味を認識する。
- 話し言葉の縮約形を認識する。

[3] 指導の3つの観点：Richards & Burns (2012)が挙げている11項目を3つの観点に分類した。

[4] チャンク（chunk）：小学生など学習の初期段階では，連語や慣用表現をチャンクとして定着させるとよい。第7章2.5(6)，第11章1.2参照

（2）内容の側面

・中核となる語彙を認識する。

・中核となる文法パターンを認識する。

・発話のコミュニケーションの機能を認識する。

・異なるスピーチスタイル[5]を処理する。

・文脈，話題，背景知識に基づき意味を推測する。

（3）ストラテジーの側面

・音声情報の処理を行う際，適切なストラテジーを選択する。

1.4　英語の文字や音の特徴への気づき

　細部まで正確に聞き取るためには，基本的な音声の特徴をとらえることが必要です。音声の特徴を理解することで，内容理解の補助にもなります。指導の観点として，音素の識別，音声変化，強勢，リズム，イントネーション[6]，文の区切りの6つが挙げられます。EIL[7]を考慮すれば，この中で特に重視したい指導の観点は，強勢です。

1.4.1　音素の識別

　音素とは，意味をもたらす最小の音の単位です。rとlの違いなど，英語と日本語で異なる音素があり，違いを識別するために，句や文の中で対比しながら（例：I had a map. I had a nap.），聞き取らせるとよいでしょう。

1.4.2　音声変化

　音声変化とは，隣接する音が影響しあうことによって起こる現象で，連結，同化，脱落，弱化の4種類に分けられます。変化の特徴について注意を向けて聞き取らせたり，発音練習をさせたりするとよいでしょう。

（1）連結

　語の最後の音と次に来る語の最後の音が連結する音変化です。子音で終わる語＋母音で始まる語は子音と母音が結合して音節を作ります（例：an_apple）。また母音で終わる語＋母音で始まる語は /r/ が挿入されているように聞こえます（例：saw itがsaw ritのように聞こえる）。

（2）同化

　前後の音が子音で終わり子音で始まる場合，前の音の子音が後の子音に影響されて変化する音変化です。代表的な例として /t, d/＋/j/ の場合，/tʃ/，/dʒ/（例：last year, Did you…?）に，/s, z/＋/j/，/ʃ/，/ʒ/ の場合，

---

[5] スピーチスタイル：大まかに分けると丁寧な言い方とくだけた言い方があるが，それぞれ丁寧さやくだけ方にもレベルがある。

[6] 強勢，リズム，イントネーション：発話におけるこれらの音声的特徴をプロソディーと呼ぶ。

[7] EIL：第1章 1.2.1参照

/s/ は /ʃ/ に，/z/ は /ʒ/（例：this year, Is she…?）に変化します。

（3）脱落・省略

　発話中の1語や語間のある音が消失する現象です。脱落した部分には多少の間ができます。例えば，母音の直後（例：Good night.）や，子音と子音の間の t と d（例：exactly, send them）が脱落します。また破裂音＋破裂音の場合（例：Si(t) down.）も，最初の破裂音が脱落します。

（4）弱化

　母音が弱く発音される現象です。一般的に，内容語（名詞，動詞，形容詞，副詞，指示代名詞，疑問詞）に強勢が置かれ，機能語（冠詞，助動詞，人称代名詞，前置詞，接続詞）は弱く発音（例：I can write English. /k(ə)n/）されます。

1.4.3　強勢（ストレス[8]）

　強勢とは，語，句，文，談話の各レベルで強く発音される部分です。文を聞きながら，強勢される音に印をつけさせる指導が考えられます。単語の中に母音が1つだけある語（単音節語）は，その母音の上にストレスが置かれ（例：pén），その母音が強く長めに，声もやや高めに発音されます。2つ以上の単語が密接に結合している句の場合，ストレスが置かれる位置のパターンは，複合名詞と形容詞的な修飾語＋名詞の2つに大別されます。複合名詞は，2つ以上の語が結合して名詞となり，最初の語に強勢が置かれます（例：White House ホワイトハウス）。一方，形容詞的な修飾語＋名詞は，名詞に強勢が置かれます（white hóuse 白い家）。

> [8] ストレス（stress）：アクセントとも言う。ただし，アクセントは他に「訛り」という意味もある。

1.4.4　リズム

　英語では，強勢のない弱音節は短くあいまいに発音されるので，強勢のある強音節によって一定のリズムが保たれます。例えばDógs éat bónes.とThe dógs will éat bónes.は，強勢の置かれる内容語は3か所で変わらないので，リズムは同じになります。英語のリズムは基本的に強弱のリズムで，内容語は強く，機能語は弱く発音されるので，内容語の部分あるいは機能語の部分を空所にして聞き取らせる指導ができます。その際，難易度を考慮して，1回目は内容語[9]を，2回目は機能語を聞き取らせるとよいでしょう。

> [9] 内容語と機能語：内容語は主に名詞，動詞，形容詞，副詞，機能語は前置詞，接続詞，助動詞などを指す。第12章 1.4参照

1.4.5　イントネーション

　イントネーションとは，文または発話全体における声の高低（ピッチ）の変化，言い換えれば抑揚のパターンで，話し手の意図や感情を表します。

例えば，平叙文，命令文，あいづちは下降調に（例：I live in Tokyo.↘ Oh, do you?↘），Yes-noの疑問文，問い直す文は上昇調に（例：Do you like cats?↗ I beg your pardon.↗）なります。また，選択疑問文，列挙の場合は上昇した後，下降します（例；Would you like tea↗ or coffee?↘ One,↗ two,↗ three,↗ and four.↘）。

1.4.6　文の区切り

　一連の音声情報の流れを理解するためには，意味のかたまり（チャンク[10]）に区切ることが大切です。リズムの単位が意味のかたまりになっており，区切りにはわずかなポーズが入るので，意味のかたまりを意識しながら語順どおりに解釈することが求められます。指導の方法として，ホワイル・リスニング活動[11]後スクリプトを学習者に渡し，もう一度音声を聞かせて，意味のかたまりごとに斜線を入れるよう指示するなど，チャンクを意識して音読練習をすることが考えられます。

　　例：*Kawaii* is a Japanese word / which is familiar to many people /in other countries.

2. リスニング指導

2.1　目標

2.1.1　中学校

　平成20年（2008）に告示された中学校学習指導要領[12]では，小学校外国語活動の「外国語の音声や基本的な表現に慣れ親しませる」という目標を踏まえて，「初歩的な英語を聞いて話し手の意向などを理解できるようにする」ことが「聞くこと」の目標となっています。言語活動として**表6-1**の5点が挙げられています。（ア），（イ），（オ）の言語活動は，聞き返しができない一

（ア）強勢，イントネーション，区切りなど基本的な英語の音声の特徴をとらえ，正しく聞き取ること。
（イ）自然な口調で話されたり読まれたりする英語を聞いて，情報を正確に聞き取ること。
（ウ）質問や依頼などを聞いて適切に応じること。
（エ）話し手に聞き返すなどして内容を確認しながら理解すること。
（オ）まとまりのある英語を聞いて，概要や要点を適切に聞き取ること。

表6-1　「聞くこと」の言語活動（2008年告示の中学校学習指導要領より）

---

[10] チャンク（chunk）：第7章 2.5（6），第11章 1.2 参照

[11] ホワイル・リスニング活動：本章 2.3.2参照

[12] 学習指導要領：詳しくは第2章参照

（ア）日常的な話題について，自然な口調で話される英語を聞いて，話し手の意向を正確に把握する活動。
（イ）店や公共交通機関などで用いられる簡単なアナウンスなどから，自分が必要とする情報を聞き取る活動。
（ウ）友達からの招待など，身近な事柄に関する簡単なメッセージを聞いて，その内容を把握し，適切に応答する活動。
（エ）友達や家族，学校生活などの日常的な話題や社会的な話題に関する会話や説明などを聞いて，概要や要点を把握する活動。また，その内容を英語で説明する活動。

表6-2 「聞くこと」の言語活動(2017年告示の中学校学習指導要領より)

方向のリスニング活動でも指導が可能ですが，（ウ）と（エ）とは，聞き手と話し手のやり取りがある双方向の活動であり，別の技能であるスピーキングとも連携しながら指導する必要があります。平成29年(2017)に告示された中学校新学習指導要領では，「店や公共交通機関など」といった具体的な場面が加わり，聞く目的が明確に示されています(**表6-2**参照)。

2.1.2 高等学校

　高等学校学習指導要領では，4技能のさらなる統合[13]が目標となっています。例えば，内容において，コミュニケーション英語Ⅰでは，「聞いたり読んだりしたこと，学んだことや経験したことに基づき，情報や考えなどについて」話し合いや意見の交換をしたり，簡潔に書くこととありますが，コミュニケーション英語Ⅱでは，話し合うだけでなく結論をまとめたり，まとまりのある文章を書くことが求められています。

2.2 教材の種類と選択

　学習者にニーズ，興味・関心，到達度に適したリスニング教材を選択する際，以下の3つの観点から分類して考えるとよいでしょう。(**J-Ⅱ-C-1**[14])

2.2.1 学習者用の教材とオーセンティックな教材

　学習者用の教材とオーセンティック[15]な教材に分けることができます。教室では，学習者用の教材を用いることが多いですが，オーセンティックな教材を補助教材として用いることで，学習者の学習意欲を高めたり，実態に即した話し言葉の特徴を指導したりすることができます。

（1）学習者用の教材
定義：語彙や文法の難易度，音声の速さなどを学習者のレベルに調整した教材

[13] 4技能の統合：第10章参照

[14] J-Ⅱ-C-1：学習者のニーズ，興味・関心，到達度に適した教材を選択できる。

[15] オーセンティック (authentic)：実際に用いられている言語からとられているということ。教科書などの教材は，特定の文法事項で作成され，現実の言語活動とはやや離れているので，できるだけ自然な英語を取り入れることがCLTでは重視される。

例：教科書付属のCDの音声，市販の語学テキストの音声，聞き取りテスト

（2）オーセンティックな教材

定義：実生活で用いられている音声教材

例：ラジオやテレビの番組，コマーシャル，実際に録音された駅のアナ
ウンスやインタビュー，映画

2.2.2　一方向の教材と双方向の教材

　聞き手の役割が一方向か双方向かに分けることができます。双方向のタイプの教材において，聞き手が実際に参加者になる場合，聞き手の行動として，話題を変えたり，話を聞いている反応をしたり，曖昧な意味を確認したりなどして，能動的に参加することで，話の内容理解を進めることができます。

（1）一方向の教材

定義：話し手から聞き手の方向が一方向で，聞き手が聞き返すことが難し
い状況

例：講義，空港などのアナウンス，課題などの指示，テレビ，映画，など。

（2）双方向の教材

定義：話し手と聞き手のやり取りがあり，聞き手が分からなかった場合，
話し手に聞き返しをすることができる状況

例：日常会話（電話での会話も含む），授業，など。

2.2.3　利用するテキスト[16]の種類

　テキストの種類という観点から5つに分類することができます。

（1）インフォーマル[17]な場面での対話文

　あいさつなどから始め，話題の導入，展開，終わり方などで用いる語彙や表現など話し言葉の特徴を学ぶことができます。

（2）個人的な出来事，経験，情報などの話題

　状況や人物が紹介された後，あるテーマに対する経験や情報が述べられ，それに対する話し手の気持ちや意見などが言及されるという話の特徴が見られます。

（3）情報伝達文（事実の報告）

　講義，ディベート，ニュース番組，ドキュメンタリー番組などで，その

[16]テキスト（text）：
コミュニケーション活動
で用いる，複数の文で構
成されたまとまりのある
言語単位のこと。

[17]インフォーマル
（informal）：普段の日常
的な話しことばを指す。

中ではフォーマル[18]な言葉が使われます。テーマに関する語彙を認識し，鍵となる主要な情報と詳細を区別して聞くことが求められます。

（4）説明文

機械の操作方法やレシピなどで，話し手が情報を伝える部分とどのような手順やプロセスで物事を進めるか説明する部分で構成されます。聞き手は，鍵となる語彙と動作の動詞を認識し，順序を示す接続詞を手がかりに理解することが求められます。

（5）意見や主張を述べる文

スピーチ，ディベート，コマーシャルなどで，話し手は事実の伝達ではなく，自分の見解を述べる。聞き手は話し手がある事実や課題について，賛成の立場か反対の立場かなど聞き取る必要があります。

上記の種類を踏まえ，教材を選択する際には，学習者はどのようなリスニングの下位技能を身につけており，どのような技能を身につけたいと考えているか，学習者の関心のある分野は何かを把握する必要があります。その方法として，学習者に質問紙調査や聞き取り調査を行うことが考えられます。また，学習者の到達度を測るため，自己評価や聞き取りテストを行うことも必要です。これらのニーズ分析を行った後，教師はリスニングの学習目標を設定し，学習目標を到達するために必要な指導内容と指導手順を考えます。

2.3　指導手順

リスニングの指導手順は，プレ・リスニング活動，ホワイル・リスニング活動，ポスト・リスニング活動の3段階で構成されます。

2.3.1　プレ・リスニング活動

プレ・リスニング活動とは，音声を聞く前に，学習者に準備をさせる活動です。教材に対する学習者の興味や意欲を高めたり，背景知識の活性化を行うことで，ホワイル・リスニング活動で聞く音声情報の理解の手助けをします（J- II-C-2[19]）。本活動について4つの手順で考えてみましょう。

（1）教材の特徴とリスニングの目的を明確にする

まず，2.2で述べた教材の種類のどれに当てはまるか確認し，特徴を把握します。また学習者の到達度を考慮したテキストの難易度も確認します。難易度を決める要素として，語彙や文法構造の難しさ，情報の構成，話し手の明確さ，話し手の速さ，テキストの長さ，視覚補助の有無，学習者の

---

[18] フォーマル（formal）：日常的にはあまり用いられない，形式ばった言い方。

[19] J-II-C-2：学習者が教材に関心が向くよう，聞く前の活動を計画できる。

背景知識の有無なども関わってきます。特徴を把握したら，リスニングの目的を明確にします。例えば，概要を捉えることが目的の場合は，どこで，誰が，どのようなトピックについて話しているかについて聞き取らせます。

（2）背景知識を活性化させる

次に，学習者が既に持っている背景知識を活性化させます（J-II-C-3[20]）。背景知識を活性化させることで，教材に対する学習者の興味・関心を喚起することもできます。具体的な活動例を以下に示します。

・テーマを板書し，そのテーマについて知っていることを各自，箇条書きで書かせる。
・タイトル，挿絵，写真から内容を予測させる。ペアやグループで話し合いをさせ，予測した内容を発表させる。
・テーマと関連のある映像を見せたり，教材の一部を聞かせたりして，内容を予測させる。
・内容に関連した5W1Hの質問を投げかけ，考えさせる。その際，写真，絵，表などを用いてもよい。

（3）未習の語彙や文構造の指導をする

背景知識の活性化のみならず，語彙や文構造を事前に指導することで，内容の理解を助けることができます。ただし，全てを教えるのではなく，内容理解の鍵となる語彙と文構造に絞るとよいでしょう。

（4）リスニング・ストラテジー[21]を紹介し，使用を促す

リスニング・ストラテジーは様々な種類がありますが，リスニングの目的に合わせてストラテジーを選択して紹介し，ホワイル・リスニング活動での使用を促すとよいでしょう（J- II-C-4[22]）。例えば，空港のアナウンスを聞く場合，学習者にどのようなことがアナウンスされるか予測させ，聞いた後に予測が合っているか確認することで，メタ認知ストラテジーを活用することができます。

2.3.2 ホワイル・リスニング活動

ホワイル・リスニング活動とは，リスニングをしながら，音声情報の意味を理解し，テキストの種類によって，異なった方法で反応する活動です。この活動を通して，学習者はリスニング力を向上させるストラテジーへの認識を高め，使用しながら，リスニングの練習をすることができます。本活動中に，学習者が取り組むことができるタスク[23]を設定する必要があります。その際，1回目のリスニングでは概要をとらえるタスクを，2回目の

---

[20] J-II-C-3：学習者がリスニングをする際に，教材のトピックについてもっている関連知識を使って内容を予測するよう指導できる。

[21] リスニング・ストラテジー：本章2.4.3参照

[22] J-II-C-4：リスニング・ストラテジー（要旨や特定の情報をつかむなど）の練習と向上のために，様々な学習活動を立案し設定できる。

[23] タスク（task）：目的のある課題・活動を指す。第3章2.3.1参照

リスニングでは詳細を聞き取るタスクを設定するなど，認知的負荷の低いタスクから高いタスクへとレベルを分けて段階を考慮するとよいでしょう。具体的な指導方法については**2.4**で述べます。

ホワイル・リスニング活動において，学習者が聞き取りに困難を感じたり，間違ったりしている場合には，教師はどこでつまずいているかを観察し，助言を与える必要があります。学習者がつまずく要因として，未知語が含まれている，書き言葉では理解できるが，話し言葉の音声の特徴に慣れていない，話題について十分な知識がない，重要でない情報に注意を向けている，語の意味を文脈から間違って推測しているなどが考えられます。学習者がつまずいている箇所を探る方法として，内容へのQ&Aを行う，つまずいている箇所を尋ねる，間違いが多いタスクに関する部分の音声を再生し，なぜ聞き取れないかペアで話し合わせるなどがあります。

2.3.3　ポスト・リスニング活動

ポスト・リスニング活動とは，ホワイル・リスニングの事後に行う活動です。ホワイル・リスニング活動を振り返り，内容の理解度を確認するとともに，別の観点からテキストに再び取り組んだり，他技能との連携も視野に入れながら発展的な活動をすることで，理解の深化と内容の定着を目指します。

内容の理解度が不十分な場合は，リスニングのスクリプト（文字情報）を確認し，語彙や文構造の解説を行うこともできます。他技能との連携を視野に入れた発展的な活動として，聞いた内容について自分の意見を書いたり（ライティング），聞いた内容について，ペアで意見を話し合わせたり（スピーキング），聞いた内容に関連する別のテキストを読む（リーディング），などの活動が考えられます。

その他にホワイル・リスニング活動中に学習者がつまずいた箇所について，ポスト・リスニング活動では，つまずきを克服するための指導をすることもできます。例えば，音声的特徴につまずいている場合には，ホワイル・リスニング活動で使用したテキストにでてきた特徴を2つ程度取り上げて解説し，特徴を含む別のリスニング教材も聞かせて慣れさせることができます。

2.4　指導方法

2.3ではリスニング指導の3段階のプロセスを概観しました。本節では，ホワイル・リスニング活動とポスト・リスニング活動で行う指導について具体例を提示します。また，リスニング・ストラテジーの指導についても解説します。

2.4.1 音の特徴に焦点を当てたリスニング活動

音の特徴[24]に焦点を当てたリスニング指導の方法として，オーバーラッピング[25]，シャドーイング[26]，リテリング[27]があります。これらは，スピーキング活動とも連携しています。

また，ディクテーション[28]をさせてもよいでしょう。ディクテーションには，全文を書き取らせる場合と穴埋め形式があります。また語の選択肢を置く場合とそうでない場合もあります。ディクテーションを行う際は，内容語と機能語の違い，文法項目，音声の特徴など，注目させたい焦点を決めるとよいでしょう。

2.4.2 内容に焦点を当てたリスニング活動

背景知識や文脈を活用し，内容理解を目的とする指導において，口頭または書くことによる応答のタスク，動作による反応のタスク，情報の照合と転移のタスクの3点が考えられます。

（1）口頭または書くことによる応答のタスク

教科書の本文を読む前のプレ・リスニング活動では，リーディングのテキストに関連した内容について学習者に口頭でクイズをし，聞いた内容について口頭で応答させることができます。

ホワイル・リスニング活動では，音声情報に対して，内容の真偽を問う真偽法[29]が行えます。例えば，1回目のリスニングでは概要を尋ねる問い，2回目のリスニングでは詳細を尋ねる問いを行います。また事実だけを問うのではなく，文脈から推測できる事柄や話し手の立場や気持ちなども問います。

多肢選択法[30]では，1つの問題に対し，3〜4つ程度の選択肢を準備します。提示の方法として，リスニング前に問題と選択肢を文字で示す，リスニング後に問題と選択肢を文字で示す，リスニング前に選択肢だけを文字で示し，リスニング後に口頭で問題を示す，リスニング後に問題と選択肢を口頭で示す，の4つがあります。

ポスト・リスニング活動では，テレビやラジオ等で聞いた内容について話したり感想や意見を書く，聞いた内容についてペアで質疑応答や意見交換をするなどの活動が考えられます。

（2）動作による反応のタスク

音声情報に対して動作で反応します。例えば，教師が学習者に Touch your nose. など口頭で指示したことに対して，身体の動作で反応します。この方法はtotal physical response（TPR）[31]という教授法の一環としても

---

[24]音の特徴：
本章 1.4参照

[25]オーバーラッピング：
第7章 2.3.2，第8章 2.4.2
参照

[26]シャドーイング：
第7章 2.3.2，第8章 2.4.2
参照

[27]リテリング：
第8章 2.4.3参照

[28]ディクテーション：
第9章 2.4.2参照

[29]真偽法（True or False questions）：口頭で回答させる場合は，TとかFと略さずに，'True'あるいは 'False'ときちんと言うよう指導したい。

[30]多肢選択法：
multiple choice

[31]total physical response (TPR)：
全身反応教授法

用いられますが,特に入門期の学習者にとって有効です。音声情報に対して,身体の動作だけではなく,聞き取った内容について絵を書いたり,地図を用いて,指示どおりに道順を書いたりする活動も,手を動かすという意味で動作による反応のタスクに含まれます。

（3）情報の照合と転移のタスク

音声情報と予め与えられた絵を照合させるものがあります。例えば,4枚の絵を準備し,Miki is talking with her father. という音声を聞いて,内容に一致する絵を選択します。また,4枚の絵を全て使い,話の順番に並び変えるというタスクもあります。また絵ではなく,言葉を照合するタスクとして,単語の定義を聞き,4つの単語から選択するなどが考えられます。

情報の転移のタスクでは,音声情報を絵や図表に変換していきます。例えば,天気予報を聞いて,各地の天気の天気記号を記入したり,ある人の予定を聞いて,カレンダーに書き込んだり,3人のインタビューを聞いて,名前,出身地,趣味,好きな教科などのプロフィールを表に書き込んでいくタスクなどが考えられます。

上記の活動の他に,リスニングを含めた3つ以上の技能を統合した活動には,ロール・プレイ,スピーチ,グループ・ディスカッション,ディベート,グループワーク,ディクトグロス[32]があります。

[32] ディクトグロス：第9章 2.4.2参照

2.4.3 リスニング・ストラテジーの指導

音声の特徴の理解と内容理解を目的とする指導に加え,リスニング・ストラテジーの指導を行うことが効果的です（J-II-C-6[33]）。リスニング・ストラテジーは,聞いたことを理解する認知的ストラテジー（例：テキスト,声,ボディーランゲージなどから内容を予測する,経験,知識,想像などから詳細を理解する）,理解を計画し,モニターし,評価するメタ認知ストラテジー（例：理解していない単語を認識する,予測が合っているか確認する）,理解を促進するために他の人に関わってもらったり,自分自身を励ます社会的情意的ストラテジー（例：内容について質問する,リラックスする）の3種類に分類[34]されます。

[33] J-II-C-6：リスニング活動において,学習者が新出単語もしくは難語に対処できるストラテジーを使えるように支援できる。

一般に,優れた聞き手は,ボトムアップよりトップダウンのストラテジーをより多く用い,聞いたことを自身の経験や背景知識に関連させています。また,自己モニター,詳細の理解,推測のストラテジーを多く活用しています。3種類のストラテジーのうち,認知ストラテジーとメタ認知ストラテジーが重要であると考えられていますが,双方向のリスニングでは,社会的情意的ストラテジーが重要な役割を果たす可能性も指摘されています。

ストラテジーを指導する際,プレ・リスニング活動で,ストラテジーを

[34] リスニング・ストラテジーの分類：Lynch(2009)による。

1つないしは複数取り上げ，具体的方法を説明します。例えば，推測する方法として，聞き手の背景知識を活用する，話の文脈を活用する，語彙や文法を活用するなどがあります。ポスト・リスニング活動で，推測ストラテジーが活用できたか，またどのように活用したか，個人あるいはペアで振り返ります。その際チェックリストなどを作成してもよいでしょう。

課題

1. 中学，高校の英語授業において，どのようにニーズ，興味，到達度を把握し，どのような種類の教材が扱えるか話し合ってみましょう。
  「学習者のニーズ，興味，到達度に適した教材を選択できる。」(J-II-C-1)

2. 聞く前の活動としてどのような活動があるか話し合ってみましょう。
  「学習者が教材に関心が向くよう，聞く前の活動を計画できる。」(J-II-C-2)

3. 教材のトピックについて持っている関連知識や期待を使うために，どのような指導ができるか話し合ってみましょう。
  「学習者がリスニングをする際に，教材のトピックについて持っている関連知識や期待を使うよう指導できる。」(J-II-C-3)

参考図書

- 『リスニングの指導』金谷憲・谷口幸雄，研究社(1994)
  教室ですぐに使えるリスニング活動についてのアイディアが，具体的な指導事例と共に58項目掲載されている。1項目は2ページで構成されているため，興味をもった項目だけ選んで読むことができる。

- 『リスニングとスピーキングの理論と実践：効果的な授業を目指して』富田かおる・小栗裕子・河内千栄子(編)，大修館書店(2010)
  音声の習得と指導，リスニングの習得と指導，スピーキングの習得と指導，リスニングとスピーキングの4章から構成されており，習得と指導に関する基本的概念とこれまでの研究結果を踏まえた具体的指導について学ぶことができる。

- 『教室におけるリスニング指導』森山善美，くろしお出版(2009)
  教室内のリスニング指導に焦点を絞り，リスニング指導の基本概念を押さえつつ，リスニング教材の種類と選択，シャドーイングとディクテーションの指導技術，リスニング・ストラテジーについて詳しい解説がされている。

第**7**章

リーディング

リーディングは受動的な活動ではなく、読み手と書き手のコミュニケーションとしてとらえることができます。本章では，リーディングを能動的かつ複雑な認知活動と捉え，読み手が自分自身の言語知識や背景知識を活用しながらテキスト情報を処理していくプロセスであることを概観します。次に，リーディングの目標とリーディング教材について考えます。最後に，3段階のリーディング指導手順を踏まえ，リーディング・ストラテジーの活用について学びます。

1. 基本概念

1.1　リーディングとは

リーディングにおいて，読み手は文字で書かれた単語や文を視覚的にとらえ，読み手自身の記憶の中から，綴り，語彙，統語などに関する形式スキーマ[1]や，背景知識や経験などにより構築された社会・文化に関する内容スキーマを活性化させながら，テキストを理解します。すなわち，リーディングは，テキスト情報と，読み手の言語知識や背景知識との相互作用によって進められる能動的かつ複雑な認知活動です。

[1] 形式スキーマ・内容スキーマ：第6章 1.1参照

1.2　リーディングのプロセス

視覚的にとらえたテキスト情報に対して，読み手が，単語の形態的な認識・識別などの下位レベルの処理から始め，句，文，さらに談話，文章などより上位レベルの処理へと進行してくことをボトム・アップ処理[2]と呼びます。一方，読み手が，背景知識を活用しながら上位レベルの談話や文章の全体的な意味を大まかにつかみ，次第に文字や語単位の下位レベルへの処理を行うプロセスをトップ・ダウン処理と呼びます。リーディングプロセスにおいて，読み手は，ボトム・アップとトップ・ダウンの両方向の処理を同時にあるいは相互補完的に作用させながら読解を進めます。

[2] ボトム・アップ処理とトップ・ダウン処理：第6章 1.2 (図6-1)参照

また，優れた読み手は，テキストに直接書かれていない情報を推論[3]しながら読解を進めます。推論は以下のように，様々な段階で行われます。

[3] 推論：inference 本章2.5 (3)参照

①文中の代名詞が指す内容を特定する。
②新出の情報を既出の情報と関連づける。
③場面や登場人物に関して推測する。
④内容の展開を予測する。

したがって，読み手は文章を1文ずつ理解するだけではなく，文と文，あるいは語と語の関連を類推したり，前後の文脈が一貫性を持つように再構築したりしながら，文章を読み進めるのです。また，優れた読み手は，テキストの情報が自分の推論と異なった場合，自分の解釈を柔軟に変化させながら読み進めることができます。

2. リーディング指導

2.1 目標

2.1.1 中学校

[4] 学習指導要領：第2章 参照

平成20年（2008）に告示された中学校学習指導要領[4]では，リーディングの目標は「英語を読むことに慣れ親しみ，初歩的な英語を読んで書き手の意向などを理解できるようにする」とされています。音読や表面的な内容理解にとどまらず，書き手の意向を理解することが重視されています。言語活動としては**表7-1**の5点が挙げられています。

（ア）文字や符号を識別し，正しく読むこと。
（イ）書かれた内容を考えながら黙読したり，その内容が表現されるように音読すること。
（ウ）物語のあらすじや説明文の大切な部分などを正確に読み取ること。
（エ）伝言や手紙などの文章から書き手の意向を理解し，適切に応じること。
（オ）話の内容や書き手の意見などに対して感想を述べたり賛否やその理由を示したりなどすることができるよう，書かれた内容や考え方などをとらえること。

表7-1 「読むこと」の言語活動（2008年告示の中学校学習指導要領より）

（ア）書かれた内容や文章の構成を考えながら黙読したり，その内容を表現するよう音読したりする活動。
（イ）日常的な話題について，簡単な表現が用いられている広告やパンフレット，予定表，手紙，電子メール，短い文章などから，自分が必要とする情報を読み取る活動。
（ウ）簡単な語句や文で書かれた日常的な話題に関する短い説明やエッセイ，物語などを読んで概要を把握する活動。
（エ）簡単な語句や文で書かれた社会的な話題に関する説明などを読んで，イラストや写真，図表なども参考にしながら，要点を把握する活動。また，その内容に対する賛否や自分の考えを述べる活動。

表7-2 「読むこと」の言語活動（2017年告示の中学校学習指導要領より）

平成29年（2017）3月に告示された中学指導要領では，より多岐にわたるリーディング活動（パンフレット，Eメール，社会的話題，エッセイ，物語，図表などを読むこと）に取り組むことが求められています（**表7-2**参照）。

2.1.2　高等学校

平成21年（2009）に告示された高等学校学習指導要領では，読んだり聞いたりしたことを話し合ったり書いたりすること，すなわちインプット活動とアウトプット活動を結びつけることがより重視されています。リーディングに関しては，コミュニケーション英語Ⅰでは「説明や物語などを読んで，情報や考えなどを理解したり，概要や要点をとらえたりする。また，聞き手に伝わるように音読する」，コミュニケーション英語Ⅱでは「説明，評論，物語，随筆などについて，速読したり精読したりするなど目的に応じた読み方をする。また，聞き手に伝わるように音読や暗唱を行う」とあり，教材に応じて，適切な読み方をすることが強調されています。またどちらも，聞き手に伝わるように音読することが明記されています。

2.2　教材の種類と選択

日本の中学校や高等学校におけるリーディング教材は，検定教科書が中心となります。検定教科書は，英文の難易度や中学生や高校生の興味や関心を考慮して書かれていますが，学習者の個人差や地域差すべてに対応するわけではありません。教師は自分の生徒の傾向を認識し，生徒が適切な目的を持って積極的にリーディングに取り組めるように工夫するべきでしょう。そのために，視覚教材や補助教材を使用することも有益です（J-Ⅱ-D-1[5]）。

補助教材は，学習者の英語習熟度，関心，認知的発達にも配慮しながら，選択する必要があります。そのためにも，普段から学習者と関係を築き，興味のあることがらなどに関する情報を吸い上げておくことが望ましいでしょう。また学習者の形式スキーマや内容スキーマに照らして，難解すぎるあるいは，易しすぎる内容は，選択しないよう注意します。テキストの難易度の指標として，「リーダビリティ」[6]があります。MSワードでも算出できるフレッシュ・キンケイド[7]の公式がよく知られています。これは，語彙の難易度と構文の複雑さによって計算されます。学習者にとって適切なリーダビリティはどのくらいかを検討し，教材選択の指標の1つとすることは有効ですが，学習者の題材への興味や背景知識の有無は考慮されないため，あくまで難易度の目安ととらえたほうが良いでしょう。さらに，テキストの種類についての考慮も必要です。例えば，英検のCan-doリストにはそれぞれの級でどのような種類の文章が主に扱われるかが示されてお

[5] J-Ⅱ-D-1：学習者のニーズ，興味・関心，到達度に適した教材を選択できる。

[6] リーダビリティ（readability）：可読性。特定のテキストの読みやすさを示す指標。

[7] フレッシュ・キンケイド（Flesch-Kincaid Grade Level）：Microsoft Word 2010では，「ファイル」→「オプション」→「Wordのオプション」ダイアログボックス→「文章校正」→「文章校正とスペルチェックを一緒に行う」と「文書の読みやすさを評価する」にチェック。選択したファイルをスペルチェック・文章校正の終了後，読みやすさに関する情報が表示される。

り，参考になります。教材の種類が異なれば，使用される語彙や文構造の特徴が異なることが多いので，学習者のニーズに合わせて，説明文，文学作品，Eメール，新聞など，できるだけ多様な種類のテキストを読解する機会を与えるとよいでしょう。

また，学習者自身に補助教材を選択させることも大切です。その場合，学習者の学習段階に応じて，教師が複数のテキストを推薦しておけば，学習者は自分の興味や習熟度に合ったテキストを選択することができます。このように自らが選んだ教材に取り組む時，指定教材を読むよりも，責任感と熱心さ持って主体的に取り組むことが期待できます。これは、自立した読み手へと成長するための支援にもなるでしょう。

2.3 指導手順

リーディングの指導手順は，プレ・リーディング活動，ホワイル・リーディング活動，ポスト・リーディング活動の3段階で構成されます。

2.3.1 プレ・リーディング活動

プレ・リーディング活動とは，学習者が文章を読む前に，自らの形式スキーマまたは内容スキーマの活性化，リーディングへの動機づけ，目標の明確化などを目的として行う活動です（J-II-D-2[8]）。例えば，テキストに出てくる単語や表現を取り出して認識させたり，学習者に題材についての既知情報をブレインストーミング[9]させたり，文章のタイトルなどからテキストの内容について推測させることができます。教材によっては，プレ・リーディング活動に，写真や動画を用いる場合もあります。充実したプレ・リーディング活動は学習者のリーディングに取り組む意欲を高め，学習者がテキストの内容を推測したり，テーマと自分との関連性を考えることを促します。また，プレ・リーディング活動をペアやグループで行うことは，スキーマの活性化が協同的に行われるため，効果が期待できます。プレ・リーディング活動では，知識を教えることよりも，学習者のスキーマの活性化と動機づけに重点が置かれるべきでしょう（J-II-D-3[10]）。

2.3.2 ホワイル・リーディング活動

ホワイル・リーディング活動には様々な形態があります。それぞれの特徴を生かしながら，リーディングの目的に合わせて指導に取り入れることが重要です。以下に，黙読，音読，速読，精読について述べます（J-II-D-4[11]）。

（1）黙読[12]

黙読は学習者がテキストを声に出さずに読む方法です。黙読は日常的に

---

[8] J-II-D-2：学習者が教材に関心が向くよう，読む前の活動を設定できる。

[9] ブレインストーミング（brainstorming）：個人やグループで，思いつくままにいろいろなアイディアを考えたり，出し合ったりすること。

[10] J-II-D-3：学習者が文章を読む際に，教材のトピックについて持っている関連知識を使うよう指導できる。

[11] J-II-D-4：文章に応じて，音読，黙読，グループリーディングなど適切な読み方を導入できる。

[12] 黙読：silent reading

行われる最も基本的なリーディング活動であり，音韻処理を伴わないため，学習者は内容に焦点を当てやすくなります。また，速読練習にもつながります。しかし，授業内に黙読を課することには批判もあります。主な批判としては，学習者の理解度が不明瞭である，学習者同士あるいは学習者と教師のインタラクションが欠如する，リーディング過程においての学習者のモニタリングが不可能であるという点です。しかし，黙読後に，内容について教師が質問したり，生徒同士で質問しあったりする活動を組み合わせるなど，ポスト・リーディング活動を充実させることにより，上記の欠点を補うことができるでしょう。

（2）音読[13]

音読は，文字を音声に変えて，内容を理解するリーディング活動です。音読は個々の単語に強制的に注意を促すため，文字や文字列を分析し単語の意味を取り出すプロセスを表出させ，そのプロセスを自動化することが期待できます[14]。自動化が進むと，学習者はより内容理解に集中しながらリーディングを行うことができるようになります。しかし，音読が上手にできても意味には注意を払わない，いわゆる，「空読み」で終わることがないようにする指導が必要です。音読には様々な方法があります。主な6種類の音読の方法を紹介します。

①リピーティング[15]

　教師やCDのモデルリーディングの後に続けて発声する。

②オーバーラッピング[16]

　文章を見ながら，音声のモデルと同時に発声する。

③シャドーイング[17]

　文章を見ずに，耳から聞こえてきた音声を聞こえたままに発声する。

④コーラス・リーディング[18]

　教師やCDの後に続けて生徒が一斉に発声する。

⑤四方読み[19]

　前後左右の四方に体の向きを変えながら，4回繰り返して，発声する。

⑥スラッシュ・リーディング[20]

　句や節など文の意味のかたまりにスラッシュ（斜線）を入れて，発声する。

⑦リード・ルックアップ・アンド・セイ[21]

　教師や他の生徒が音読している間は黙読し，そのすぐ後で顔をあげて文章を見ずに，発声する。

　音読は読解のプロセスを助ける重要な活動です。単調にならないよう，

[13] 音読：reading aloud

[14] 自動化：特に意識せず自然に行えるようにすること。第3章 1.2参照

[15] リピーティング（repeating）：第8章 2.4.2参照

[16] オーバーラッピング（overlapping）：第8章 2.4.2参照

[17] シャドーイング（shadowing）：第8章 2.4.2参照

[18] コーラス・リーディング（chorus reading）：第17章 3.4参照

[19] 四方読み：自分のペースで音読するbuzz readingの一種。

[20] スラッシュ・リーディング（slash reading）：フレーズ・リーディングやチャンク・リーディングとも言う。本章2.5 (6)参照

[21] リード・ルックアップ・アンド・セイ：read, look up and say

目的に合わせて，適切な活動を導入できるよう工夫します。

（3）速読[22]

英文の語数とそれを読むのに費やした時間を計算し，1分間に読める語数（WPM[23]）から読む速さを算出することができます。TOEICなどの外部試験において，速読力は不可欠です。生徒が自分のWPMを定期的に測定し，進捗をグラフ化するなどして速読力をアップできるように動機づけることも有効でしょう。速読はテキストの100%を理解する必要はありませんが，要点を押さえて読むことは大切です。可能であれば速読用の教材を使い，内容理解問題にも取り組ませながら，大意や要点をきちんと押さえた速読ができるように指導しましょう。

（4）精読[24]

精読とは英文一文一文に含まれている文法，語彙，発音などを綿密に分析しながら，正確な内容把握を目指す読み指導です。従来，精読は文法訳読式[25]によるところが多かったため，近年コミュニケーション能力の育成に重きが置かれるようになってから，重視されない傾向があるかもしれません。特に，和訳活動は，英文の直読直解のプロセスを阻み，文科省が推進する「英語の授業は英語で」という指導形態にも反するとも考えられます。しかし，英文読解中に英文を母語に訳すことは，学習者の記憶の負荷を下げ，読解プロセスを助ける場合もあります。また，学習者が語彙や文構造を理解しているか素早く確認するために，和訳をさせることが有効な場合もあるでしょう。一方で，和訳には限界もあります。特に逐語訳は，一語一語の意味を訳すことができても，文全体の意味や書き手の意図は読み取れていない場合が多く，非効率であまり効果的とは言えません。精読をする際は，和訳に頼りすぎず，生徒に内容や文構造に関する質問をしたり，具体例を挙げさせたり，自分の言葉で言い換えをさせるなど，多角的なアプローチを講じる必要があります。

2.3.3 ポスト・リーディング活動

ポスト・リーディング活動は，読んだ後に行う活動です。ポスト・リーディング活動の最も典型的なものとして，テキストの内容に関するいくつかの英文を提示し，真偽（TrueまたはFalse）を判断させ，内容理解を確認させる[26]問題が多くの教材に見られます。しかし，これだけでは，必ずしも内容理解の深い定着には結びつかない可能性があります。学習者が読んだ内容について深く考え，知識を内在化させるには，ライティングやスピーキングなど他の技能と関連づける活動[27]を行うことが効果的です（2.4.3

---

[22]速読：speed reading

[23]WPM：
words per minute

[24]精読：
intensive reading

[25]文法訳読式：第3章 2.1
参照

[26]真偽法：第6章 2.4.2参照

[27]技能統合型：第10章参照

第7章｜リーディング

参照）。例えば，読んだ内容についてディスカッションやディベートをする[28]，自分の意見を発表する，サマリー（要約）を書く[29]等の活動が考えられます。最近の大学の入試問題にはこのような複数の技能を組み合わせた統合問題が多数出題されており，学習者のコミュニケーション能力育成の観点からも重要度は増しています。

2.4　指導方法

2.3ではリーディング指導の3段階における手順を概観しました。本節では指導法を具体的に説明します。まず，ホワイル・リーディング活動におけるプロセスを重視した指導，次にポスト・リーディング活動で行う具体的な活動例，最後にリーディング・ストラテジーについて説明します。

2.4.1　プロセスを重視した指導

教師は学習者の読解プロセス（1.2参照）を重視することが大切です。文章の理解は，「細部」から「全体」だけでなく，「全体」から「細部」，そして「細部」から「全体」へと，トップダウンとボトムアップの処理が双方向へ行えるように導きます。また，教師は解説者に徹するのではなく，ファシリテーター[30]として学習者が自らの読解プロセスを意識するよう働きかけ，どんな要因で理解に困難が生じているのか，その解決策は何か，主体的に考えさせることが大切です。そのうえで，適切な助言やリーディング・ストラテジー（2.5参照）を導入します。和訳ができていても内容を理解しているとは限らないので，内容に関して英語で質問したり，自分の言葉で言い換え[31]をさせるなど，学習者の理解の深さを確認しながら進めることが大切です。

2.4.2　形式に焦点を当てた活動

テキスト中の新出単語やイディオム，新出文法項目の説明は，形式に焦点を当てた活動です。新出単語を空欄にした穴埋め式のテキストを用意し単語を書かせたり，新出単語を使って例文を作らせてもよいでしょう。文法指導，語彙指導については第11章、第12章で詳しく説明します。

2.4.3　内容に焦点をあてた活動

内容に焦点を当てた活動には他技能を連携させたポスト・リーディング活動（J-II-D-7[32]）や多読があります。

（1）サマリー・ライティング[33]

読んだ後に，テキストの重要なポイントをおさえながら，要約文を書く活動です。穴埋め形式のワークシートを使ったり，キーワードを提示した

[28] ディスカッション・ディベート：本章 2.4.3（4）および第8章 2.4.3（2）⑥⑦参照

[29] サマリー・ライティング：本章 2.4.3および第9章 2.4.2参照

[30] ファシリテーター（facilitator）：進行係，促進者

[31] 言い換え：paraphrase

[32] J-II-D-7：リーディングとその他のスキルを関連づけるような様々な読んだ後の活動を選択できる。

[33] サマリー・ライティング（要約）：summary writing 第9章 2.4.2（2）参照

87

り，語数を決めて書かせるなど，様々な形式があります。要約するときは，本文の英文をそのまま書き写すのではなく，自分の言葉で言い換えをするように指導することが重要です。

[34]意見文：comment, opinion

（2）意見文[34]を書く

リーディングの内容について感想や，意見を書かせます。感想を書いた後に，それを口頭で発表させれば，スピーキング活動とも関連づけることができます。

[35]リテリング (retelling)：第8章 2.4.3 (1)②参照

（3）リテリング[35]（再話）

リテリングは文章を読んだ後に，文章を見ずに，内容を他の人に話す活動です。文章の要点を把握し，情報を関連づけ，文章を再構築するスキルが必要です。本文の要点が把握できる写真や図を用いて，リテリングさせることもできます。また，1人ではなく，ペアで行ったり，パラグラフごとに担当を決めグループで行ったりするなど，協同学習につなげることもできます。

[36]ディスカッション (discussion)：第8章 2.4.3 (2)⑦参照

（4）ディスカッション[36]

グループまたはペアでリーディングの内容に関して意見交換を行います。その際，できるだけディスカッションの論点を明確にしておいたほうが良いでしょう。例えば，リーディングの内容をもとに，「①登場人物がとった行動についてどう思うか，②あなただったらどうするか，③理由はなぜかの3点について話し合いなさい」など論点を明確にしておけば，ディスカッションがスムーズに運び，グループ同士の比較もしやすくなります。ディスカッションした内容をクラスで発表すれば，学習者が多様な意見に触れる貴重な機会となるでしょう。

[37]プロジェクト型学習：project-based learning

（5）プロジェクト型学習[37]

リーディングの内容に関連する事柄について，調べ学習やプロジェクト学習を課し，より発展的に題材についての興味や知識を深める活動です。調べてきたことを発表し合い，共有すると，さらに理解が深まるでしょう。

[38]多読：extensive reading

（6）多読[38]

学習者が生涯にわたって積極的な読み手となるために，できるだけ多読させ，読むことの楽しさを経験させるとよいでしょう。多読教材の難易度はあまり高くなく，辞書をほとんど引かずに内容を把握できることが望ましいでしょう。学習者向けに語彙を調整してあるレベル別の読み物[39]

[39]レベル別の読み物：graded readers

は多読のために便利です。多読をすることで，英語の文構造に気づき，語彙が増え，英語を読む習慣ができるなど，さまざまな効果が期待できます（J-II-D-8[40]）。

2.5 リーディング・ストラテジー[41]

優れた読み手は，目的に応じてリーディング・ストラテジーを使用しながら，効率的に読解を進めていきます。教師は，目的に応じて，読解プロセスを助けるリーディング・ストラテジーの使用を促すことが大切です。

（1）スキミングとスキャニング[42]

スキミングとスキャニングはどちらも主として速読のためのストラテジーです。スキミングとは，新聞や雑誌に目を通すときによく用いられるストラテジーで，キーワードやディスコース・マーカー[43]などに注意しながら，詳細な情報や言い換え部分は読み飛ばし，素早く大意をつかむ読み方です。スキャニングは自分の探している情報をテキスト中から素早く見つけ出して読み取る方法です。電車の時刻表の読み取りやカタログから自分の探している製品情報を探し読みするなどがこれにあたります。学習者が英語の読解問題に取り組む際に，設問に対する答えとなる情報が書かれている部分をテキストの中から探し出す場合，スキャニングをすることが有効です。制限時間が設けられている試験問題に取り組む際は，どちらのストラテジーも効果的に使うことができます（J-II-D-5[44]）。

（2）未知語を推測する

辞書ですぐに対訳を探させるのではなく，どのような意味を持つ言葉か，前後の文脈から推測させます。また，未知語自体に含まれている接頭辞・接尾辞などに注目させ，意味を推測させることも大切です。英語の接頭辞・接尾辞に関しては，明示的に教えておき，学習した接頭辞・接尾辞を使う単語を3つずつ挙げさせるなどして，定着を図るとよいでしょう（J-II-D-6[45]）。

（3）推論する

学習者は内容理解を深めるために，テキスト情報に明示的に書かれていないことを推論しながら読み進めることが大切です。推論には，テキスト理解に必要不可欠な意味的ギャップを埋める推論（橋渡し推論[46]）と読み手が背景知識を活性化させながらテキスト情報と結びつける推論（精緻化推論[47]）とがあります。前者は，文章中の代名詞や，言い換えられている部分が指している内容を前の情報と結びつけることなどを指します。後者は，登場人物や描かれている状況を自分の経験や背景知識などと関連づけ，人

[40] J-II-D-8：多読指導において，学習者のニーズや興味・関心，到達度に合った本を推薦できる。

[41] リーディング・ストラテジー（reading strategy）：読解方略

[42] スキミング：skimming スキャニング：scanning

[43] ディスコース・マーカー：本章 2.5 (5)，第9章 1.2参照

[44] J-II-D-5：読む目的（スキミング，スキャニングなど）に合わせ，リーディング・ストラテジーの練習と向上のために様々な活動を設定できる。

[45] J-II-D-6：学習者に難語や新語に対処する様々なストラテジーを身につけさせるよう支援できる。

[46] 橋渡し推論：bridging inference

[47] 精緻化推論：elaborative inference

物や状況についてより深く理解することを指します。特に前者は，正確な
テキスト読解には欠かせません。テキスト中の代名詞や指示表現が指す既
出の先行詞，テキスト中の出来事や登場人物の行動や感情，さらには，著
者の意図などを積極的に推論しながら読むように指導します。

（4）パラグラフの構造[48]を意識する

　英語のパラグラフは1つのトピックについて詳しく述べることを目的と
した文の集合体であり，トピック・センテンス，サポート・センテンス，
コンクルーディング・センテンス[49]からなること，また，複数のパラグラ
フから構成されるエッセイは，論旨を含んだ導入と本論そして結論[50]で構
成されることを意識して読む方法です。パラグラフ構造を意識して読むこ
とは，文章全体の大意や要点をすばやく読み取るために効果的です。物語
文などこのような構造を取らない文章もありますが，説明文や論述文など
を読む際は論点がつかみやすく，読解が促進されます。

（5）ディスコース・マーカー[51]に注意する

　英文には例示や列挙，比較，時間順序，原因・結果などのパラグラフ構
成があります。使用されているディスコース・マーカーに気づかせ，パラ
グラフ構成との関係を理解させるように指導します。例えば，例示は for
example，列挙は first, second, finally，比較は in contrast, on the other
hand，時間順序は when, after, before，原因・結果は therefore, that's
why, A causes B などのディスコース・マーカーがあります。パラグラフ
構成を理解することにより，新しい情報を関連づけ，整理して読み進める
ことにより，テキストの理解が促進されます。

（6）スラッシュ・リーディング

　意味のかたまり（チャンク[52]）で英文にスラッシュ（斜線）をいれ，かた
まりごとに意味をとりながら，英語の語順で英語を理解していく方法です。
前置詞句の前後，コンマ，セミコロン，コロン，ピリオドの後，接続詞が
作る節の前後，長い主語や目的語の後などにスラッシュを入れるように指
導します。ただし，どこでスラッシュを入れるかは厳密にルール化されて
いないので，必要以上にこだわらなくてよいでしょう。英語は日本語と語
順が異なるため，スラッシュ・リーディングにより英語の語順感覚が身に
つき，句や節の単位で意味をとることができるようになります。

---

[48]パラグラフの構造
（paragraph structure）:
第9章 1.参照

[49]トピック・センテンス
（主題文）:
topic sentence
サポート・センテンス
（支持文）:
supporting sentence
コンクルーディング・
センテンス（結論文）:
concluding sentence

[50]論旨（論題文）:
thesis statement
序論: introduction
本論: body
結論: conclusion

[51]ディスコース・マー
カー（discourse marker）:
談話標識。第9章 1.2参照

[52]チャンク（chunk）: 第
6章 1.3 側注 [4]，第11章
1.2参照

第7章｜リーディング

$$\boxed{\text{課 題}}$$

1. 中学，高校の英語授業において，どのように学習者のニーズ，興味，到達度を把握し，適切な教材が扱えるか話し合ってみましょう。

   「学習者のニーズ，興味，到達度に適した教材を選択できる。」(J-II-D-1)

2. 学習者のニーズに応じてどのようなリーディング・ストラテジーを導入して指導を行うことができるか，話し合ってみましょう。

   「読む目的（スキミング，スキャニングなど）に合わせ，リーディング・ストラテジーの練習と向上のために様々な活動を展開できる。」(J-II-D-5)

3. ポスト・リーディング活動において，リーディングと他のスキルを関連づける活動の方法や利点について，話し合ってみましょう。

   「リーディングとその他のスキルを関連づけるような様々な読んだ後の活動を選択できる」
   (J-II-D-7)

参考図書

- 『英語リーディングの科学』卯城祐司（編），研究社（2009）

  英語リーディングに関して，理論を提示するだけでなく，教室内での実践例を豊富に示しながら解説している。理論をどのように指導へ結びつけるかわかりやすく解説されている。

- 『英語リーディングの認知メカニズム』門田修平・野呂忠司（編），くろしお出版（2001）

  英語リーディングプロセスに関して，心理言語学的な観点を中心に，詳しく解説している。学習者のトップ・ダウン処理とボトム・アップ処理に関する様々な事象に関する研究が網羅的に取り扱われている。

- 『インタラクティブな英語リーディングの指導』伊東治己，研究社（2016）

  学習者内・テキスト内・教室内で進められるインタラクション（相互作用）に焦点をあて，リーディング指導の在り方が考察されている。学習者が様々な領域や段階でインタラクティブにリーディング活動を行うための教材例や指導法が紹介されている。

第8章
スピーキング

相手とコミュニケーションを図る上で，聞き手を常に意識して，スピーキングを行うことが重要です。本章では，まず，スピーキングにおけるインタラクションの基本とスピーキングのプロセスに関わる4つの構成要素を概観します。次に，指導の観点を押さえ，スピーキングの目標とスピーキングの教材と種類について考えます。最後に，3段階の指導手順を踏まえ，スピーキング活動の環境づくり，発音・音声に焦点を当てたスピーキング活動，モノローグ形式とダイアローグ形式のスピーキング活動の指導方法と，スピーキング・ストラテジーの活用について学びます。

1. 基本概念

1.1 スピーキングとは

スピーキングとは，音声を媒体として行う産出活動です。スピーキングの際には聞き手がいることが一般的であり，聞き手とのインタラクションが必要とされますが，聞き手が1人の場合，複数の場合，多数の場合が考えられます。スピーキングをコミュニケーションの観点から考えると，時間的な制約のもとで相手とのインタラクションを通じて，聞き手に話し手が自分の気持ちや考え，情報を伝えます。その際，聞き手に意図が伝わっているかどうか確かめることが必要です。インタラクションの中で，話し手は聞き手の反応によって発話に修正を加えることで，内容を分かりやすく伝達するとともに，音声面，語彙，文法などの言語能力の不足している部分に気づかされることがあります。話し手は社会的文脈の中で意図した内容を適切に伝えるために，話題に対する背景知識を十分に持ち，文法構造や形式に対する知識や言語の機能や概念を理解する必要があります。

また，リスニングと同様，話し言葉の音声的特徴（強勢，リズム，イントネーション），文法的特徴（省略，短い発話），語彙的特徴（kind ofなどの曖昧な言葉，つなぎ言葉）なども意識してスピーキング能力を育成することが重要です。

1.2 スピーキングのプロセス

[1] 伝達行為：第3章 2.3 図 3-2 コミュニケーション活動モデル参照

話し手から聞き手への伝達行為[1]において，話し手の言語の文構造や形式は，伝達する内容の概念や機能の影響を受けています。スピーキングをプロセスで考えてみると，話す内容の概念化，形成，発話の産出，自己モ

ニタリングの4段階となります。

　概念化とは，発話を行う前に話し手が話したい話題や情報を選択し，準備をする段階です。この段階では，伝達したい内容が具体的な言葉にはなっていません。伝達内容は話し手の長期記憶の中にある情報から選択され，ある話題に対する知識が多ければ多いほど選択の幅が広がります。

　次に，形成では，概念化で選択した考えを，適切に伝達するために，文法や語彙など構造や形式に注意して，文章を実際に頭の中で作成します。数ある文法や語彙から適切なものを選択する必要があり，学習者にとっては最も難しい段階であると考えられています。

　発話の産出とは，考えた内容を実際に声に出して産出する段階です。上級の学習者の発話は自動化されており，発音や強勢などについて意識することはありませんが，多くの学習者は，ある語がどのように発音されるのかなど音声面を意識しながら発話します。

　自己モニタリングとは，自身の発話の正確さや適切さについて自己モニターする段階です。上級の学習者は発話の段階で，語彙，文法，発音の間違いに気づき，すぐに修正を行うことが可能ですが，多くの学習者にとっては自己をモニターすることは容易なことではありません。

1.3　指導の観点

　スピーキング能力を構成する下位技能は，（1）発音，（2）発話機能，（3）インタラクション，（4）談話の構成の4点から分類することができます。また，（5)積極的に話す態度の指導も重要です。

（1）発音

　目標言語を子音，母音などの個々の音素，強勢やイントネーションなどのプロソディーを意識して発話することができる技能です。そのために，英語の音の特徴[2]を意識した発音・音声指導が必要となります。

[2] 音の特徴：第6章 1.4参照

（2）発話機能[3]

　発話における機能を適切に表現したり解釈したりする知識を持ち，実際に使える技能です。機能の例として，許可や助けなどを得る要請，助言や提案などの申し出，出来事や人などの叙述，理由や過程などの説明があります。発話における機能の適切さを考慮する観点として，文化の違いや相手との関係も含まれます。

[3] 発話機能：speech function

（3）インタラクション

　コミュニケーションは双方向であるため，会話を続けたり，遮ったり，

終わらせたり，話題を変えたりなど，やり取りを円滑に進める技能が必要となります。この技能は言語だけでなくジェスチャーなどの非言語要素も含まれます。

[4] 談話 (discourse)：一貫性のある複数の文のまとまりを指す。

（4）談話[4]の構成

様々な話し言葉の形態で適切な談話を構成していく技能です。例えば，適切な語彙や文法を選択することで話の一貫性を保持したり，話題を変える際の談話において，話題の変化を知らせるディスコース・マーカー（談話標識）[5]を用いたり，イントネーションを変化させる技能があります。

[5] ディスコース・マーカー：第7章 2.5参照

（5）積極的に話す態度

スピーキングでは，上記の4つの下位技能に加え，臆せずに話す態度の指導が重要となります。そのためには，スピーキングがしやすい雰囲気づくりや何とか会話を続けていくストラテジーの指導が有効です。

2. スピーキング指導

2.1 目標

2.1.1 中学校

[6] 学習指導要領：第2章参照

平成20年（2008）に告示された中学校学習指導要領[6]では，小学校外国語活動の「積極的にコミュニケーションを図ろうとする態度の育成を図り，外国語の音声や基本的な表現に慣れ親しませる」という目標を踏まえて，「初歩的な英語を用いて自分の考えなどを話すことができるようにする」ことが「話すこと」の目標となっています。言語活動として，挙げられている5つ

観　点	言語活動
音声	（ア）強勢，イントネーション，区切りなど基本的な英語の音声の特徴をとらえ，正しく発音すること。
インタラクション	（イ）自分の考えや気持ち，事実などを聞き手に正しく伝えること。 （ウ）聞いたり読んだりしたことなどについて，問答したり意見を述べ合ったりなどすること。
会話を継続するストラテジー	（エ）つなぎ言葉を用いるなどのいろいろな工夫をして話を続けること。
スピーチ	（オ）与えられたテーマについて簡単なスピーチをすること。

表8-1 4つの観点から分類した「話すこと」の言語活動

（2008年告示の中学校学習指導要領より）

第8章 | スピーキング

話すこと[やり取り]
（ア）関心のある事柄について，相手からの質問に対し，その場で適切に応答したり，関連する質問をしたりして，互いに会話を継続する活動。
（イ）日常的な話題について，伝えようとする内容を整理し，自分で作成したメモなどを活用しながら相手と口頭で伝え合う活動。
（ウ）社会的な話題に関して聞いたり読んだりしたことから把握した内容に基づき，読み取ったことや感じたこと，考えたことなどを伝えた上で，相手からの質問に対して適切に応答したり自ら質問し返したりする活動。

話すこと[発表]
（ア）関心のある事柄について，その場で考えを整理して口頭で説明する活動。
（イ）日常的な話題について，事実や自分の考え，気持ちなどをまとめ，簡単なスピーチをする活動。
（ウ）社会的な話題に関して聞いたり読んだりしたことから把握した内容に基づき，自分で作成したメモなどを活用しながら口頭で要約したり，自分の考えや気持ちなどを話したりする活動。

表8-2 「話すこと」の言語活動（2017年告示の中学校学習指導要領より）

の活動は**表8-1**の4つの観点に分類できます。

　平成29年（2017）に告示された中学校学習指導要領では，「話すこと（やり取り）」と「話すこと（発表）」に分けられ，両者の違いを明確にして指導することが求められています（**表8-2**参照）。

2.1.2 高等学校

　平成21年（2009）に告示された高等学校学習指導要領では，4技能のさらなる統合が目標となっています。例えば，内容において，コミュニケーション英語Iでは，「聞いたり読んだりしたこと，学んだことや経験したことに基づき，情報や考えなどについて，話し合ったり意見の交換をしたりする」とありますが，コミュニケーション英語IIでは，「結論をまとめる」ことまで求められ，多様な考え方ができる話題について，ペアやグループの間で満足できる結論を導くこと，論理的な話し合いを通じて，合意できることや合意できないことについて共通の認識を得ることなどが含まれています。

2.2 教材の種類と選択

　学習者に適したスピーキング教材を選択する際，印刷教材，音声・映像教材，視覚補助教材の3つの観点から分類して考えるとよいでしょう。教材を選択する際には，発音・音声指導，文型練習の指導，流暢さに焦点を置いたスピーキング指導（コミュニケーション活動）といった活動の目的を明確にすることが求められます（**J-II-A-7**[7]）。

[7] J-II-A-7：スピーキング活動を促すような視覚補助教材，印刷教材，オーセンティックで多様な教材を選択できる。

（1）印刷教材

　印刷教材では，話し言葉の例を提示することが目的となります。例として道案内や買い物など定型表現を用いる対話，あるテーマについて意見を交換する友達同士の対話，あるテーマについて意見を述べるスピーチなどがあります。

（2）音声・映像教材

　印刷教材に示した例を音声化した音声・映像教材は，英語の音の特徴を意識した発音・音声指導および生きた英語を示す教材として用いることができます。また，レシテーションやリテリングの活動を通して内容を理解したり，表現力を養成することができます。

（3）視覚補助教材

　視覚補助教材には，絵，写真，図表，スライド，実物などがあります。文型練習を行うときには，英問英答を助ける補助教材として活用ができます。また，流暢さに焦点を当てたスピーキング活動を行う際には，絵や写真について説明を行う活動を行うことができます。

2.3　指導手順

　スピーキングの指導手順を，プレ・スピーキング活動，ホワイル・スピーキング活動，ポスト・スピーキング活動の3段階で見ていきます。

2.3.1　プレ・スピーキング活動

　スピーキング活動を行う前に，まず教室内で発話を促す雰囲気を作りだし，具体的な言語使用場面を設定することが重要です（J-II-A-1[8]）。発話を促すために，語彙や表現を提示したり，話す内容を考えるために十分な時間を確保します。その際，話したい内容の要点と使えそうな語彙や表現を書かせるとともに，実際に話す前に練習をする時間を与えることもできます。また，スピーキングのタスクを達成するための背景知識を活性化させたり，スピーキング・ストラテジー[9]を明示的に教えることで，スピーキングのプロセスの概念化と形成の手助けをします。

2.3.2　ホワイル・スピーキング活動

　ホワイル・スピーキング活動は，大きく分けて発音・音声に焦点を当てた指導と内容に焦点を当てた指導があります。

[8] J-II-A-1：学習者をスピーキング活動に積極的に参加させるために，協力的な雰囲気を作り出し，具体的な言語使用場面を設定できる。

[9] スピーキング・ストラテジー：本章 2.5参照

（1）発音・音声に焦点を当てた指導

　第6章では，英語の文字や音の特徴への気づきとして，詳しく正確に聞き取るための6つの観点である，音素の識別，音声変化，強勢，リズム，イントネーション，文の区切りについて解説しました。リスニングで音声の特徴を理解させた後に，スピーキング活動として発音・音声（音読）指導を行うとよいでしょう（J-II-A-5[10]）。発音・音声指導は，独立した活動として定期的に行う場合もありますし，内容に焦点を当てた活動において発音の誤りが観察されたときに，個々の学習者あるいはクラス全体にフィードバックを与える形で指導を行う場合があります。

（2）内容に焦点を当てた指導

　内容に焦点を当てた指導をする際，正確さと流暢さのバランスに留意し，活動によって，どちらに焦点を当てるかを意識するとよいでしょう。正確さでは，適切な発音で適切な語彙を用いて，正確な文法で話すという形式に焦点を当てますが，流暢さでは，メッセージの意味の伝達に焦点を当て，語彙や文法知識が不足していても，何とか相手に理解しやすく内容を伝えることを意識します（J-II-A-6[11]）。

　なお，流暢さを促進するための指導の留意点として以下の3点が挙げられます。

①学習者が経験した言語項目を用いること

　学習者にとって馴染みがある身の回りのことや自国の文化などについて，学習者が学習した語彙や文型を用いて伝えることができる活動を設定します（J-II-A-2[12]）。その際，学習者自身に話しやすい話題を選択させたり，既にライティング活動で取り組んだことのある話題を扱うとよいでしょう。そうすることで，活動が学習者にとって容易となり流暢さに注意を向けることができます。

②伝えたい内容に焦点を当てること

　時間を制限して自分が伝えたい内容に焦点を当てる活動を導入することによって，実際のコミュニケーションで必要とされる状況が生まれます。例えば，4・3・2活動があります。この活動では，あるテーマについて，最初のペアでは4分で話します。次に別のペアで3分，さらに別のペアで2分と時間を短縮していきます。時間制限内で伝えたい内容を要領よくまとめる練習ができます。

[10] J-II-A-5：強勢，リズム，イントネーションなどを身につけさせるような様々な活動を設定できる。

[11] J-II-A-6：語彙や文法知識などを用いて正確に話す力を育成するための音声指導ができる。

[12] J-II-A-2：自分の意見，身の回りのことおよび自国の文化などについて伝える力を育成するための活動を設定できる。

③つなぎ言葉やあいづちを効果的に使うこと

　流暢さに焦点を当てたインタラクションの活動を行う際は，つなぎ言葉やあいづちなど使って，なんとか会話を続けさせるように促すことも重要です（J-II-A-4[13]）。

　正確さと流暢さの指導順序については，2つの手順が考えられます。1つ目は，正確さから流暢さの順序で指導する場合で，コミュニカティブな指導法（CLT）[14] の考えに基づいた日本の英語の授業でよく行われています。指導手順は，言語形式の提示，言語形式の練習，言語形式を用いたより自由なインタラクションの3段階[15] で行われます。例えば，比較を表す表現を提示し，その使用方法について説明した後，比較表現が含まれた文を練習します。表現が身についた段階で，表現を用いてペアで会話などを行います。2つ目は，流暢さから正確さの順序で指導する場合で，タスク中心教授法（TBLT）[16]で，よく用いられます。学習者に達成させるべきタスクを与え，そのタスクの達成のために英語を使わせ，その後にタスクを遂行する際に用いた言語材料の正確さに焦点を当てた指導を行います。例えば，無人島に持っていく3つのアイテムを20のアイテムから選ぶというタスクを達成するために，グループでディスカッションを行います。タスクを達成するために自由にディスカッションをした後，必要な語彙や表現形式について焦点を当て，フォーカス・オン・フォーム[17]の指導をします。

　ホワイル・スピーキング活動において，話しやすい雰囲気の中で積極的に参加させるためには，学習者にとって身近なテーマを取り上げ，ペアやグループで全員が活動することによって，学習者一人ひとりに注目が集まらないようにさせます。また，あいづちなど聞き手の態度についても指導し，話し手が話しやすい環境を作ります。流暢さに焦点を当てた活動では，話し手とは別の学習者が何語話したか語彙数を記録する係となり，毎回語数が伸びたことを実感させることで，話す意欲を引き出すこともできます。

2.3.3　ポスト・スピーキング活動

　スピーキング活動後には，活動を振り返り，活動の整理や定着を図りながら，事後指導を行うことが大切です。特にスピーキング活動で難しかった点，問題点などについて整理させます。その際，音声指導，文法・構文と語彙の復習，コミュニケーション・ストラテジーの指導を行い，正確さと流暢さのバランスを意識した指導を行います。また，内容面の定着のため，スピーキングで取り扱った題材をライティング指導につなげることも可能です。日本のようなEFL環境では，教室外で英語を話す機会が少ないため，限られた授業時間だけでなく，教科書に関連する情報を調べて次の授業で

---

[13] J-II-A-4：つなぎ言葉，あいづちなどを効果的に使って，相手とインタラクションができる力を育成するための活動を設定できる。

[14] コミュニカティブな指導法：第3章 2.3参照

[15] 3段階の指導手順：プレゼンテーション（presentation），プラクティス（practice），プロダクション（production）という用語で順序を示し，略してpppと呼ばれます。第11章 2.2.2参照

[16] タスク中心教授法：第3章 2.3.1参照

[17] フォーカス・オン・フォーム：第3章 2.3.4参照

英語を発表するなどの課題を与えて，教室外でも学習者が主体的に学習を継続できるように指導を行うことが必要です。

2.4 指導方法

2.4.1 スピーキング活動の環境づくり

スピーキング指導においては，学習者が間違いを恐れずに，英語を使ってコミュニケーションをしたいという気持ちにさせるために，話しやすい雰囲気づくりをすることが求められます（2.3.1参照）。そのためには，教師自身が日頃から教室英語[18]を用いて，モデルを見せます。話しやすい雰囲気づくりのための活動例を以下に示します。

- ・10分程度の帯活動として流暢さに焦点を当てたスピーキング活動を定期的に授業で実施します。それにより，学習者は活動に慣れ，安心してスピーキング活動に取り組むことができます。
- ・ペア・グループ活動を活用することで，学習者全員が主体的に言語活動に参加できるようになり，学習者の情意的なフィルターを下げることができます。
- ・学習者の身近な暮らしに関わる場面で用いる表現を選択することで，英語をコミュニケーションの手段であることを実感させます。

次に，具体的な言語使用場面を設定することで，言語が果たす役割や機能が理解でき，形式だけでなく内容面の伝達を意識しながらスピーキング活動に取り組むことができます。中学校学習指導要領では，言語の使用場面を次の2つの場面に分けています。

（1）特有の表現がよく使われる場面

場面例：あいさつ，自己紹介，電話での応答，買物，道案内，旅行，食事

表現例：

例1　あいさつ

A：Good morning. How are you?

B：Fine, thank you. How about you?

例2　電話での応答

A：Hello, this is Kenji. May I speak to Yoshio?

B：I'm sorry, but he's out now. May I take a message?

[18] 教室英語：第5章，第16章，および資料編2〈英語で授業〉基本用例集参照

例3　食事

A：How do you like your steak?

B：I like it rare, please.

（2）学習者の身近な暮らしに関わる場面

場面例：家庭での生活，学校での学習や活動，地域の行事などがあります。

表現例：

例1　家庭での生活

A：Ken, can you help me?

B：Sure. I'll be right there.

例2　学校での学習

A：I can't hear you. Will you say that again?

B：O.K. I said....

例3　地域の行事

A：Look! The *omikoshi* is coming.

B：Wow, many people are carrying it on their shoulders. Can I join them?

　また，高等学校学習指導要領では上記に加え，新聞や雑誌，テレビや映画，情報通信ネットワークを通じて得られる情報の活用や，時事的な内容に基づく発表や討論など多様な媒体から得た情報の理解に基づき発信することが求められています。

2.4.2　発音・音声に焦点を当てたスピーキング活動

　具体的な音声指導の方法としてリピーティング，オーバーラッピング，シャドーイングなどがあります。

[19]リピーティング：第7
章 2.3.2参照

（1）リピーティング[19]

　音声のモデルの後に続いて繰り返します。個々の単語の発音や意味の区切りを意識して音声の定着を図ることができます。

[20]オーバーラッピング：
第7章 2.3.2参照

（2）オーバーラッピング[20]

　文章を見ながら，音声のモデルと同時に発声します。モデルに重ねながら発音することで，英語らしいリズムやイントネーションなどを体得することができます。

（3）シャドーイング[21]

文章を見ずに耳から聞こえてきた音声を追いかけながら，聞こえたままに発声します。音声変化，強勢，リズム，イントネーションなどを意識しながら発声を行うことで音声の特徴を体得することができます。

上記の指導の他に，スピーチでよく用いられる3種類の音声変化の指導もするとよいでしょう。

- ストレスを置く（stressing）：強調したい箇所を強く発音する。
  例：The movie is interesting. の場合 i に強調を置く。
- 伸ばす（stretching）：強調したい語句をゆっくり伸ばして言う。
  例：The movie is i-n-t-e-r-e-s-t-i-n-g.
- ポーズを置く（pausing）：強調したい語句の前に間を置く。
  例：The movie is（ 間 ）interesting.

2.4.3　内容に焦点を当てたスピーキング活動

内容に焦点を当てたスピーキング活動は大きく分けてモノローグ[22]形式とダイアローグ[23]形式があります。

（1）モノローグ形式のスピーキング活動

モノローグ形式は，通常1人の話し手が複数の聞き手に対して発話する活動で，一方向のスピーキングと言えます。

①レシテーション[24]

リプロダクション[25]ともいい，文章を暗記させ内容を口頭で再生させる活動です。活動の目的は，書かれている内容を理解して，その内容を表現することです。シャドーイングなどを通して音声面に注意させ，音声の記憶を残した後に，レシテーション活動を行うこともできます。また，テキストを穴埋め形式にして，部分的な再生をさせる場合には，ペアで活動させ，一方が空所を補充しながら読むのを，もう片方がテキストを見ながら確認する方法もあります。

②リテリング[26]

レシテーションの一種ですが，テキストの文言通りでなく，自分の言葉を使って口頭で再生します。自分の言葉で，聞いたり読んだりした物語を聞き手に語る場合は，ストーリー・テリングと呼ばれます。手がかりとなるキーワード，イラスト，写真などを与える方法もあります。

---

[21]シャドーイング：第7章 2.3.2参照

[22]モノローグ：monologue

[23]ダイアローグ：dialogue

[24]レシテーション：recitation

[25]リプロダクション：reproduction

[26]リテリング：retelling

[27] スピーチ：speech

③スピーチ[27]

　まとまった内容を人前で話す活動です。事前に原稿を書き，話す内容を暗唱したり，要点を書いたメモを準備する「プリペアド・スピーチ」と，原稿を準備せずに，これまで培った表現力を土台として即興で話す「インプロンプト・スピーチ」の2種類があります。聞き手に伝わりやすいように，声の抑揚，身振り，アイコンタクトなども指導します。

[28] プレゼンテーション（presentation）：グループ・プレゼンテーションについては第10章 2.2.4参照

④プレゼンテーション[28]

　聞き手に対して情報や提案などを分かりやすく提示して説明する活動です。1人またはグループで行います。2009年度に告示された高等学校学習指導要領で，指導する内容として新たに加えられました。プレゼンテーションを行う際，様々な資料を提示したり，学習者が調べた内容に基づきスライドを準備することも考えられます。また前もって，聞いたり，読んだりしたことについて，自分自身で意見を考えたり，グループで話し合うことも求められます。

[29] ショウ・アンド・テル（show and tell）：グループによるショウ・アンド・テルについては第10章 2.2.3参照

⑤ショウ・アンド・テル[29]

　プレゼンテーションの一形態で，写真や持ち物などの視覚教材を見せながら，説明をする活動です。1人またはグループで行います。ショウ・アンド・テルは，国語教育の一環として欧米の小学校で広く取り入れられており，その特徴として，学習者自身が好きなこと，知っていることについて意見や考えを表現できる，学習者自身が話したい「もの」を持つことで，その場で聞き手を意識して英語を組み立てて話すことができる，の2点があります。話し手自身が視覚教材を選び，実生活に関する話題について，限られた語彙や表現を用いて発表するので，内容を工夫したり，難易度を変えることができます。

（2）ダイアローグ形式のスピーキング活動

　ダイアローグ形式では，2人以上の話し手がお互いに意味のやり取りをしながら進めていきます。意味のやり取りの過程で，お互いに意味交渉を行う必要性が出てきます。

[30] チャット：chat

①チャット[30]

　食べ物や週末にしたことなど学習者にとって身近な話題を取り上げ，30秒から3分程度の短い会話を行う活動です。活動の目的は，基本的な会話技術や，会話を継続するストラテジーを身に付けることです。

②ロール・プレイ[31]

　学習者に役割を演じさせて，目標言語を現実に即した設定で使用する機会を与える活動です。例として，買い物の場面を設定して，店員役と買い物客役の学習者による会話活動があります。教科書の英文を利用して暗記した対話を練習する活動，暗記した対話にオリジナルの会話を付け加える活動，場面設定と解決すべきタスクのみが与えられ学習者自身が役割と展開を考えていく活動など難易度を調整した活動を行うことができます。

③インフォメーション・ギャップ[32]活動

　通常のコミュニケーションの場面では，話し手と聞き手の間に情報の差があり，その差を埋めるためにやり取りを行うことがよくあります。そのような状況を設定して，ペアあるいはインタビュー活動を行います。例えば，お互いのスケジュールが分からない状況を設定し，空いている日時を聞きあうことで，会う日を決めるなどの活動があります。インフォメーション・ギャップ活動においては，文法や表現など形式面に焦点を当てる活動がよく行われます。

④タスク[33]活動

　話し手と聞き手の間にインフォメーション・ギャップがある設定において，ある課題（タスク）について結論を出したり，解決策を見つけるために，コミュニケーションを行う活動です。対話者同志で自然にインタラクションが生じる場面設定を行い，意味のやり取りが中心であることに留意します。

⑤スキット[34]，ドラマ[35]

　スキット（寸劇）は，実際の言語使用場面に即して，学習者の創作により演じさせる活動です。教科書で学習した英語表現を活用して，表現力を磨いたり，即興性の訓練をすることができます。一方，ドラマ（劇）はスキットよりは長く，台本を書いて演じる活動で，準備に時間が必要です。台本づくり，役割分担，音声面および表現の練習，上演という手順を踏みます。

⑥ディベート[36]

　ある議題に対して肯定側と否定側に分かれて，論点を立証し聴衆を説得する対立型の議論です。司会者の指示に従って討議を進め，聴衆がそれぞれの側の内容や説得力を評価し，勝敗を決めます。事前にテーマについて準備を行いますが，表現能力や発表能力だけでなく，分析力，論理力，批判的な思考力も育成できます。

---

[31] ロール・プレイ（role playing）：第10章 2.2.5参照

[32] インフォメーション・ギャップ：information gap

[33] タスク（task）：第3章 2.3.1参照

[34] スキット：skit
[35] ドラマ：drama

[36] ディベート（debate）：第10章 2.2.6, 2.3.3参照

[37] ディスカッション：
discussion

[38] 協同学習：第10章 2.参照

[39] 言い直し（recast）：第4章 3.1参照

[40] スピーキング・ストラテジー（speaking strategy）：コミュニケーション・ストラテジーと呼ぶこともある。

[41] J-II-A-10：口頭によるコミュニケーションの際に必要なストラテジー（発言に対する確認や聞き返し，相手の理解を助ける言い換えや表現の平易化など）を学習者に使えるように支援できる。

⑦ディスカッション[37]

　あるテーマやトピックに対して，意見交換や方針決定のために行われる活動です。例えば，ポスト・リーディング活動において，教科書で扱ったテキストの内容について，話し合わせることができます。3人以上のグループ・ディスカッションの場合は，リーダー，タイムキーパーなどの役割を決め，協同学習[38]を促すことで，メンバー全員が自分の意見を述べ合う機会を担保できます。

2.4.4　フィードバック

　スピーキングのフィードバックには，流暢さと正確さの観点があります。流暢さに焦点を当てる場合は，より分かりやすく内容を伝えるための語彙や表現，リズムやイントネーションについて助言を行います。また，内容理解に妨げになる文章全体に関わる誤りのみについて修正します。

　正確さに焦点を当てる場合は，誤りを指摘して正しい表現を示す明示的な修正もありますが，学習者への気づきを促し，自ら誤りを修正できる指導も必要です。その方法として，誤りを指摘しないで文法的に正しい形に直し，コミュニケーションの流れを妨げないように言い直す[39]方法やイントネーションで暗示的に誤りとわかるように学習者の発話をそのままの形で繰り返す方法などがあります。

　フィードバックを与えるのは必ずしも教師だけではなく，学習者同士でフィードバックを与えてもよいでしょう。例えば3人グループで，2人が会話をし，1人がその会話を聞いてそれぞれにフィードバックを与えるということもできます。

2.5　スピーキング・ストラテジーの指導

　会話を継続したり，意思疎通を円滑に行ったりするために有用なストラテジーをスピーキング・ストラテジー[40]と呼びます。以下に示すような様々なスピーキング・ストラテジーがあります。学習者がスピーキング活動を行う中で，うまくいかなかった点を挙げてもらい，それを解決するための方法としてストラテジーを明示的に教えるとよいでしょう（J-II-A-10[41]）。一度に複数のストラテジーを提示しても使えるようにならないため，1つずつ導入して活用を促します。

（1）話し手側

・考えながら話す時間を確保するためにつなぎ言葉を使う。（例：Uh, I mean, Well）

・会話を始めたり，話題を切り出すために，相手の注意を引く。（例：So,

第8章 | スピーキング

Look at this, Guess what, You know）
・語句が分からなかった場合，相手から助けを求める。（例：How do you say "sakura" in English? What should I say?）
・語句が分からなかった場合，簡単な表現で説明しようとする。（例：A person whose job is designing buildings（architect））
・話題を転換する。（例：By the way, Anyway, Well）
・意味を伝えるためにジェスチャーなどの非言語コミュニケーションを用いる。

（2）聞き手側

・よく理解できなかった単語や文を相手に繰り返してもらう。（例：Pardon? Excuse me?）
・会話を維持するためにあいづちを打つ。なお，あいづちには，興味を持って聞いていることを相手に示したり，同意を伝えたり，喜びや驚きを伝えるなどのいろいろな目的がある。（例：Uh-huh, Right, Yeah, That sounds great, Really?）
・相手に詳しい説明を求める。（例：What do you mean? Like what?）
・会話の内容を広げるために，相手の言ったことについて関連する質問をしたり，コメントを述べる。（例：How did you like it? What happened then? That's why you look so happy.）

課　題

1. 協力的な雰囲気づくりの方法と具体的な言語使用場面の例について，本書で挙げられた以外にどんなものがあるか話し合ってみましょう。

   「学習者をスピーキング活動に積極的に参加させるために，協力的な雰囲気を作り出し具体的な言語使用場面を設定できる。」（J-II-A-1）

2. 具体的にどのような活動が設定できるか話し合ってみましょう。

   「自分の意見，身の回りのことおよび自国の文化等について伝える力を育成するための活動を設定できる。」（J-II-A-2）

3. 具体的にどのような活動が設定できるか話し合ってみましょう。

   「強勢，リズム，イントネーション等を身につけさせるような様々な活動を設定できる。」
   [N]（J-II-A-5）

105

参考図書

- 『英語スピーキング指導ハンドブック』泉惠美子・門田修平（編著），大修館書店（2016）

  導入編，実践編，理論編に分かれており，導入編ではスピーキング指導でよくあるQ&A10項目が取り上げられている。実践編では小・中・高の段階別に活用できる具体的な指導法が解説されており，理論編では指導の背景となる理論が網羅されている。

- 『中学校・高校英語段階的スピーキング活動42』ELEC同友会英語教育学会実践研究部会（編著），三省堂（2008）

  中学校から高校の6年間を見据えた「チャット」，「インタビュー活動」，「スピーチ」「ディベート」など42種類のスピーキング活動が掲載されており，活動計画，具体的な指導手順と詳しい解説が掲載されており，スピーキング指導の参考にしやすい。

- 『意見・考え重視の視点からの英語授業改革』大下邦幸，東京書籍（2014）

  理論と実践の両面から，意見や考えを重視することで学習者のコミュニケーション意欲が活性化し，授業の質が変わることを示している。中学校，高校での具体的な実践例で指導のポイントや4技能を統合した指導方法がわかる。

第9章
ライティング

ライティングでは，学習者の認知力や中間言語の発達段階を踏まえつつ，書くプロセスを支援・指導することが大切です。本章では，まず，ライティングの基本概念と指導の観点について概観します。次に，ライティングの目標とライティングの教材・種類について考えます。さらに，3段階の指導手順を踏まえ，形式に焦点を当てた活動と内容に焦点を当てた活動について学びます。最後に，フィードバックの方法，ポートフォリオの活用，剽窃，ライティング・ストラテジーについて学びます。

1. 基本概念

1.1 ライティングとは

ライティングとは，文字を媒体として行う，産出活動です。ライティング活動には，語，文，文章のそれぞれのレベルにおいて，さまざまな学習要素があります。生徒のライティングの目的に応じて，これらを段階的に指導するとよいでしょう。ライティング活動もコミュニケーションを意識して行うことが求められています。つまり，生徒が，読み手や目的を意識して，ライティング活動をすることが大切です。例えば，日記や買い物リストの作成，ノート・テイキング[1]などのライティング活動は，主として自分自身が出来事を記憶したり，気持ちや考えを整理したりするために行いますが，手紙やパラグラフ・ライティングなどは，自分の考えを読み手にわかりやすく伝えるために，書き方のルールに沿って，内容を構成する必要があります。

[1]ノート・テイキング：
本章 2.4.2参照

1.2 指導の観点

ライティングの指導は，1. 語のレベル，2. 文のレベル，3. 文章のレベルに分けて考えることができます。表9-1のように，それぞれのレベルにおける主な学習の要素が異なります。

1の語のレベルでは，文字と綴りなどの基礎的な学びを行います。文字

1. 語のレベル	（大文字と小文字，つづり，句読点など）
2. 文のレベル	（語形，文構造など）
3. 文章のレベル	（手紙の書き方，パラグラフやエッセイの構成など）

表9-1　ライティングの指導レベル

や単語の綴りを定着させるには，十分な練習が必要です。書き写しのような機械的な練習も一定の効果がありますが，単語の一部だけ抜いてその部分を記入させたり（例：bri_ge），イラストを提示し対応する単語を書かせたり，スペリングコンテストを実施するなど，単調な作業の繰り返しにならないよう工夫するとよいでしょう。また，英語罫線（4線）ノートの使用，大文字と小文字の使い方[2]，ピリオド，コンマ，アポストロフィ，疑問符などの句読点[3]の使い方，わかち書き（スペースの使用）についても指導します。例えば，次のようなまとまりのある文を読ませて，句読点をつけたり，大文字に変えて，正しい英文を完成させる練習もよいでしょう。

[2]大文字の使い方：
capitalization rules
[3]句読点の使い方：
punctuation rules

> i have a cat his name is maro hes cute but sometimes naughty do you like cat

　文のレベルでは，英文の統語法に従って正しい文章を書くことや，適切な語形や語彙を選択することを学びます。例えば，主語と述語動詞の一致，動詞の活用，形容詞や副詞の形，英文の構造などが学習のポイントとなるでしょう。活動例としては，置き換えや整序活動があります。置き換えは，文の一部（主語，述語，目的語など）を別の単語に置き換えて，文法的に正しい文にする活動です。例えば，Peter eats chocolate every day. の主語 Peter を my friends，副詞 everyday を yesterday に置き換えるよう指示し，My friends ate chocolate yesterday. という英文を産出させます。整序活動は，ばらばらの順番に並べられた語を正しい順序に並べて文を作る活動です。例えば，not/show/Ken/did/at/night/party/up/the/last を並べ替え，Ken did not show up at the party last night. という文を産出させます。整序活動は，生徒の統語能力を育成する上で有効です。

　文章のレベルでは，語や文に比べ，よりまとまりのある内容の文章を書くことを学びます。この段階では，英語のパラグラフについて指導していきます。英文のパラグラフは，通常1つのトピック（主題）について書かれた複数の文からなります。まず，パラグラフの例を提示しながら，トピック・センテンス（話題文），サポート・センテンス（支持文），コンクルーディング・センテンス（結論文）からなるパラグラフ[4]の基本的な構造について学習します。以下にパラグラフの一例を示します。

[4]パラグラフの構造：第7章 2.5（4）参照

パラグラフの例（New Favorite II, p.52）

Australia is a great place to visit for two reasons. First, there are a lot of unique animals such as koalas and kangaroos. They are found only in Australia. Second, there are many different kinds of landscapes. In the north there are rainforests. In the south there are high mountains. Then along the coastline, there are beautiful beaches. <u>Unique animals and beautiful, dramatic landscapes are the two main factors that make Australia an interesting and exciting place.</u>

トピック・センテンス（直線）：パラグラフの最も重要な情報を1文で示したもの。トピック（主題）に関する，書き手の主張を示す。パラグラフの最初に置かれることが多い。

サポート・センテンス（波線）：トピック・センテンスの内容を支える。理由，例，詳しい説明からなる。

コンクルーディング・センテンス（二重線）：話題に関する書き手の意見が要約される。トピック・センテンスの言い換えである。

　複数のパラグラフを分析し，トピック・センテンス，サポート・センテンス，コンクルーディング・センテンスの役割を理解できるよう指導するとよいでしょう。また，パラグラフ中のすべての文は一つの話題について書かれているという「統一性」[5]があることや，ディスコース・マーカー[6]とよばれる論理展開を示す語を使用して文と文を論理的に結び，文章の「結束性」[7]を高め，流れをつくることについても学びます。主なディスコース・マーカーを機能別にあげます。

[5]統一性：unity
[6]ディスコース・マーカー：第7章 2.5 (5)参照
[7]結束性：cohesion

(1)逆接	but, however, although, instead, yet
(2)原因・理由	as, this is because, for〜, since〜
(2)対比	while, meanwhile, some/other, on the other hand, whereas
(3)例	for example, for instance, such as~, like〜
(4)列挙・追加	first/second…last, some/others/still others
(5)類似	similarly, in the same way, like
(6)結果・結論	in conclusion, therefore, as a result, this is why

　さらに，英文ライティングでは，語句と語句や文と文の結束性だけでなく，文章の論旨の流れに矛盾がなく一貫した内容であることも重要です。一貫性[8]のない文章は，伝えたい論旨に関係のない情報が含まれるため，全体的なまとまりに欠けます。パラグラフの構造や特徴について理解したあとで，教師または生徒がトピックを選びパラグラフ・ライティングに取り組ませます。マインドマッピングやアウトラインを作成し（**2.3.1参照**），トピック・センテンスを決め，サポート・センテンス，コンクルーディング・セ

[8]一貫性：coherence

ンテンスまで書けるように指導していきます。

語，文，文章のレベルに進むにしたがって，より発展的なライティング活動となりますが，学習者はそれらの学びを必ずしも直線的に進めるのではなく，それぞれの学習要素を有機的に結び付けながら，ライティング力を総合的に向上させていきます。

2. ライティング指導

2.1 目標

2.1.1 中学校

[9] 学習指導要領：第2章参照

平成20年（2008）に告示された中学校学習指導要領[9]では，「英語で書くことに慣れ親しみ，初歩的な英語を用いて自分の考えなどを書くことができるようにする」ことをライティングの目標としています。学習した綴りや語句を書き写すことができるだけでなく，自分の経験や考えなどを読み手にわかりやすく伝えるという，コミュニケーション活動としての側面が重視されています。言語活動としては，以下の5点が挙げられています（**表**

言語活動
（ア）文字や符号を識別し，語と語の区切りなどに注意して正しく書くこと。
（イ）語と語のつながりなどに注意して正しく文を書くこと。
（ウ）聞いたり読んだりしたことについてメモをとったり，感想，賛否やその理由を書いたりなどすること。
（エ）身近な場面における出来事や体験したことなどについて，自分の考えや気持ちなどを書くこと。
（オ）自分の考えや気持ちなどが読み手に正しく伝わるように，文と文のつながりなどに注意して文章を書くこと。

表9-2 「書くこと」の言語活動（2008年告示の中学校学習指導要領より）

言語活動
（ア）趣味や好き嫌いなど，自分に関する基本的な情報を語句や文で書く活動。
（イ）簡単な手紙や電子メールの形で自分の近況などを伝える活動。
（ウ）日常的な話題について，簡単な語句や文を用いて，出来事などを説明するまとまりのある文章を書く活動。
（エ）社会的な話題に関して聞いたり読んだりしたことから把握した内容に基づき，自分の考えや気持ち，その理由などを書く活動。

表9-3 「書くこと」の言語活動（2017年告示の中学校学習指導要領より）

9-2参照)。

　平成29年(2017)3月に告示された新学習指導要領によると，日常的な話題だけでなく社会的な話題についても自分の考えを「まとまりのある文章」で書くこと，さらに自分の考えに対する「理由」を書く(J-II-B-5[10])ことも明記されています(**表9-3**参照)。

2.1.2　高等学校

　平成21年(2009)に告示された高等学校学習指導要領では，4技能の総合的な育成を図る「コミュニケーション科目」と，スピーキングとライティングを中心として論理的な表現力の育成を目指す「表現科目」が設置されました。これらの科目では，複数の技能を有機的に結びつけた学びがより強調されています。例えば，コミュニケーション英語I, IIでは，「聞いたり読んだりしたこと，学んだことや経験したことに基づき，情報や考えなどについて，簡潔に書く」あるいは「聞いたり読んだりしたこと，学んだことや経験したことに基づき，情報や考えなどについて，まとまりのある文章を書く」ことが目標とされています。また，英語表現Iでは，「読み手や目的に応じて，簡潔に書く」「内容の要点を示す語句や文，つながりを示す語句などに注意しながら書くこと。また，書いた内容を読み返すこと」，英語表現IIでは「主題を決め，様々な種類の文章を書く」「論点や根拠などを明確にするとともに，文章の構成や図表との関連，表現の工夫などを考えながら書くこと。また，書いた内容を読み返して推敲すること」とあり，書くことにより，論理的思考力や批判的思考力を養うことが強調されています(J-II-B-2[11])。

　2020年度より，小学校で英語が教科化されることに伴い，学習指導要領も改定されます。現行の「外国語活動」の学習指導要領では，文字を使ったライティング活動は，学習目標には含まれていませんが，新学習指導要領では，「大文字・小文字を活字体で書くことができるようにする。」「自分のことや身近で簡単な事柄について，例文を参考に音声で十分に慣れ親しんだ簡単な語句や表現法を用いて書くことができるようにする。」という目標が設定されています。今後，小学校から高等学校までのライティング指導が，連続性をもって行われることが期待されます。

2.2　教材の種類と選択

　ライティングの指導領域は，文字指導から語彙，文法，文構造，さらに，文章の構成や内容まで，広範囲に及びます。ライティングの教材は基本的には教科書の中の素材となると思われますが，教師は，生徒の興味や関心，学習段階や認知発達段階を考慮し，適切な活動を設定することが大切です。

[10] J-II-B-5：学習者がまとまりのあるパラグラフやエッセイを書くための支援ができる。

[11] J-II-B-2：学習者が持っているライティング能力を伸ばすために，言語の使用場面と言語の働きに応じた指導ができる。

中学校での基礎的な文字指導，文構造などの指導においては，和文英訳やワークシートを用いたドリル学習もある程度必要ですが，可能な限り生徒にとって意味のある活動となるよう工夫することが必要です。そのためには，他技能と積極的に連携させ，書くことが必要な場面を作り出すとよいでしょう。例えば，スピーキングと連携させて「夏休みの予定を3つ書いてグループで発表しよう」など生徒が興味を持てるトピックを選び文章を書かせ，発表させることもできるでしょう。

高校では，生徒自身の体験や身近な題材だけでなく，インターネットやクラスメートから情報を収集し，ライティング活動を行うとよいでしょう（J-II-B-1 [12]）。例えば，「外国人観光客から見た日本の魅力」についてインターネットで調べ論点を整理して書いたり，「将来都会と田舎のどちらに暮らしたいか」についてクラスメートに英語でインタビューして，結果を書く活動などが設定できるでしょう。これらの活動においては，ライティングがリーディング（インターネットで英文を読む）やリスニング（インタビュー）と統合されます。また，批判的思考力 [13] を養うためには，対立する複数の意見がある話題に関して新聞やインターネットで情報を収集したうえで，根拠を明確にしながら自分の意見を書く活動もできるでしょう。

また，教材や活動は教師のみが決めるのではなく，積極的に生徒に参加を促し，生徒の意向を反映させることにより，ライティングの動機づけを高めることも可能です。例えば，理系の生徒であれば，科学的実験を紹介する，文系の生徒であれば，好きな本や映画の紹介をするという活動を設定すると，書くことに積極的になるかもしれません。教師は生徒が書きたい話題や，調べたいことを把握して，教材や活動の設定に活かしたいものです。

2.3 指導手順
ライティングの指導手順も他の技能と同様に，プレ・ライティング活動，ホワイル・ライティング活動，ポスト・ライティング活動の3段階で考えるとよいでしょう。

2.3.1 プレ・ライティング活動
プレ・ライティング活動とは，実際に英語の文章を書く前に，生徒に準備をさせる活動です。本活動について，4点に絞って解説します。

（1）ライティングの目的と種類を明確にする
ライティング活動の種類（Eメール，手紙，スピーチの原稿，レポートなど）によって，プレ・ライティング活動は異なります。生徒にライティング活動の種類や目的と，想定される読み手について考えさせましょう。ライティ

[12] J-II-B-1：学習者がライティングの課題のために情報を収集し共有することを支援できる。

[13] 批判的思考力：critical thinking

ングの目的が明確になったら，その目的を達成するためにどのような表現や文章の構成を用いればよいか，どれくらいの語数が適切かなどについて，おおまかに決めておくと良いでしょう。

(2) 背景知識を活性化する

次に，生徒の背景知識を活性化させます。トピックに関して思いついたことを自由に書き出させ，どのようなことが書きたいのかを考えさせます。これをブレインストーミング[14]とよびます。ブレインストーミングを行った後に，書き出した情報を内容ごとに分類します。身近な題材の場合，ブレインストーミングをするとたくさんの情報が書き出されますが，そうでない場合は，関連のあるトピックについて本や雑誌，新聞記事などを読ませて，情報収集を促すことも重要でしょう。

[14] ブレインストーミング：第7章 2.3.1 側注 [9] 参照

(3) サンプルを読み，分析する

ライティング活動の種類（手紙，物語，エッセイなど）によって，使用される表現が異なるため，サンプルを提示して，表現や文章の構成について分析させるとよいでしょう。例えば，パラグラフを書かせる活動であれば，1.2で説明したようなパラグラフの構造，パラグラフの統一性や文と文を効果的につなぐディスコース・マーカーの使用について理解を促します。複数のパラグラフから成るエッセイを書くのであれば，論旨[15]，序論，本論，結論[16]からなるエッセイの構造や比較，原因，結果，例示などの典型的なエッセイの構成パターンについて理解しておくと良いでしょう。

[15] 論旨：thesis statement
[16] 序論：introduction
本論：body
結論：conclusion

(4) マインドマッピング[17]やアウトライン[18]を作る

ブレインストーミングなどによって書き出した情報を，マインドマッピン

[17] マインドマッピング：mind mapping
[18] アウトライン：outline

図9-1　マインドマッピングの例

[19] J-II-B-4：学習者がマインドマップやアウトラインを用いて文章を書くための支援ができる。

グを使用して整理します（J-II-B-4[19]）。**図9-1**はマインドマッピングの例です。マインドマッピングにより複数のアイディアを関連あるグループにまとめ，情報を整理した後に，アウトラインを書くとよいでしょう。マインドマッピングやアウトラインは，ライティングの設計図のようなもので，内容に一貫性のある文章を作成する上で効果的です。以下は夏休みを話題として，マインドマッピングをし，アウトライン（**表9-4**）を作成したものです。

Topic sentence: I had many interesting experiences during the summer vacation.
　I　I went to Okinawa with my family.
　　　A. visited Tower of Himeyuri
　　　B. enjoyed scuba diving
　II　I participated in English summer camp.
　　　A. made new friends
　　　B. played fun games
　III I visited my grandmother with my sister.
　　　A. celebrated birthday
　　　B. watched fireworks

表9-4　アウトラインの例

2.3.2　ホワイル・ライティング活動

　ホワイル・ライティング活動では，プレ活動で行った計画やアウトラインなどに基づいて，実際に文章を書きます。書きながら問題に直面した場合は，アウトラインを見直し修正したり，教科書や辞書などを使って，語彙や文法事項を確認したりすることも大切です。ただし，最初から正確な文章を書こうとするのではなく，文法的な誤りなどにあまりこだわらずに自分の伝えたいことを文章にするという意味重視の活動を行わせることがよいでしょう。

　また，優れた書き手は，ライティングの最中に適宜読み返しながら，気づいた誤りに対して修正を繰り返します。このプロセスを推敲[20]とよびます。効果的に推敲するためには，どのような点に注意して読み返せばよいか学習者に説明するとよいでしょう。例えば，文法的正確性（主語と動詞の一致，名詞の単数・複数形，時制，綴り，大文字の使用など），文の結束性（意見に理由や根拠が示されているか，ディスコース・マーカーを適切に使っているか），内容の一貫性（論理的な道筋が明確か）など具体的な推敲のガイドラインを提示して，生徒たちが効果的に自己修正できるように支援するとよいでしょう。

[20]推敲：edit

2.3.3　ポスト・ライティング活動

　ポスト・ライティング活動では，教師または他の生徒からフィードバッ

第9章 | ライティング

クを受けて,自分の書いたものを読み直し,書き直し[21]ます。ペアやグループで生徒同士がお互いに書いた文章を読み合い,気づいた点をフィードバックするというピア・レビュー[22]活動も効果的です。綴りや文法などの形式的な誤りだけでなく,結束性や一貫性など,内容についても見直すことが重要です。

[21]書き直す：revise

[22]ピア・レビュー：
peer review

2.4 指導方法

2.3ではライティング指導の3段階のプロセスを概観しました。本節では,他技能との連携によるライティング活動を,形式に焦点を当てた指導と内容に焦点を当てた指導に分けて,説明します。具体的には,ディクテーション,ノートテーキング,サマリー・ライティング,ディクトグロスなどを扱います。また,効果的なフィードバックの与え方やポートフォリオの活用,剽窃に関する指導について解説します。

2.4.1 形式に焦点を当てた指導

ライティング活動の中で,形式に焦点を当てた活動としては,1.2で取り上げた置き換えや整序活動のほかに,リスニングと連携させたディクテーション活動があります。ディクテーションは,音声情報を一字一句正確に文字に書きおこす活動ですが,全文を書き取らせる場合と穴埋め形式があります。また語の選択肢を置く場合とそうでない場合もあります。ディクテーションを行うことにより,綴り,大文字や句読点の適切な使用,イディオムや単語の知識,語形や統語法の規則の定着などライティングの様々な側面を鍛えることができます。使用する音声としては,映画やテレビなどで複数の話者が話し合っている音声や,未知語が多く含まれている音声はあまり向きません。生徒にとって適切なスピードで,興味をもてる内容の音声を選択することが大切です。また,スクリプトが手に入ることも大切です。活動の後に,生徒はスクリプトを参照しながら,自分のライティングを省察し,書けなかった箇所について原因を探ることができるからです。例えば,Could you do me a favor? という文を聞いた場合,could と you の子音 /d/ と子音 /y/ にリエゾンという音の変化が生じ「クッジュー」と聞こえますが,書けなかった場合は音の変化を聞き取ることが苦手だということに気づくでしょう。また,冠詞を落としてしまったり,favor の綴りを書けなかったりすれば,文法知識や語彙力の不足が明らかになります。生徒たちはディクテーションをすることにより,リスニング力だけでなく語彙や文法の弱点を認識でき,学習につなげていくことができるでしょう。

115

2.4.2　内容に焦点を当てた指導

　内容に焦点を当てたライティング活動として，ノート・テイキング，サマリー・ライティング，ディクトグロスを説明します。

[23] ノート・テイキング：note taking

（1）ノート・テイキング[23]

　パラグラフなどの内容的にまとまりのある文章を聞き，聞いた英語をすべて書き起こすのではなく，キーワードなど要点のみメモにとる活動です。通訳者は特殊な記号や絵図などを用いた高度なノート・テイキングの技術を習得しますが，中・高等学校においては，名詞や動詞などの内容語を中心に書き取り，冠詞や前置詞などの機能語は省略するように指導するとよいでしょう。

[24] サマリー・ライティング：summary writing

（2）サマリー・ライティング[24]

　音声情報あるいは文字情報の要点を整理し，自分の言葉で要約する活動です。例えば，物語文のあらすじを書いたり，説明文の要約を書いたりします。この活動も，サマリーの全文を書く場合と，穴埋め形式の場合があります。全文を書く場合は，本文をそのまま引用することを避け，できるだけ言い換え[25]ながら，自分のことばで書くように指導するとよいでしょう。また，「40語以内でまとめる」など，あらかじめ語数を設定しておくとよいでしょう。

[25] 言い換え：paraphrase

[26] ディクトグロス：dictogloss

（3）ディクトグロス[26]

　サンプルパラグラフなどまとまった内容の音声情報を数回聞きメモをとった（ノート・テイキング）後に，ペアやグループで聞いた内容を復元する活動です。ディクテーションのように原文を忠実に復元することが目的ではなく，お互いのメモをもとに話し合い，欠落部分を補い合いながら，内容を再構築します。最後に，再構築した文を発表しあったり，原文と比較します。ディクトグロスは，生徒に理解できたこと，できなかったこと，表現できたこと，できなかったことについて気づきを得させると同時に，協同して書く楽しみを経験させることができ，ライティングに対する動機を高めることも期待できます。

[27] フィードバック：feedback

2.4.3　フィードバック[27]

　教師がフィードバックを与えるときは，一人一人の生徒に応じて細かく添削することは時間的制約のため，困難な場合が多いでしょう。したがって，典型的な誤りの例を抜き出し，黒板やプリントに記述して，クラス全体で共有するとよいでしょう。語，文，文章レベルの誤りに分類して説明

すると，指導しやすくなります。また，生徒は典型的な誤りについて学習した後に，自分のライティングを修正し，書き直すことを促します。このようなプロセスを繰り返し行えば，生徒も自分のライティング能力が向上することを認識し，自己効力感を得ることができるでしょう。

また，生徒同士が口頭または筆記によりフィードバックを与えあうピア・レビュー[28]の機会をもつ場合は，誤りだけではなく，良い点も指摘するように促します。また，教師がピア・リーディングシートを作成し，チェック項目をあらかじめリストアップしておくと，効果的なレビューを行うことができます。肯定的なクラスメートからのフィードバックは，書く意欲を増大させることができ，他人の文章を読みフィードバックを与えることによって，自らのライティング力の向上も期待できます。

[28] ピア・レビュー：本章2.3.3参照

2.4.4　ポートフォリオ[29]の活用

ライティングのポートフォリオは学習者のライティングの作品を集めフォルダーなどにまとめたものです。完成品のみではなく，草稿[30]や教師やクラスメートからのフィードバックが記入されたものも含め，すべて保存しておくとよいでしょう。また，課題終了時や学期末にそれまでの作品やフィードバックを振り返り，改善できた点，積み残された今後の課題や新たな目標を分析し，記録させることも効果的でしょう。このような省察活動を通して，学習者は自分の成長の軌跡を振り返ることができ，自立した言語使用者として成長することができるでしょう。

[29] ポートフォリオ：portfolio

[30] 草稿（下書き）：draft

2.4.5　剽窃[31]について

インターネットの普及により、生徒は簡単に他人の書いた文章にアクセスできるようになりました。翻訳ソフトなどを使えば，自動的に日本文から英文にすることができるかもしれません。しかし，他人の文章や文章の一部を盗用し，著者や出典の情報を掲載せずに，いわゆるコピペ（複写と貼付）し，あたかも自分の文章であるかのように使用することは剽窃とよばれ，厳罰の対象にとなることを強調しておくべきでしょう。他人の文章を引用するときには，必ず文中で著者や作品に関する情報を明記することも，具体例を示しながら，教える必要があります。試行錯誤しながら自分で考えて文章を書くプロセスこそがライティングの向上につながることを認識させたいものです。

[31] 剽窃：plagiarism

2.5　ライティング・ストラテジーの指導

ライティングのプロセスは，Bloomの認知的領域における分類[32]に対応させることができます。

[32] Bloomによる分類への対応：大井（編），(2008, pp. 228-229)による。

1. 記憶（Memory）　　　：語彙，イディオム，文型，文法規則などを覚える。
2. 理解（Understand）　：モデル文など，インプットとなるべきものを理解する。
3. 発想（Invent）　　　：テーマに沿って自分の考えを生み出す。
4. 変換（Translate）　　：自分の考えを文字化する。
5. 解釈（Interpret）　　：マインドマップなどを使って考え視覚的に整理する。
6. 計画（Plan）　　　　：ライティングの目標を設定する，アウトラインを書く。
7. 応用（Apply）　　　：自分の考えに合う語彙，文型，論理関係などを選択する。
8. 分析（Analyze）　　：パラグラフ構成（分類，原因・結果など）を選択する。
9. 統合（Synthesize）　：知識を統合させ，書く。
10. 評価（Evaluate）　　：フィードバックを与える。

　この様に，ライティングは高次の認知力を必要とするので，教師はそれぞれの段階で学習者の認知プロセスを促進するために働きかけることが大切です。具体的には，本章においてプレ，ホワイル，ポストのそれぞれの段階で説明した文字使用のルール，ブレインストーミング，マインドマッピング，アウトライン，パラグラフ構造などを意識させ，段階的に実践できるよう助けることがストラテジー指導と言えます。

[33]オーセンティック：第6章 2.2.1 側注[15]参照

　また，教科書以外のオーセンティック[33]な英文（新聞記事など）を読み，様々な話題や考え方に興味・関心を持たせ，思考力を鍛えることもライティング力を向上させる上で効果的です。さらに，読んだ内容について要旨や簡単な感想を書いたり，語彙集や文例集を作成するなど，インプット（リーディング）からアウトプット（ライティング）につながる活動を取り入れるとよいでしょう。

第9章 | ライティング

課　題

1. 書く前の活動としてどのような支援ができるか話し合ってみましょう。

   「学習者がマインドマップやアウトラインを用いて文章を書くための支援ができる。」(J-II-B-4)

2. 学習者が言語の形式面の定着を図るために，どのような活動が設定できるか話し合ってみましょう。

   「学習者が学習した綴り，語彙や文法などの定着に役立つライティング活動を設定できる。」
   (J-II-B-6)

3. 中学・高校の英語授業において，学習者が読み手を意識したライティング活動をするために，どのように課題を設定し，指導をおこなうことができるか話し合ってみましょう。

   「学習者が持っているライティング能力を伸ばすために，言語の使用場面と言語の働きに応じた指導ができる。」(J-II-B-2)

参考図書

- 『パラグラフ・ライティング指導入門―中高での効果的なライティング指導のために』 大井恭子（編）田畑光義・松井孝志（著），大修館書店（2008）
  中学校，高等学校での実践例を紹介しながら，パラグラフ・ライティングの指導について丁寧に解説している。基本的なパラグラフ・ライティングの概念を押さえたうえで，様々な種類のパラグラフ・ライティングの実例が学年別に示されている。

- 『決定版　英語エッセイ・ライティング』門田修平（監修・著）氏木道人・伊藤佳世子（著），コスモピア（2006）
  英語エッセイ・ライティングのルールと基本技法を，段階的にわかりやすく解説している。単元ごとに練習問題があり，解答例も充実している。ステップを踏みながら，無理なく英語エッセイが完成するように工夫されている。

第 **10** 章

技能統合型の指導：インタラクション

ことばを使って他の人とインタラクションするためには，複数の言語技能を組み合わせる必要があります。技能を統合して使う言語の運用能力を高めることは，社会に参加する能力を高めていくことにつながります。この章では，まず前の4つの章で扱ってきた4技能を統合することの意味とその指導法について説明します。3技能以上の統合は協同学習になります。協同学習の重要な点は，メンバーが協力することです。具体的な指導方法としては，ロール・プレイ，スピーチ，ディスカッション，ディベート，ディクトグロス，そしてショウ・アンド・テルなどがあります。こうした活動における協同学習の指導例を実際の文科省検定教科書を使って示します。最後に，協同学習の意義について確認します。

1. 基本概念

1.1 4技能統合とは

1人でテレビを見たり，読書をしたりする場合を除いて，2人以上が関わる言語活動は，「聞く」，「話す」，「書く」，「読む」の技能を単独で使うことは稀です。たいていの場合，どれかを組み合わせて使います。技能を組み合わせることにより，個人はいろいろな人とインタラクションをする力[1]を身につけ，社会参加が可能になっていくわけです。もちろん個々の技能の養成もコミュニケーションをする力の基礎を作るという点では重要ですが，技能を組み合わせた英語を使って社会参加のための力を養成することも重要です。

[1] ことばを使う場面：おしゃべりする，スピーチをする，会議で意見を述べるなど，それぞれの機会に異なる言語能力が必要とされる。おしゃべりするだけの言語能力しかないと，他の社会参加の機会に加われない。

技能別に考えると，「読む」と「書く」は文字を，「聞く」と「話す」は音を使います。しかし，機能別に分類すると，「話す」と「書く」は発信で，「読む」と「聞く」は受容です。技能を統合した指導を考える時に，発信機能と受容機能の組み合わせが中心になります。

J-POSTLの自己評価記述文では，「「聞くこと」「話すこと」「読むこと」「書くこと」の4技能が総合的に取り込まれた指導計画を立案できる」（J-IV-B-1），「学習者中心の活動や学習者間のインタラクションを支援できる」（J-V-C-2），「個人学習，ペアワーク，グループワーク，クラス全体などの活動形態を提供できる」（J-V-D-1）に関係します。

1.2 2つの機能の統合

2つの機能を統合した活動を「主に学校で」と「社会全般で」とに領域別分

主に学校において（教室での活動）	
聞く・書く	リスニングでのQ&Aの答えを書く，ディクテーションをする等
聞く・話す	先生やCDなどの音声について英語を発話する，ペアで会話練習をする，教科書の内容に関する質問に答える等
読む・書く	教科書や課題文を読んで要約したり，感想や意見を書く等
読む・話す	教科書や課題文の内容に関して質問をする等
社会全般において（教室外の活動）	
聞く・書く	テレビやラジオ等で聞いた内容のコメントを書く等
聞く・話す	会話をする，テレビやラジオ等で聞いた内容を話す等
読む・書く	本，新聞やネット等の要約や感想を書く，メールの返事を書く等
読む・話す	本，新聞やネット等の要約や感想を言う等
書く・話す	スピーチを書いて発表する

表10-1 2つの機能統合活動例

類をすると**表10-1**のようになりますが，これらの指導については，**第6章 リスニング**，**第7章 リーディング**，**第8章 スピーキング**，**第9章 ライティング**にある，他の技能と連携した活動を参照してください。

2. 協同学習[2]

2.1 3つ以上の技能を統合した活動

　3つ以上の技能を統合した活動としては，ロール・プレイ，スピーチ，グループ・ディスカッション，ディベート，そしてショウ・アンド・テルが考えられます。重要なことは，これらの活動は，個人学習ではなく，協同学習で，しかもアクティブ・ラーニング[3]となります。ちなみに，日本の学校で多く見られる授業形態は一斉指導[4]です。この指導方法は，学習者が学習に対して受け身になる可能性が高いと考えられます。しかし，3つ以上の技能を統合した指導は，学習者が受け身では成立しません。

　受け身的な学習で，個別技能を伸ばすための授業に慣れている学習者を協同学習に積極的に参加させるには，意識改革が必要です。第一に，仲間と共に学ぶという心構えを学習者に作らなければなりません。それが無いと，学習者は，何かをグループで仕上げればいいだろうという結果だけを重視しがちになり，役割を互いに押し付け合うことになってしまいます。これでは社会に参加する言語能力をつけるための協同学習はうまくいきません。本節では，協同学習において学習者の心をどのように準備し，活動に向けていくか考えてみたいと思います。

[2] 協同学習（cooperative learning）：D. W. ジョンソンらによって開発された小集団を活用した教育方法で，生徒が共に課題に取り組むことによって，自分の学びと互いの学びを最大限に高めようとするもの（杉江，2011）。

[3] アクティブ・ラーニング：第2章 2.1参照

[4] 一斉指導：教師が教室で同一学年の学習者に対して同一内容を一斉に伝達する指導法。学習者の机は黒板の方に向いている。あくまでも個人学習者を対象にした指導方法で，学校教育を考案したコメニウスが開発し，多くの国が義務教育を推進する過程において，経済性と効率性のために急速に広がり，人びとの識字率や計算能力の向上に大いに貢献した。

2.2 協同学習のための事例

2.2.1 準備：公平な仲間になるための役割分担

杉江(2011)の考えを基にすると，協同学習では，メンバーがよく知りあい，課題達成のために役割を進んで担うことが重要です。構成員の人数はクラスの人数にもよりますが，だいたい4人から6人くらいのグループが適切と言われています。グループ構成の方法は，学習が効率的に行われれば，基本的には，教師がグループ構成を指定しても，学習者に好きな者同士で組ませても構いません。一般的に自由に組ませた方が，意欲のある学習者の場合は自発的に練習をし，良質なプレゼンテーション[5]を行います。しかし，意欲がない学習者はグループ構成にさえ手間取ります。指導力のある教師は，多少の混乱がおきても収拾できるので，自由に組ませても問題が起きない傾向にありますが，自分の指導力に自信が持てない場合は，名簿順等でグループ編成を指示する方が，指導しやすい可能性があります。

グループが決まると，1人ずつ役割[6]を決めます。例えば以下のような役割があります。

- ・リーダー(チーム全体を率います)
- ・レコーダー(チームの活動を記録します)
- ・タイムキーパー(チーム全体が活動時間をきちんと守るようにします)
- ・ノイズチェッカー(騒がしくなったら，静かにさせます)
- ・ファシリテーター(みんなが活動に参加するように気を配ります)
- ・マテリアル(配布資料，筆記用具などが過不足なくあるかに責任を持ちます)
- ・プレゼンター(チームの意見を発表します)

役割をメンバーが分担することで，協同学習で重要な公平さを保証することになります。人数が少ない時には1人が2役を兼ねればいいでしょう。役割は1か月程度で交代させます。次項からは，*Power On English Course I* [7]を使っての協同学習の事例を紹介します。

[5] プレゼンテーション：音声が中心であるが，視覚資料を用意することもある。

[6] 役割を分担：協同学習では役割を分担することで，等しくチームに貢献することを学ぶことができる。

[7] *Power On English Course I*：東京書籍発行

第10章 技能統合型の指導：インタラクション

2.2.2 仲間を知るためのグループでの自己紹介の例

Lesson 1　Mt. Fuji — a Symbol of Japan に入る前に行う。

[目的]

メンバーが全員の名前や特徴を完全に覚えているとは限らないし，うっかり忘れることもあります。自己紹介をグループで行うことにより，言語使用の活性化を図ることができます。

[グループでの活動]

グループの1人1人が以下の文を使って自己紹介をします。この自己紹介スピーチは，協同学習には必須です。

My name is … .

I live in … .

（日常的に富士山が見える場所がある地域では）From my town, we can see Mt Fuji on a fine day. または（日常的に富士山が見えない地域では）From my town we can't see Mt. Fuji. または（経験をふまえて）I have once/never climbed Mt. Fuji. など。

On the top of Mt Fuji, I would like to …（富士山の頂上で，してみたいこと）。

各グループで，レコーダーが，Our group members would like to … と，富士山の上でしたいことをつなげて，各メンバーがしてみたいことを発表します。

質問文は，その日のトピックやテーマによって変更します。例えば，テーマがアフリカの国々だったら，アフリカについて知っていることやアフリカで行ってみたい国について言えばいいでしょう。

[教員の役割]

教員は，各グループのレコーダーが発表したこと[8]を黒板に書いて，クラスの大体の人が富士山頂でやりたいことがわかるようにします。これは，生徒がどの程度，そのトピックについて認識しているかをみんなで共有[9]するためのものです。

[グループ活動の雰囲気作りの例]

次のような自己紹介もできます。黒板に，

What's your name?

Where do you live?

What can you do?

[8] 記録：発表内容を全部書き取るのは大変な作業なので，重要な点やキーワードを書きとる程度で良い。

[9] 共有：レッスンの始まる前に自分たちが知っていることを確認しておく。レッスンが終わってから What I/we know や What I/we want to know を使ってグループごとに比較することも重要である。

123

What would you like to do now?

と書いて，生徒に憶えてもらいます。その後，全員を立たせ，音楽をかけてグルグル回らせます。次に，突然音楽を止め，その時に周りにいる人をつかまえさせ，この質問を使ってあいさつを交わさせます。質問を忘れたら，黒板を見てもいいと言っておきましょう。これは，予期せぬ人とでも話せる能力を養います。活発な協同学習を展開するためには，話すための雰囲気作りが重要です（J-II-A-1 [10]）。上記の活動は，英語を話す気持ちを高めクラスの雰囲気を作るのに役立ちます。グループ活動がうまくいかない場合ですが，適切な雰囲気づくりを実施しないで，グループ活動に入ることが多いようです。

[10] J-II-A-1：学習者をスピーキング活動に積極的に参加させるために，協力的な雰囲気を作り出し具体的な言語使用場面を設定できる。

[11] ショウ・アンド・テル：第8章 2.4.3 (1) ⑤参照

2.2.3　グループによるショウ・アンド・テル[11]の例

　Lesson 4は "Kawaii and Japanese Pop Culture" です。Part 1のリードには，「「カワイイ」という日本語は，海外でどのように理解されているのでしょう」とあります。Part 1が終わった時点で，「この課が終わったら，各グループで自分たちがかわいいと思うものを紹介するショウ・アンド・テルをやります」と予告しておきます。

[目的]
ショウ・アンド・テルを個人発表にすると実演に時間がかかります。グループで行えば，時間がかからないのと，協同学習になるメリットがあります。

[発表の前の活動]
各グループで紹介するものを決めさせます。自分たちが好きな物，関心がある物を紹介するのですが，各々が好きな物を取り上げるように主張し出すとなかなかグループで「紹介するもの」が決まりません。
そのような場合の指導の観点ですが，
　　（1）具体的に学校に持ってくることができる物で
　　（2）紹介する価値があると考える理由が3つ以上ある
　　（3）英語で説明しやすい
という条件が「紹介する物」を決定するために重要であること学習者に示します。複数の提案があったときは，3つの条件を使ってメンバーが点数をつけ，最も高い点をとったものをプレゼンテーションすると決めます。決まったら負けた人もきちんと協力することを指導しておきます。

第 10 章 | 技能統合型の指導：インタラクション

［プレゼンテーションの指導］

プレゼンテーションについては，「紹介する物」を実際に持ってきたり，持ってこられない場合は写真などで示しながら説明することや，グラフなどを使うと説得力が増すことなどを指導しておきます。

［英文を書くこと］

グループのメンバーが英文を書く際には，ほとんどの場合，日本語で文を考えそれを全体で英作文することになるでしょう。リーダーを中心に日本語を英語に訳し，レコーダーがそれを記録します。

［聞く側の活動］

高校1年生では難しいかもしれませんが，上級生になれば，ショウ・アンド・テルは発表者だけではなく，聞いているグループも積極的に参加します。その場合，聞いているグループは，発表側のプレゼンテーションに対して質問を考えます。質問の作り方は，まずレコーダーが中心となって，発表グループのプレゼンテーションを聞きながらメモをとります。次にメモを基に，リーダーが中心となり，質問を考え，英文にします。複数の人が参加すべきなので，実際に質問する役割はレコーダー以外のメンバーになります。

質問に対して，発表側が答えますが，この活動は複数の人間が関係する「発表 → 受容 → 発表 → 受容」の繰り返しの活動になります。

2.2.4 異文化理解に関するグループ・プレゼンテーション

Lesson 3にItaly，Lesson 4はFrance，Lesson 5にZambia，Lesson 6にLos Angeles（USA），Lesson 9にSouth Africa，Lesson 10にBarcelona（Spain）が出てきます。各グループに1つの国や地域を担当させるといいでしょう。学期の終わりに学んだ課の国や地域について発表させるという方法もありますが，できれば，各課に入る前に，プレゼンテーションさせると，クラス全員が課の内容をより深く理解することができます（**J-II-G-1**[12]）。

[12] J-II-G-1：英語学習をとおして，自分たちの文化と異文化に関する興味・関心を呼び起こすような活動を設定できる。

［目的］

パワーポイントなどのソフトを使ったプレゼンテーションもショウ・アンド・テルと基本的に変わりません。いまはインターネットで写真や情報を簡単に入手できるので，教科書で扱われている地域，人々，文化などについての調べ学習をさせ，その結果をプレゼンテーショ

ンさせると，異文化理解の学習になります。教科書の外国事情に関する情報だけでの学習では，受け身になりがちです。教科書で異文化を扱う場合，話題になっている国の文化についてグループで調べて，その情報を自分の英語で再構築し，発表すると，深い理解につながります。

[調べて発表する内容]
国名（都市の場合は都市名），場所（地図で示すようにする），主要な都市名（できたら日本からの飛行時間や時差を含める），使用言語，人口，国旗（できたら国旗の意味も加える）などを調べているうちに，その国について興味深いと思うことがあったらそれも加えて発表させましょう。

[教員が注意すべきこと]
インターネットには，正確性を欠く情報もあるので，メディア・リテラシー[13]が低い学習者が調べた情報については，教員がチェックして真偽を確かめておく必要もあります。同じテーマを調べて発表したグループが複数あっても，発表やとらえ方の視点が違いますので，そういう点からも興味深い学習になります。

2.2.5 その人物になりきるロール・プレイ

ロール・プレイでよく使われるのは教科書にある会話文の練習です。会話文を1人で読むのではなく，その会話文に登場する人物の数と同じ人数で役割を決め各々のセリフを言うことで，会話しているかのような練習になります。例えば，会話文が Yoichi と May の2人で構成されていれば，そのロール・プレイは2人で行います。会話文が Yoichi と May と Satomi と Carlos の4人で構成されていれば，そのロール・プレイは4人で行います。その人物になりきって演じるようになれれば，目的を達成します。

[簡易版]
55ページのOptionに，きゃりーぱみゅぱみゅ[14]さんのインタビューが載っています。インタビューアーときゃりーぱみゅぱみゅさんになりきって，割り当てられた英文を交互に読むことで，インタビューをする側と受ける側の練習ができます。

[発展版]

[13]メディア・リテラシー（media literacy）：新聞，テレビ，ラジオ，インターネットなどの情報にアクセスし，それらを分析，評価する能力。

[14]きゃりーぱみゅぱみゅ：日本のファッションモデル，歌手。正式な名前は，きゃろらいんちゃろんぷろっぷきゃりーぱみゅぱみゅ。

例えば，東京駅で外国からの訪問客に，埼玉県の大宮駅への行き方をたずねられたという状況を設定します。それを，グループで会話文を考え，役割分担をして演じます。一組が終わったら，行き先をディズニーリゾートがある舞浜駅にしたり，新幹線で京都駅に行くというように，変更するといいでしょう。また，会話が行われる場所も，学習者の身の回りの状況にするといいでしょう。

[ALTとの協同版]
ALTの出身地の文化について，ALTに協力してもらって，ALTに学習者がインタビューをしている会話文を作り，それを演じると，異文化理解につながります。

2.2.6 ディベート[15]の例

学習者の意見に説得性を持たせたり，説得力のある話し方を養成したりするには，ディベートは効果的です。ディベートが指導法として人気があるのは，4技能をフルに使う活動であり，協同学習で，社会で役立つ言語能力を育成する有効な手段と考えられているからです。

ディベートでは，「冬が好きか，夏が好きか」とか，「ネコがいいか犬がいいか」など，個人の趣味や好き嫌いで意見が変わるものをテーマにするのは向きません。「死刑制度に賛成か反対か」，「原子力発電は廃止すべきか廃止すべきでないか」，「首相は公選制にすべきか公選制にすべきでないか」など[16]合理的な根拠を持って白黒をつけやすいテーマが向いています。教科書の本文には，あまりそのようなテーマは載っていませんが，ディベートの練習ができるテーマを与えてくれる課は，探すとあります。*Power On English Course I* の最後の Reading には，貧しい移民の一家が，やりくりして生活をしている話があります。家族を安心させるために，給料日に家族全員に必要なものを聞いた後，Mama would nod and say "That's good. We don't have to go to the bank to withdraw money." と銀行の口座にお金があると家族を安心させます。しかし，子供たちが大きくなって，口座があるということが嘘だったことがわかります。これをディベートの練習として使うことができます。

[論題]
"Mama was right." と "Mama was wrong." の2つの立場を設定します。グループごとにどちらかの立場を選ばせ，それぞれの主張を支持する理由を英語で書かせ，発表させます。学習者が1年生の場合，この程

---

[15]ディベート：第8章 2.4.3 (2) ⑥参照

[16]賛成派と反対派：賛成派をアファーマティブ・サイド (affirmative side)，反対派をネガティブ・サイド (negative side) と呼ぶ。

度でディベートの練習になります。

[実施方法]

35～36人のクラスの場合，6人程度で1つのチームを編成します。"Mama was right." のチームと "Mama was wrong." のチームがそれぞれの主張のスピーチ[17]を行います。1人でやっても，2，3人でやってもかまいません。スピーチの出来具合で勝ち負けを競います。残りの4チームが審判になります。審判のチームを作ると，審判に対して自分たちの主張を英語で理解させなければなりません。そのため，わかりやすく説得力のあるスピーチをしなければならないという意識を，発表者側に持たせることができます。また，ディベートはあくまでもゲームですので，個人の意見にこだわらないよう指導する必要があります。自分の意見が "Mama was right." であっても，チームが "Mama was wrong." を論じるように指定されたら，そのチームの勝利のために，"Mama was wrong." を堂々と述べる必要があります。

[17] ディベートでのスピーチ：コンストラクティブ・スピーチ (constructive speech) と言う。

[勝ち負けの判定]

ディベートをしていない審判チームに，それぞれ10点を与え，その範囲内で優れていたと思うチームに高い得点を優れていなかったと思うチームに低い点数をつけさせます。審判チームの合計得点で勝敗を決めます。審判チームには判定の根拠を英語で述べるよう指示します[18]。

[18] 審判による判定と講評：審判はjudge, 判定はjudging, 講評はcommentと言う。

[発展的なディベート]

上述のようなディベートに慣れてくると，少し発展的なディベートができるようになります。テーマは，同じようなもので結構です。チームのメンバー数も6名程度にします。キャプテン，レコーダー，ライター，スピーカー，タイムキーパーと役割を決めます。キャプテンはリーダーと同じですが，キャプテンとするのは，勝ち負けの責任をとる責任感を持たせる意味があります。レコーダーは，相手チームの主張を細かく聞き取りメモを取ります。2人必要です。ライターは主張または反論[19]の原稿を書きます。スピーカーは，それをうまく伝えます。

[19] 反論：リバトル (rebuttal) と言う。

[第1ラウンド]

チームに与えられた主張についての根拠を3つ述べます。もし「死刑に賛成」がそのチームに与えられた主張であるなら，死刑賛成について3つの理由を述べます。次に，相手チームが死刑反対の理由を3つ述べます。レコーダーは，細かくメモを取ります。

第10章｜技能統合型の指導：インタラクション

［作戦会議］

2つのチームが理由を述べ終わったら，それぞれレコーダーのメモを基に，相手の主張に対して反論を作る作戦会議をとります。この間，審判チームは前半のスピーチに対して5点満点で，評価し，その理由を書きます。

［第2ラウンド］

作戦会議が終わると，2つのチームは，先ほどの相手の主張に対しての反論を述べます。審判チームは，このスピーチに対して，10点満点で評価し，その理由を書きます。

［勝敗の決め方］

各審判チームの持ち点は前半と後半の合計の15点です。第2ラウンドが終了したら，すべての審判チームの点を合計して，多いほうが勝ちチームです。チームの得点をそのまま各グループの評価点にしてもいいのですが，勝ったほうにボーナス点を10点程度与えると，ディベートがより活発になります。

また，審判チームの判定の根拠を書いた英文ですが，すべての対戦の終了後に集めます。説得力のある英文を書いたチームには5点を与えると述べておくと，負けたチームは挽回しようと，審判する際に書く英作文に熱が入ります。

2.3　協同学習を支える指導法

2.3.1　インタラクションとしてのスピーチ[20]

　スピーチの授業でよく見かけられる風景は，学習者が英作文してきたスピーチ原稿を抑揚もなく読むものです。40人クラスで，1人ずつそのようなスピーチを行うと，延々と続くので，他の学習者のほとんどは聞いていないという状況になります。これでは，社会参加のための言語能力を向上させる活動にはなりません。「自分のスピーチを他人に理解してもらおうとする態度」が無いからです。「聞かせる」スピーチを作らせるためには，学習者にスピーチのノウ・ハウを具体的に教える必要があります。中学・高校レベルのスピーチの目的は大きく分けて，情報提供と説得です。またスピーチを作成する際，心を打つスピーチか笑わせるスピーチを作りなさいと指示します。結果的に感動させたり笑わせたりすることができなくても，そうする工夫と努力をすることによって，学習者は，自分のことばに責任を

[20] スピーチ：第8章 2.4.3 (1) ③参照

持ち，聞き手と対話しようとする態度を学びます。このような練習と経験を積むことによって，次第に説得力のあるスピーチができるようになっていきます。また，ほとんどの学習者は聞き手との対話（インタラクション）を意識したスピーチの例に接したことがないので，教員が見本を見せることも重要です。

2.3.2　メモ取り[21]の指導法

[21]メモ取り（note taking）：第9章 2.4.2（1）参照

　英語の発表を聞いて，質問するためには，メモをうまくとることが重要です。英文のメモ取りの練習としては，ディクトグロス[22]が効果的です。ディクトグロスは，ディクテーションを応用した指導法の1つです。教師が普通のスピードで，短いテキストを読み上げ，学習者は聞きながらメモを取ります。そのメモを基に，学習者はグループで協力してテキストを復元させていきます。復元のプロセスで，学習者はメモをもとに意味の通った文章に復元しなければならないので，内在化された文法力・語彙記憶など様々なメタ認知能力を使います。しかも，グループで活動する過程で，文の言語形式や意味内容に関して必然的に話し合いをしなければなりません。この指導では，メモを取ること，そしてテキストを復元する過程において，学習者は，協同学習しながらフォーカス・オン・フォーム[23]の力をつけていきます。

[22]ディクトグロス：第9章 2.4.2（3）参照

[23]フォーカス・オン・フォーム：第3章 2.3.4参照

2.3.3　説得力のある文を書く指導法

　ディベートでは，説得力のある文を速く書く力が求められます。そのために，ディベートの授業に入る前に行う練習として効果的なのが，3人で一組になり行う英作文です。例えば，「すべての英語の授業は英語母語話者が行うべきだ」という論題に対して，2人が賛成と反対の意見をそれぞれ書きます。書き終わったら，それを3人目の人が読み，勝ち負けを判断します。3人目の人はその理由を英作文します。これはあくまでも練習なので，この時の勝ち負けは，評価の対象にしません。学習者が書き終わったら，教師が点検し，優れた作文を次の時間に理由をつけて説明します。この練習を3回ほど行うと，学習者は，説得力のある英文を書くことを覚えていきます。

2.3.4　説得力のある話し方をさせる指導法

　ディベートでは，チームが即興で作った英文を読み上げることになります。同じ文でも，説得力ある話し方とそうでない話し方があります。まず，十分に聞こえる声でしかも明瞭に話すことが重要です。それに加えて，聴衆に訴えるには，「低い声でゆっくり」が原則です。人前で英語を話すのに

慣れていない学習者は緊張し，できれば早く終わらせたいと思っています。そのため上ずった声で，早口になります。それを防ぐのが「低い声でゆっくり」です。また，アイコンタクトについてですが，観衆を前にしたら，実際に目を見て話すのは難しいことです。そこで，原稿を読みながら時々顔を上げて，会場の右，中央，左と3か所に順番に視線を動かすと，聴衆とアイコンタクトをとっているように見えます。日頃，リード・ルックアップ・アンド・セイ[24]の練習をしておくとこれがスムースにできるようになります。ディベートの授業に入る前の授業で，学習者が書いた作文をクラスの前で，上述したことを守りながら読ませる指導が説得力のある話し方を養成するために効果的です。

[24] リード・ルックアップ・アンド・セイ：第7章 2.3.2 (2) ⑦参照

3. よりよい協同学習のために

　学習者は一般に自分の成長を感じられる授業をおもしろいと思うようになります。しかし，成長の必要性を学習者に理解させるのは意外と難しいのです。人間が，成長する心を持つには，「自分はまだまだ不十分であることを認識すること」が必要ですが，高校生くらいになると，多くの学習者は，自分はまだ不十分だという自覚を持ちたがりません。「ありのままの自分が好きです」と言う者もいます。教師が「君は不十分だから勉強しなさい」と言って，「はい，では勉強します」という学習者は，なかなかいません。人は成長を意識しなくても，自分の狭い世界で十分に生きていけることを知ってしまうからです。だから，不十分さを認識させるために，よく教師は試験を使います。減点方式の試験で不十分さを理解させようとします。その結果を示し，個人に完璧を目指させます。完璧を達成できる個人が高く評価されます。その結果，個人間に序列の意識を植え付けます。完璧を達成できる学習者はわずかですので，多くの学習者は，学校や試験を疎ましく思うようになります。また，低評価しか受けられない学習者は往々にして，自己肯定感を低くします。成長させるはずの教育が，勉強嫌いを作ってしまう現状があります。

　人間は，自分が不完全であることを理解すると，他の人が必要だということを理解します。自分は不完全なので，他人と序列を競うのではなく，足らないところを埋め合って，高めあうという考え方が協同学習の基本になっています。人間はどんなに完璧に見えても，1人では生きていけません。協同することが必要です。共に学ぶクラスメイトも必要ですし，学習者にとって教師は必要であり，教師にとっても学習者は必要です。授業も学習者と教師の協同作業です。教師と学習者も学習者同士も，そして教師同士も足らないところを補い合い協同できる環境が良いのです。

課　題

1. 検定教科書の1課分を使って，「聞くこと」「話すこと」「読むこと」「書くこと」の3技能または4技能が総合的に取り込まれた指導計画を立案してみましょう。

   「「聞くこと」「話すこと」「読むこと」「書くこと」の4技能が総合的に取り込まれた指導計画を立案できる。」（J-IV-B-1）

2. 技能を統合した形で，学習者同士のインタラクションを支援するには，どのような活動が設定できるか話し合ってみましょう。

   「学習者中心の活動や学習者間のインタラクションを支援できる。」（J-V-C-2）

- 『本物の英語力』鳥飼久美子，講談社現代新書（2016）

  本物の英語力をつけるための2つ基本原則を紹介している。（1）ネイティブ・スピーカーを目指すのではなく，自分が主体的に使える英語—「私の英語」を目指す。（2）英語を覚えようとするのではなく，知りたい内容，興味のある内容を英語で学ぶ。これは，内容と言語を統合して学ぶという新しい学習アプローチにつながる考え方である。

- 『英語授業力強化マニュアル』岡秀夫・赤池秀代・酒井志延，大修館書店（2004）

  英語教員の授業力を総合的に向上させる考え方やアイディアが記載されている。特に，Chapter 4は4技能をどのように指導するかという観点で，理論と実践を融合させた書である。

- 『英語授業のコミュニケーション活動』茨山良夫・大下邦幸，東京書籍（1992）

  発行年は若干古いが，編著者たちによる中学校や高校における数年間のコミュニケーション活動の指導に関する共同研究の成果をまとめた書。一貫して教育実践の場の現実を踏まえて，その原理を明らかにし，それに基づいて4技能にわたる実践例を整理している点で，現在においても十分に参考になる書である。

第**11**章
文法指導

　日本語と英語は言語間の形式の類似性が低いことに加え，英語の自然なインプット量も少ないため，日本の教室環境で英語を学習することには，困難が予測されます。本章では，そのような教室環境で学習を進める際に明示的に文法指導を行う意義について考察します。更に，現行の学習指導要領で求められる「コミュニケーションを支える」文法指導とはどのようなものか。そこで求められる，形式，意味，機能のつながりを理解させる指導について，具体的な事例を挙げながら説明をしていきます。

1. 基本概念

1.1　コミュニケーション能力を育成するための文法指導

　コミュニケーション能力を養うことを目標とする文法指導では，形式と文脈を合わせて指導することが重要です。目標となる文法事項の働きと意味を，教科書の文脈の中で理解させた後，実際に，意味のある使用場面を設定して練習させていくことが求められます（J-II-E-2[1]）。

　本章の冒頭でも述べましたが，英語のインプット量が少ない状況にある学習者が，日常生活の中で自然と英語を習得するようになる可能性はかなり低いと言えます。したがって，意図的・効率的に英語学習を進める必要があり，そこで重要なのが文法知識です。文法知識を増やすことで，文の組み立て方やその使い方を意識的に学び，それを現実的な使用場面の中で繰り返し練習することによってコミュニケーション力を高めていくことができます。

　文法規則などの形式や構造を中心に指導計画を立てると，一定の期間を通して，学習させたい文法項目を計画的に配分できるため，網羅的な指導が可能になります。このように，各単元の配列を文法事項や言語材料を中心に配列することを文法シラバス[2]とよびます。一方で，実際のコミュニケーションの場面では，特定の文法項目しか用いないと伝えられることに制限が生じます。では，実際のコミュニケーションはどのような過程をたどって行われているのでしょうか[3]。まず，どんなやり取りも社会的文脈の中で生じます。例えば，その会話がどんな場面で起こっているのか，トピックは何かということがコミュニケーションのプロセス全てに影響を及ぼします。その中で発話をする際，学習者が何を伝えたいのか（概念），言語を用いて何を行いたいのか（機能）ということが，実際に使用する文法形式や発話方法に影響を及ぼします。

[1] J-II-E-2：文法は，コミュニケーションを支えるものであるとの認識を持ち，使用場面を提示して，言語活動と関連づけて指導できる。

[2] シラバス（syllabus）：ある授業の目標，指導計画や，評価の方法等を詳細に記した計画書のことを指す。また，各単元をどのような配列にするべきか，その観点をまとめたものをシラバスとよぶこともある。

[3] コミュニケーションの過程：第3章 2.3 コミュニケーション活動モデル参照

したがって，言語の運用を中心に添えた指導計画を行う際には，コミュニケーションを行う上で必要とされる概念と機能によって配列された概念・機能シラバスがより適していると考えられます。

1.2 文法学習のプロセス

文法を学習する際には，おおまかに次のようなプロセスをたどると考えられるでしょう。

（1）定型表現や意味的なかたまり（チャンク[4]）をそのままの形で使えるようになる。
（2）定型表現やチャンクの中の単語や部分を入れ替えられるようになる。
（3）文を構成できるようになる。

文法への理解が深まるにつれて，チャンクとして暗記していた表現の構造が理解できるようになり，更に細かい意味ごとのかたまりに分けられるようになると考えられます。それに伴い，徐々に語順への意識が高まり，まずは簡単な文，そして徐々に複雑な文が作れるようになっていくと考えられます。

1.3 指導の観点

1.3.1 学校で扱われる文法事項

中学と高校で指導する文法項目には，名詞，動詞，形容詞，副詞，時制，受動態，比較級，不定詞，動名詞，分詞，冠詞，仮定法，接続詞，関係詞などがあります。このような項目の内，明示的な文法指導が効果的な項目の特徴には，次の4点があります[5]。

・文法規則の内部構造が単純な項目。
・語彙的意味の伝達が主となる項目。
・日本語（母語）に同じか類似した概念・構造が存在する項目。
・今までに十分に教えられてこなかった項目。

例えば，冠詞や前置詞は，文法規則の内部構造が複雑なため，明示的な指導を行っただけでは習得は困難だと考えられます。また，三単現の-sのように文法的機能の伝達が主となるような項目も，知識を有していてもうっかり間違いが続くなど，明示的な指導の効果が得られにくい項目と言えるでしょう。その反面，例えば，時制や，分詞の後置修飾のように，日本語と対比させながら明示的に指導することで，構造への理解が深められる項目もあります[6]。このように，授業で扱う項目について上記のような観点

---

[4] チャンク (chunk)：第6章 1.3 側注 [4]，第7章 2.5 (6) 参照

[5] 明示的な文法指導が効果的な項目と習得が困難な文法項目：白畑 (2015) による。

[6] 日本語と比較して相違を教えるべき文法項目：白畑 (2015) による。

第11章 | 文法指導

から検討することは，その項目に適した指導法の検討に有用です。

　また，多くの文法の参考書では文型に関する記述が冒頭に扱われていますが，それはなぜでしょう。1つには，英語と日本語との言語間の距離[7]の問題があります。言語間の距離とは，ある言語と別の言語との類似性を示す概念の1つです。日本語と英語では，文法や語彙において共通性が無いため，類似性が低く，お互いに学習することが困難な言語であると考えられます。このように言語間の距離が遠い英語を学習する上で，文型は，日本語との文構造の違いを理解する手掛かりを提供する役割を果たしていると考えられます。また，5文型を理解していると，語順への意識が育まれることから，英語で発信する際，どのように単語を組み合わせればよいか推測しやすくなると考えられます。語順を理解するうえで5文型は日本独特の有効な指導方法ですが，上述の通り，意味のある文脈の中で繰り返し練習することが必要です。

[7]言語間の距離：
linguistic distance

1.3.2　文法への気づきの指導

　上述の通り文法の明示的な指導は，効率的な学習に欠かせません。しかし，文法指導を行うには，まず母語において「文法」という概念を理解している必要があります。複数の研究者が，10歳を目途に母語では文法を活用した分析を行えるようになると説明していることを考えると，本格的な文法指導はそれまでは待った方が良さそうです。しかし，その前段階において，英文がどのように構成されているのか，あるメッセージを伝えるのにどんな形式が使われるか気づかせる指導を行うことは，その後の文法への意識を高める上で有効だと考えられます。これが，文法への気づきの指導です。

　例えば，チャンツ[8]やパターン・プラクティス[9]のように，キーワードやチャンクを置き換える練習を繰り返し行うことで，英文の語順への気づきを養うことができます。また，例えば，canを導入するときに，「助動詞＋動詞の原形」と文法用語を用いて解説を行うのではなく，I can play the piano. I can sing an English song. のように，生徒にとって身近な事例をインタラクションを通じ多く与えることで，帰納的にその形式に対する理解を深めることができます。これらの指導は，文法用語自体や文法の明示的な説明に苦手意識を持つリメディアル[10]レベルの学生を指導する際にも有効であると考えられます。

[8]チャンツ（chants）：英語教育では英語の文章を一定のリズムにのせて歌ったものを指すことが多い。

[9]パターン・プラクティス（pattern practice）：第3章 2.2参照

[10]リメディアルの：
remedial / developmental

2. 文法指導

2.1　目標

　2008年に告示された中学校学習指導要領[11]では，「2. 内容」(4) 言語材

[11]学習指導要領：第2章参照

135

料の取扱いの項において，「イ.文法については，コミュニケーションを支えるものであることを踏まえ，言語活動と効果的に関連付けて指導すること」という文言が加わりました。前指導要領（1998年告示）から「コミュニケーション能力の育成」という方向性ははっきりとしており，文法指導が「イ.（現行ではウ）用語や用法などの指導が中心とならないよう配慮し，実際に活用できるように」と明記されていましたが，今回の加筆によりこの方向性はより明確になりました。更に，「エ.英語の特質を理解させるために，関連のある文法事項はまとまりをもって整理するなど，効果的な指導ができるよう工夫すること」も加わりました。つまり，個別の文法項目の学習を目標にするのではなく，既習の文法項目と関連する文法項目を導入後に整理して再度指導することで，関連項目をまとめて定着に導くと共に，実際のコミュニケーション活動の中で活用しやすくすることが意図されていると考えられます。これらの項目は，高等学校の指導要領にも明記されており，中高における文法指導の位置づけが明確に示されたと考えられます。

2.2 指導方法

2.2.1 コミュニケーション・タスク[12]を利用した言語指導

　理解した文法項目を実際の言語活動に関連づけて指導する方法の1つで，現在注目されているのが，コミュニケーション・タスクを利用した言語指導という学習方法です。タスクとは，言語活動を現実と同じような状況で行うことを目指すため，課題解決型の活動となります。村野井（2006）は，コミュニケーション・タスクを「課題を解決するために（は）学習者が目標言語を使用しなければならない状況を作り，このような問題解決の過程において第二言語の運用能力を伸ばすことをねらう目的で設定され用いられるタスク」と定義しています。このようなタスクを志向した活動の特徴[13]には次の4点があります。

(i) 言語を用いて問題解決する目標がある。
(ii) 2人以上による情報の授受・交換を行う。
(iii) 話し手と聞き手に情報（量）の差がある。
(iv) 指定されたモデル・ダイアローグなどに従い活動する。

　このような活動は，学習者が，コミュニケーションを行う際に，伝えたい意味を伝えるにはどのような言語形式を用いればよいか，体験を通じ理解することを意図して計画された「フォーカス・オン・フォーム[14]」活動の1種だとも言われています。

---

[12] コミュニケーション・タスク：communication task

[13] タスクの特徴：高島（2005）による。

[14] フォーカス・オン・フォーム（focus on form）：第3章2.3.4参照

2.2.2 PPP (presentation, practice, production) [15]

　これまで文法に関する指導は，教科書等を用いた学習項目の提示（presentation），その練習（practice），その項目を用いた産出活動（production）を行うという流れが一般的でした。これは，頭文字をとってPPPと呼ばれる指導方法です。この方法では，注目する文法項目を中心に指導を行えるという利点がある反面，学習者が実際のコミュニケーションの場面において適切に英語を選び使うといった応用的な運用力が養成しにくいという問題点がありました。そこで，英語を使用する場面について学習者が体験的に理解できる活動を，PPPの指導方法に組み込む方法が提案されています。

　例えば，フォーカス・オン・フォーム アプローチ[16]では，文法説明，練習，産出活動にタスク型の活動を組み込み，最後にその学習項目を振り返るために更なる文法説明や練習を行うという手順を取ることができます。この流れを踏まえ，各段階のポイントを挙げると，次のようになるでしょう。

（1）教材の提示（presentation）

　教科書の新出文法事項を提示します。具体的には単元の題材に関連させ，その文法事項が使われている状況に気づかせる帰納法的な導入の後，明示的に文法説明を行います。

（2）練習（practice）

　習得目標とする文法事項の定着を目指した練習を行います。文法事項の練習には，コミュニケーション活動への準備として，文法事項の使用場面と機能が理解できるエクササイズやドリルなどを使うとよいでしょう。

（3）産出活動（production）

　（2）で行った練習を基に，実際の言語活動を行います。この段階でコミュニケーション・タスクなどを行うことができます。

（4）振り返り

　（3）のフィードバックを行います。また，学習者の理解度に合わせて文法説明や練習を行いましょう。

　このように，産出活動にタスクを組み込むことで，コミュニケーションの中に学習項目を位置づけ，実際に使う機会を提供することができます。更に，タスク活動後の振り返りの活動を行うことで，学習項目へのより良い理解を促すことへと繋げることができます。

---

[15] PPP：第8章 2.3.2 (2) 側注[15]参照

[16] フォーカス・オン・フォーム アプローチの指導手順：高島（2011）による。

2.2.3 辞書や文法書を利用する指導

　語彙や文法事項の学習は，学習者が自主的に多読活動や自己表現活動に取り組む際にも必要になります。そこで，自律した学習者を育成するためにも，授業における辞書や文法書を使用する指導は重要になります。その具体例には以下のような方法があります（J-II-E-1[17]）。

（1）辞書を使用する指導

①教科書で扱う語彙やイディオムなどを使って，辞書の使い方を指導する。

　辞書には，発音記号や品詞や，例文に加え，その語がどのような要素から構成されているか（語構成），コロケーション[18]，コノテーション[19]など，第12章で扱われる語彙知識の諸側面が多く扱われています。しかし，いざ辞書（特に電子辞書）を検索する場面になると，意味，特に最初に記載されているもの（第一義）に目が向きがちです。辞書でどのような情報を得られるか，学期初めに一度説明する機会を持つとよいでしょう。

②生徒にとって未知語が含まれる文を扱ったワークシートを利用して，辞書を使って語彙の意味を調べる活動を行う。

　辞書の検索手順を理解することも重要になります。例えば，語彙検索前に，その語の意味や品詞を推測してみること，辞書に複数の意味が掲載されていた場合，文脈を参考に類推するなどのポイントを指導することができます。

③電子辞書の機能を理解するための指導をする。

　電子辞書の検索を効率的に行うには，その機能についての知識が必要になります。紙の辞書と比べ，電子辞書は，画面に表示できる情報量がさらに限られていることから，ボタンを押さないと提示されない情報もあります。しかし，電子辞書には，一般に複数の辞書情報が内蔵されているため，機能に習熟すれば，紙辞書にはない使い方もできます。例えばある語を複数辞書で横断的に検索することで[20]その語法や，コロケーションについての理解を深めることができます。また，単語の綴りの一部しかわからない場合に，その条件を満たす語を提示する機能があります[21]。この機能を用いて，例えば，学習した接尾辞[22]と共通する接尾辞を持つ別語を検索させ，学習した接尾辞の理解を深めることもできます。

（2）文法書を使用する指導

①教科書で扱った文法事項を文法書や辞書で示し，生徒自身の情報を使って英文を作成させる。

---

[17] J-II-E-1：学習者に適切な文法書や辞書を提示し，具体的にそれらを引用して説明を行え，またそれらを学習者が使えるように指導できる。

[18] コロケーション（collocation）：連語。第12章1.1参照

[19] コノテーション（connotation）：含意。第12章1.6.1参照

[20] 複数辞書で横断的に検索：例えばCasioのEx-wordシリーズでは，「複数辞書検索」という機能がある。

[21] 英単語検索機能：例えばCasioのEx-wordシリーズでは，「ブランクワードサーチ」という機能がある。

[22] 接尾辞（suffix）：第12章2.2（1）参照

生徒によっては，文法書の使い方に慣れていない場合があります。例えば，索引を利用すれば，たとえ文法用語がわからなくても，語形から意味を検索することができることを示すことは有効です。

②教科書で学習した文法事項の理解と定着を深めるために，文法書を利用して，いくつかの文法事項の復習的な学習を行う。

教科書にも「文法のまとめ」があります。しかし，概してページ数が限られているため，文法書に目を通すことは，その文法項目への理解を深めることに役立ちます。

課題

1. 「比較級（規則変化のもの）」はどのような場面で何を伝えるために用いられますか。辞書や文法書にある例文を参考にグループごとに話し合い，その説明を考えてみましょう。

   「学習者に適切な文法書や辞書を提示し，具体的にそれらを引用して説明を行なえ，またそれらを学習者が使えるように指導できる。」(J-II-E-1)

2. 1.で調べた「比較級」を コミュニケーションの中で理解できるよう言語活動をグループで計画しましょう。

   「文法はコミュニケーションを支えるものであるとの認識を持ち，使用場面を提示して，言語活動と関連付けて指導できる。」(J-II-E-2)

参考図書

- 『英語指導における効果的な誤り訂正―第二言語習得研究の見地から』白畑知彦，大修館書店（2015）

  明示的な文法指導の効果を文法項目ごとに行った実証研究に基づき詳細に説明しており，各項目の指導法について検討する上で役に立つ。

- 『文法項目別 英語のタスク活動とタスク―34の実践と評価』高島英幸（編著），大修館書店（2005）

  「タスク活動」と「タスク」の違いと役割を解説しながら，文法項目別に具体的な言語活動を紹介している。コミュニカティブな文法指導を学ぶ上で役に立つ。

第12章

語彙指導

　日本の英語教育における語彙指導の重要性は，コミュニケーション重視の風潮に伴い，高まってきています。限られた時間で効果的な語彙指導を行うため，教師は，学習者の習熟度や興味・関心等を考慮した上で語彙指導法を選択し，授業にて活用することが求められます。本章では，まず，語彙に関する諸側面を概観します。次に，授業での語彙指導の目標，語彙学習のプロセスや指導の観点を踏まえた上で，具体的な語彙指導法について学びます。

1. 基本概念

1.1 語彙とは

　語彙とは，ある言語において意味をあらわす最小単位の集合体を指します[1]。具体的には，単語（例えば，book）に加え，複合語（notebook）[2]や，慣用表現[3]（in my book＝私の意見では）が含まれると説明されています。現行の中学校の学習指導要領では，学習すべき語彙として，1200語程度の単語，in front of のような連語（2つ以上の語が結びついてあるまとまった意味を表すもの：collocation）に加え，excuse me などの慣用表現が挙げられています。このように，語彙とはかならずしも単語を指すとは限りませんので注意が必要になります。中高の学習指導要領では学校種ごとに学習すべき語数が決まっています。さらに高校では，新語数が設定されている科目もあります[4]。学習初期では限られた単語数であっても自己表現能力を培い語彙力を高めるため，連語や慣用表現をチャンクで使わせるなどの工夫が必要になります。

1.2 語彙の頻度とは

　「頻度」とは，あるテクストにおいてその語がどれだけ出現するかを示す指標です。語によっては，書き言葉と話し言葉とで頻度が異なる場合があります。例えば，『ロングマン現代英英辞典』によると，「legal」という語は，会話より文書等において頻度が高いことが示されています。高頻度語は，様々な文脈において繰り返し出現するので，これらの語を優先的に学習することは，学習効率の面で優れていると言えます。教師は，このような高頻度語をまとめた語彙リストを活用することで，教科書に出現する語彙の内，今後学習者達が使う可能性の高いものを中心に重点的に指導すること

[1] 語彙の定義：Longman Dictionary of Language Teaching and Applied Linguistics (The third edition) による。（　）内の具体例は筆者による加筆。

[2] 複合語：本来noteとbookのように別語であったのが，徐々に1語として使用されるようになったもの。複合語にはこのように，1語として記されるものとbook-keeperのようにハイフンでつながれるものがある。

[3] 慣用表現：idiom

[4] 科目ごとの新語数：2009年告示の指導要領によると，「コミュニケーション英語I」で400語程度，「コミュニケーション英語II，III」ではそれぞれ700語程度と示されている。

140

第12章 ｜ 語彙指導

ができます。また，自身の学習に活用し，授業においてそれらの語に学習者が触れられる機会を増やすことが求められます。

語彙リストや語彙頻度分析ツールの例

・ロングマン定義語彙
ロングマン現代英英辞典は，高頻度2000語を定義語彙と定め，収録語全てをこの2000語で説明している。この2000語は，定義語彙という性質から，英語で授業を行う際，教師が使用する英語を選択する基準としても参照できる（J-II-F-2）[5]。

・新JACET 8000語彙リスト[6]
本語彙リストは，「日本の大学生が身につけるべき英単語」という観点で選定されたものである。日本の中高において学習すると考えられる基礎2000語とそれ以外の6000語から成る。2016年に改訂された新版では，よりこの目標に沿ったリストとするため，英米の主要なコーパスに加え，中高の検定教科書やセンター試験等の資料を用いて頻度順位を補正したことが説明されている。

・「Frequency Level Checker[7]」
語彙を4つの頻度レベル（"General Service List" の最初の1000語，次の1000語，"Academic Word List" に収録された語，もしくはどのリストにも当てはまらなかった語）に分類する。

---

[5] J-II-F-2：ロングマンの辞書の語彙定義に使われる基本2000語を理解し，それらを使ってさまざまな活動を設定できる。

[6] 新JACET8000語彙リスト：大学英語教育学会基本語改訂特別委員会（2016）

[7] Frequency Level Checker：以下のサイトからアクセスできる。http://language.tiu.ac.jp/flc/index.html

1.3 受容語彙と発表語彙

「ある単語を知っている」ということと，「その単語を使える」ことは別物です。極端な例を挙げれば，限られた単語力（例えば2000語程度）しかないのに，日常生活でかなり流暢に英語を話せる人と，難しい英語の原書や文書を読むことができるのに会話になるとうまく言葉が出ず，口ごもってしまう人がいるとします。さて，どちらのほうが語彙力があると言えるでしょうか。答えを先に言えば，どちらとも言えない，です。両者とも語彙力はあるがその意味が異なります。単語力が限られている人は，恐らく易しい英語で表現できる連語や慣用句を使いこなしていると考えられます。しかし，自分の語彙知識では難しい英語の本や文書は十分には読めません。一方，読める人は，単語や連語・慣用句は知っていても使えない，あるいは，使う場面がなかったと考えられます。つまり，語彙力には受容と発表（発信）

141

語彙の区分	品詞
内容語	名詞, 動詞, 形容詞, 副詞, 指示代名詞, 疑問詞, 間投詞
機能語	冠詞, 前置詞, 助動詞, be動詞, 人称代名詞, 関係詞, 接続詞

表12-1 内容語と機能語

の両面があり，前者は発表（発信）する語彙力があり後者は受容する語彙力があるということです。受容語彙は，その語形を認識し，意味が分かるもので，発表語彙は，口頭によるインタラクションやライティングの中で使えるものを指します。受容語彙は聞いたり読んだりすることによって，発表語彙は実際に話したり書いたりする言語活動によって育成されます。この2つの語彙力をバランスよく養うには，使用頻度と併せ，受容のための語彙か発信のための語彙かを判断して指導することが大切です（**J-II-F-3**[8]）。

1.4 内容語・機能語

　内容語[9]とは，意味を持った語を指します。このため，ある英文から内容語だけを抽出したとしても，その文意は大まかには理解できます。内容語の数は，年々作られる新しい概念や言葉の増加とともに増え続けています。一方，機能語[10]は，それ自体では，ほとんど意味を持たず，主として文法的な機能を果たす語です。その数は限られていますが，繰り返し様々なテクストに使用されます。一般に，テクストの高頻度語を抽出すると，機能語が中心になります（**表12-1**参照）。

　単語帳などで，語彙増強をする際には，内容語が中心になるでしょう。一方，機能語は，繰り返し様々なテクストで使用されているため，多くの学習者は，受容的な知識は有しているでしょう。しかし，例えば，a と the の区別や，前置詞の使い分けは，上級者にとっても迷うことがあるように，自ら発話したり，英作したりする際に悩まされることが多いのも機能語です。

1.5 意図的学習と偶発的学習

　語彙の学習には，それ自体を目的とする「意図的学習[11]」と，語彙学習以外の活動を行った結果として語彙が学習される「偶発的学習[12]」があります。偶発的学習の利点としては，文脈と合わせて学習されることで，その語を忘れにくくなることが挙げられます。一方で，EFL環境で英語を学習する私たちにとっては，限られたインプット量を補うためにも，語彙の意図的学習は欠かせません。特に高頻度語においては，意図的学習が重要になります。そこで，意図的学習と偶発的学習は，相補的に活用することが求められます。

[8] J-II-F-3：使用頻度の高い語彙・低い語彙，あるいは受容語彙・発表語彙のいずれであるかを判断し，それらを指導できる。

[9] 内容語：content word

[10] 機能語：function word

[11] 意図的（語彙）学習：intentional (vocabulary) learning

[12] 偶発的（語彙）学習：incidental (vocabulary) learning

第12章｜語彙指導

1.6 語彙学習のプロセス

　日本の学校での英語教育では，意図的学習が中心になります。生徒は予習として教科書に出てくる単語を調べ単語帳を作成し，それを覚えて単語テストに備えます。反面，教師が教科書以外の教材や例文を利用して，聞いたり読んだりする言語活動を取り入れない限り，自然な教室環境の中で偶発的学習が起こる可能性は極めて低いといえるでしょう。一般の授業の流れを考えた際，多くの場合，学習者は以下の順にしたがって語彙を学習していると考えられます。

　　（1）新出語の形式と意味を認識する。
　　（2）文中でその語の意味を理解する。
　　（3）一時的に記憶した語を受容的活動で使う。
　　（4）発表的活動で使う。

　（1）や（2）の段階では，意図的な学習が中心となると考えられます。一方で，（3）の段階では，教師が学習した単語が出てくる教科書の話題に関する教材を用意して，聞かせたり読ませたりすることで，偶発的学習が起こる可能性があると考えられます。

1.6.1　指導の観点

　本章第1節で概観したとおり，語彙指導の計画には，指導する語を学習者がどのような場面で使うか（受容か発信か）判断し，その目的に沿った指導計画が必要になります。更に，語の頻度や，使用域[13]，コノテーション[14]についても留意が必要です。一般的には，高頻度語や，使用域があまり限定的でない語，コノテーションが肯定的または，否定的な意味合いを持たない中立的なものから優先的，意図的に指導することが望まれます。このように，語彙指導では，扱う語に応じて適した指導法も変化すると考えられます（J-II-F-3[15]）。例えば，頻度の高い語であれば，フラッシュカードや単語帳を使用させるなど意図的に扱いましょう。また，定着のために，例文等を提示し，文脈中で語彙を学習させる方法もあります。一方で，頻度の低い語であれば，語形や文脈などにある手がかりを用いて，類推させるという方法をとるとよいでしょう（J-II-F-1[16]）。

1.6.2　アルファベットの指導

　語彙指導の基盤には，アルファベットの音や文字への理解があります。ここでは，アルファベットの指導[17]について考えてみたいと思います。
　アルファベットの指導には，例えば，（1）アルファベット文字や音を認

[13] 使用域（register）：使用場面や相手との関係性に応じて変化する言語変種のことを指す。例えば，書き言葉と話し言葉の違いや，職業等に応じて変化する言葉遣いなどを含む。

[14] コノテーション：第11章 2.2.3 側注[19]参照

[15] J-II-F-3：使用頻度の高い語彙・低い語彙，あるいは受容語彙・発信語彙のいずれであるかを判断し，それらを指導できる。

[16] J-II-F-1：文脈の中で語彙を学習させ定着させるための活動を設定できる。

[17] アルファベットの指導：第9章 1.2参照

143

識できるようにする指導，（2）アルファベット文字を書けるようにする指導に加え，（3）文字と音の関係性を認識できるようにする指導，などがあります。特に（2）と（3）の指導は，学習者の読み書き能力の発達の基礎を成すと考えられ，英語圏の国々の初等教育において重視されている領域です。

　日本人英語学習者にとっても同様に重要になるこれらの指導ですが，日本での指導を考える際，私達がEFL環境にある点を忘れてはいけません。英語を母語とする子供たちは，（2）や（3）の指導が始まる前に，文字や音声と受容的に出会う機会を十分に与えられています。この音声や文字のストックが，その後の指導を効率的に進める上での手助けとなります。十分なストックなしに，形式だけの指導に終始することは児童にとって認知的負荷がかかる上，習得にも多大な困難をもたらす可能性があります。そこで，小学校では（1）の段階に時間をかけて丁寧に指導することが求められます。その具体例としては，例えば，アルファベットカルタや，ビンゴゲームなどを活用し，アルファベットの文字や音声に慣れ親しむ指導や，音韻意識を高める活動などがあります。また，（3）の段階を指導する際には，日本語に比べ，英語の音素数がはるかに多いこと，また，文字と音の対応が1対1ではないことが，学習者にとっては困難を感じさせる要因となりうる点に十分留意しましょう。

2. 語彙指導

2.1 目標

　平成20年（2008）告示の学習指導要領では，中学で扱う英語の語数を従来の900語から1,200語へと増加しました。これは，「より豊かな表現を可能にし，コミュニケーション能力を内容的にもより充実できるようにするため」と説明されています。そのため，指導では，「言語の使用場面や働きなどを考慮して，良く用いられるものを取り上げ」，増加した授業時間で「活用しうる言語活動」を展開することが期待されています。つまり，中学においては，単に語の知識を増やす指導ではなく，実際に様々な場面で活用できる力を育成することも求められています。同様の傾向は，高等学校学習指導要領においても観察されます。

[18] 新指導要領：第2章および資料編3参照

　新指導要領[18]においても、実際にコミュニケーションの中で活用できる語彙数を増やすことが重視されています。単に難易度が高い語彙を暗記させるということではなく、使える語彙を精選し、繰り返し使用することを通じ定着させる指導が必要になります。扱う語彙数については、中学校で1600〜1800語、高等学校では1800〜2500語程度が検討されています[19]。

[19] 高等学校における指導語数：中央教育審議会答申（2016）

　では，小学校ではどうでしょう。3〜4年生では，現行の学習指導要領か

ら継続し，新指導要領においても文字については，児童の学習負担に配慮しつつ，音声によるコミュニケーションを補助するものとして取り扱うこと」と規定されています。つまり，たくさんの語やその綴りを学習することが求められているわけではありません。むしろ，外国語学習を通じ「言葉の面白さや豊かさに気づくこと」が明記されています。一方，5～6年生では英語の教科化に伴い，「外国語活動を履習する際に取り扱った語彙を含む600～700語程度の語」を学ぶことが求められるようになりました。扱う語彙としては，現行の外国語活動と同様に，児童が日常的に使用する可能性の高い語が中心となると考えられます。

2.2 語彙指導のプロセス

ここでは，本章1.6で挙げた語彙学習のプロセスにしたがって，指導例を見ていきます。

（1）新しい単語の形と意味を認識する。

その語が学習者にとって新出語である場合には，まず，語形（発音や綴り）と意味の間につながりを作る指導が必要になります。発音や綴りからその意味を掴ませる指導には，次のようなものがあります。

①フラッシュカード[20]の活用

この学習法は，意味と綴りを繰り返し確認するため，その単語を瞬時に認識できる視認語彙を増やすことに有効です。フラッシュカードを用いた活動は，初級学習者から活用できますが，学習者のレベル，単語の習熟度，品詞に応じて工夫する必要があります。小学生や中学初学年では表面に英単語とともにその内容を表わすイラスト，裏面には日本語訳が必要でしょう。学年が上がるにつれてイラストは不要になり，裏面に日本語訳ばかりでなく簡単な英英辞書にある定義を書いておけば，英語で授業を進める際には役立ちます。

[20]フラッシュカード：flash card

②カタカナ英語の活用

日本語にあるカタカナ英語を活用することは，たとえ意味が部分的にしか重ならない場合でも，英語学習に役立ちます。指導にカタカナ英語を活用する際には，英語の原義との違いを理解したうえで指導計画を立てる必要があります。カタカナ英語には，ピッチやストレス[21]の位置が日本語とは異なるもの（例えば vítamin や guitár など），意味自体が日本語とは異なるもの（例えば，handle とハンドル，mansion とマンションなど），意味的に部分的に重複がある語（例えば stove とストーブなど）があります。授業

[21]ストレス（stress）：第6章 1.4.3 側注[8]参照

接頭辞	意味	単語例
ex-	〜から外へ	exit, explore, export, expose
re-	再び	reaction, recall, recycle, refresh, review
un-	否定の意味	uneasy, unhappy, unlucky, unpleasant
接尾辞	意味（品詞）	単語例
-er	〜する人・物（名詞）	employer, interpreter, passenger
-ful	〜に満ちた（形容詞）	beautiful, dreadful, successful
-ment	（名詞）	appointment, department, improvement

表12-2　主な接頭辞・接尾辞とそれを含む単語の例

でこれらを扱う際に留意点として，音声的に異なる語については，日本語との違いを明示的に指導しましょう。日本語と英語は音声体系が異なるので，カタカナ語をそのまま読んでも英語としては通じない場合がほとんどです。特に問題なのが，英語のストレスです。例えばguitarを導入する際には，rの発音を強調して指導するよりもむしろ，英語ではguitárと後にストレスが置かれることを強調するとよいでしょう。

　意味的に異なる語について指導する際の留意点としては，学習者の習熟度に応じて，扱う語を選ぶということが挙げられます。初級学習者では，意味的な重なりが多い語から導入するとよいでしょう。

[22] 接辞（affix）：接頭辞（prefix），接尾辞（suffix）。第11章 2.2.3 (1) ③参照

③接辞[22]を活用した語彙学習

　ある程度の語彙力を備えている学習者に，語構成の知識について指導することは，有効だと考えられています（**表12-2**）。特に低頻度語を指導する場合に，語構成を活用し推測させる練習をすることは，学習者の未知語推測スキルの育成にもつながります。他方で，推測をするに足る十分な語彙を習得していない初級学習者に指導する場合は，英語という言語への関心を導く材料として紹介するにとどめる方が良いでしょう。

（2）文脈中で語の意味を理解する

　文脈を用いる活動には次のようなものがあります。

①推測の練習

[23] 未知語の推測：第7章 2.5 (2) 参照

　新出語の中でも重要な語を文脈とともに提示し推測[23]する練習を行うことは，その語の意味に加え，文法的機能も理解できるようになるため有益です。推測方法として次のようなステップに沿って行うことができます。

・文脈中で出会った意味の分からない語（目標語）の品詞を判断する。

第12章｜語彙指導

・目標語の大まかな意味を推測する。
・品詞や意味を推測する場合には，前後の文脈や文構造，語形などを参考に，部分的にでもわかることを挙げる。
・辞書等を利用し，推測を確認する。

　授業では，新出語を含む教科書の1文を提示し，この手順に沿って推測する練習をさせることができます。その際は，推測のための手がかりが語形または文脈から得られるかを確認しましょう。また，スキーマを活性化させるようなプレ・リーディング活動[24]を準備することも，推測の成否に影響を与えます。

②多義語
　多義語の複数ある語義は，文脈に応じて決まるため，多義語を授業に導入するときは，例文と中核的意味を共に提示することで，その語のイメージを掴みやすくすることができます。例えば，orderという語の中核的な意味は「秩序ある順序」[25]です。このような中核的な意味を理解することで，例えば，『命令』や『指示』という意味がいずれも『秩序』を保つために行われることであると，意味同士の関連づけを行えるようになります。このような作業を学習者自身に行わせることは，深い水準の処理を導き，それらの意味の定着につながると考えられます。
　ただし，多義語の複数ある意味の中には，中核的意味と意味が非常に遠い場合や，関連がない場合があります。導入する意味と中核的意味との関係性を確認した上で，導入方法を検討するとよいでしょう。

（3）一時的に記憶した語を受動的活動で使う
　聞いたり，読んだりした語を，自然に英語として自動化して理解できるようにするためには，単語を正しく素早く認識できることが必要になります。そのためには，多読と多聴が有効です。活用する教材の難易度は，単語の導入時に使用したものよりも，低いことが望ましいでしょう。多読には，教科書を学習した後であれば，関連題材集などで入手できる英文や，同じトピックを扱う他社の教科書なども活用できます。同じ文を繰り返し読むことでも，自動化は進みます。読む目的を明確にし，繰り返し同じ文を読む機会を与えるのも有効です。具体的なリーディング活動の例については，第10章を確認してください。

（4）発表活動で使う
　この段階で重要なのは，教師自身が，話したり解説するよりも，学習者

[24]プレ・リーディング活動：第7章 2.3.1参照

[25]orderの中核的な意味：『E-gate英和辞典』(2003)による。

147

自身が英語を話したり書いたりする機会を増やすことです。文法指導や読解指導が中心になると，このような学習者の自己表現活動を行う時間を割くのは難しいかもしれません。しかし，この段階を経ずして「使える英語」を身につけることは難しいということを認識する必要があります。質の高い発表活動を行うには，インプットが重要になりますので，自然と技能統合型の活動になります。具体的な指導例については，第10章に詳しく説明されています。

課　題

1. 文脈中で語彙を指導する際に，どのような語彙を選択するとよいでしょうか。語彙選択で必要な留意点について話し合ってみましょう。

   「文脈の中で語彙を学習させ，定着させるための活動を設定できる。」(J-II-F-1)

2. 検定教科書の1頁を開き，そこに掲載されている新出語の頻度が高いか低いか，意図的に指導すべきか否か話し合ってみましょう。もし，意図的に指導すべきでないと考える場合には，具体的にどのような指導が良いかについても計画してみましょう。

   「使用頻度の高い語彙・低い語彙，あるいは受容語彙・発表語彙のいずれであるかを判断し，それらを指導できる。」(J-II-F-3)

参考図書

- 『英語語彙の指導マニュアル』望月正道・投野由紀夫・相澤一美，大修館書店(2003)
  英語語彙の指導法を国内外の研究を基に分かりやすくまとめている。この分野に関心がある学生への入門の研究書としても，語彙指導に関心がある教師に対しても役立つ1冊である。

- 『How to Teach Vocabulary』Scott Thornbury, Pearson Japan (2002)
  語彙を指導する際に知っておくべき要点をわかりやすくまとめている。巻末に，それぞれの章で書かれている内容と関連する活動が付されており，理論がどのように日常で観察されるか，それらがいかに指導に応用できるかについて示唆を与えてくれる。

第13章
異文化指導

　ことばは文化の一部であり切り離すことはできません。学習者は，語彙や文法の学習を通して，初歩の段階から，物の見方・考え方や，規範性の違いなど，英語に内在化されている「異文化」に触れます。また，英語を運用して円滑なコミュニケーションを行うには，社会的文脈や相手の文化的背景を考慮することが不可欠です。さらに，世界で英語を使用する人の文化背景は多様化しており，英語教育における異文化指導の重要性はますます増しているといえるでしょう。本章では，英語教育における異文化指導について考えます。まず，文化の基本概念をおさえ，異文化間能力の育成について説明します。次に，指導の観点とプロセス，教材の種類と選択について説明し，最後に，具体的な指導例を紹介します。

1. 基本概念

1.1 文化とは

　文化という概念には，衣食住に代表される「物質文化」，価値観，認知様式，思考様式，世界観などを含む「精神文化」，そしてその表現形式である言語，非言語行動，行動パターンである「行動文化」の大きく3つの要素[1]が含まれています。また文化はよく氷山にたとえられます（**図13-1**）。海の上に出ている部分は「見える文化」ですが，水面下にはより大きな「見えない文化」が存在していることを表したものです。「見える文化」は，芸術や衣食住などに代表される文化であり，「見えない文化」としては，価値志向，規範，意思決定の方法，時間管理など精神や行動様式に関する文化が挙げられます[2]。氷山モデルがわかりやすく示すように，見える文化より見えない文化の方がはるかに大きく，コミュニケーションにも重大な影響を与えます。また，見えない文化の多くは意識されておらず，「見える文化」に比べて変容しにくいと言われています。見えない文化は「深層文化」，見える文化は「表層文化」[3]ともよばれます。

　アメリカ文化，日本文化など国と文化を結びつける場合

[1] 文化の3要素：塩澤（2010）による。

[2] 文化の氷山モデル：E.T. Hall (1976) などによる。

[3] 深層文化：deep culture
表層文化：surface culture

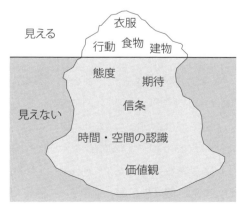

図13-1　文化の氷山モデル

[4]固定観念：stereotype

[5]多元的アイデンティ
ティ（multiple identities）：
人が，一生の中で，複数
のアイデンティティを内
在化させていくこと。例
えば，人種，宗教，社会
的地位，性別，年齢など
様々な要因により，1人
の人の中に複数のアイデ
ンティティが共存する。

[6]異文化間能力（intercul-
tural competence: IC）：
第1章 2.2.3参照

[7]ICの構成要素：Byram
（1997）による。

は，「見える文化」に焦点が当たる場合が多いでしょう。例えば，「アメリカ人はサンクスギビングにターキーを食べる」，「日本人は漫画をよく読む」などです。「見える文化」は，教材などで頻繁に取り上げられてきました。しかし，アメリカ人がみなサンクスギビングを祝うわけではありませんし，日本人がみな漫画好きというわけではありません。このような単純な文化の一般化は，固定観念[4]や偏見を生み出さないとも限りません。また，人は，個人的な異文化接触の経験を通して，個の文化，すなわち，自文化を築いていきます。つまり，文化は固定的なものではなく，流動的であり，人は一生のうちに様々な文化を吸収しながら，多元的アイデンティティ[5]を形成していくのです。

諸外国に比べると顕著とは言えないかもしれませんが，近年，在留外国人や訪日外国人の増加などにより，日本における言語および文化的多様性は確実に増しています。しかし，文化的差異を超えて，人が他者と良好な関係を築くことは簡単ではありません。今後，日本においても，異文化について学習することの重要性が高まるでしょう。

1.2 異文化間能力（IC）

外国語でコミュニケーションを取る場合には，その外国語に関する言語能力，社会言語能力，談話能力に加えて，異文化間能力（IC）[6]が必要となります。ICとは，自分とは異なるアイデンティティや文化を持つ人々と交流する上で必要な能力であり，次のような構成要素があります[7]。

（1）態度：好奇心，開かれた心，異文化に対する敬意，判断の保留
（2）知識：自国や対話相手の国における社会集団や慣習，相互交流の一般的過程に関する知識
（3）技能：異文化を解釈し自文化と関連づける技能，文化に関する新たな知識を得るスキル，相互作用においてICを運用する技能
（4）批判的な文化に対する意識：明確な基準に基づき，自文化や異文化を批判的に分析・評価する能力

第1章で述べたように，この中で基盤となるICは「態度」です。すなわち，（1）がなければ，（2）～（4）の獲得は難しくなります。ICは外国語だけでなく，母語でのコミュニケーションにおいても求められる能力ですが，社会文化的背景の共通性が乏しい話者と外国語で話す場合に求められるICはより複雑であり，その育成のためには意識的かつ効果的な指導が必要でしょう。また，個人のICは，態度 → 知識 → スキル → 内的変化 → 外的変化のプロセスを繰り返しながら，時間をかけて，育成されます（**図13-2**）。

	個人	
必要とされる態度(敬意を払う，心を開く，好奇心をもつ，判断を保留する，不確かさを許容するなど)	⟹	**知識と理解**(文化的自己認識，深い文化的理解と知識，社会言語的認識) **技能**(聞く，観察する，解釈する，関連づける)
⟰	プロセス志向	⟱
望ましい外的結果(相互交流における効果的かつ適切なコミュニケーションと行動)	⟸	**望ましい内的結果**(物の見方の準拠枠の変化：適応性，順応性，文化相対性，共感性)
	相互交流	

図13-2 異文化間能力のプロセスモデル(Deardorff, 2011から作図)

1.3 異文化間能力育成の意義

　平成20年(2008)に告示された中学校学習指導要領[8]の外国語の目標は，「外国語を通じて，言語や文化に対する理解を深め，積極的にコミュニケーションを図ろうとする態度の育成を図り，聞くこと，話すこと，読むこと，書くことなどのコミュニケーション能力の基礎を養う」とあります。2017年3月に告示された新学習指導要領においても，「外国語の背景にある文化に対する理解を深め，聞き手，読み手，話し手，書き手に配慮しながら，主体的に外国語を用いてコミュニケーションを図ろうとする態度を養う」とあります。しかし，異文化を「理解する」とは具体的にどのような状態を指すのでしょうか。異文化に関する知識があっても，偏見や不寛容さ持っていれば，「理解」を深めることは困難でしょう。**図13-2**にあるように，IC育成のゴールは望ましい外的結果を得ること，すなわち，異なる言語や文化を持った人々と適切なコミュニケーションを取りながら，創造的な価値を生み，共生するための能力を身につけることになります。そのためには，たとえ理解することが難しくても，他者と関わりを持ち続け，共に生きる関係を築くために行動し続けることが大切です。異文化指導をする際に，教師は，単に外国の特徴的な文化を紹介したり，表層的な文化の比較に終始することなく，学習者の望ましい内的変化や外的変化を支援する活動を取り入れることが求められます。外国語学習の過程で，IC育成の側面が除外されると，学習者は自分の言語と外国語との関係を単純化してしまい，あたかも自分自身の母語を通して構築された世界をそのまま英語に置き換えようとする可能性があります。外国語学習は，自言語・自文化とは異な

[8] 学習指導要領：第2章参照

[9] 他者性：otherness
[10] 自民族・自文化中心の物の見方：ethnocentric view
[11] 文化相対的な物の見方：ethnorelative view
[12] 民主的市民性：democratic citizenship

る他者性[9] との出会いを包括しており，ICの育成は，学習者が自民族，自文化中心の物の見方[10] からより文化相対的な物の見方[11] へ転換することを助けます。これは，国際社会の構成員として，異なる文化的背景を持つ人々と協働しながら社会参画していく上で必要となる能力（民主的市民性）[12] の育成にもつながると考えられます。

2. 指導の観点

2.1 外国語学習におけるICの重要性

　グローバル化の進展する中，欧米では，複数の外国語学習が学習者のICを発達させる可能性に注目が集まっています。その概念は，CEFRをはじめとする外国語の教育政策やカリキュラムにも反映されています。日本においても，グローバル化に対応することを目指して策定された近年の英語教育政策からは，コミュニケーション能力の養成や，異文化理解を重視する視点が観察されます。しかし，その目的は，IC教育が目指す，異なる背景

[13] 日本の外国語教育の方向性：第1章参照

を持つ人とも共生する能力の育成というよりもむしろ日本としての国際競争力を高めるという視点が中心になっているようです[13]。グローバル社会に存在する多様な価値観を持つ人々と協調しながら共に社会形成をしていくためには，ICを基盤とした教育が重要になります。しかし，その具体的な概念や指導法については，指導要領をはじめとする文書ではほとんど扱

[14] 英語教員対象の全国意識調査：JACET教育問題研究会 (2013)

われていないのが現状です。実際に，英語教員を対象とした全国意識調査[14] の結果からは，4技能の指導と比べ，ICを育成することに対して課題を感じている教師が多いということが判明しています。しかし，ICは，指導を通じ育成されるため，教師の果たす役割は非常に大きいものになります。教師は，ICの概念とその指導法について理解を深める必要があります。

2.2 指導のプロセス

　本章1.1で，「人は一生のうちに様々な文化を吸収しながら，多元的なアイデンティティを形成する」という説明がありました。この背後には，「文化」という概念が，必ずしも国と結びつくものではないという考えがあります。例えば，「お雑煮」と聞いたとき，想像する具材や味付けが，地域や世代によって様々であるように，日本国内だけに目を向けても，地域や世代，性別などと結びつく多様な「内なる文化」が存在します。IC指導では，このような多様な視点の存在に気づかせ，それらの視点と自分の視点との間に関連付けをさせることで，生徒の文化に対する批判的な視点を養うことが求められます。

このような指導を行う際には，複数ある視点の内，生徒にとって身近なものから段階的に導入していくことで，自文化と異文化との関連付けがしやすくなります。そこで，導入時には，自文化の視点（「お雑煮」にたとえて言うならば，自分の家のものにはどんな特徴があるか），国内に存在する多様な文化における視点（例えば，クラスメートの家ではどんなお雑煮を食べているか。それは，どんな要因によって異なるのか。），国外にある視点（海外では，新年に多くの家庭で食べるものにどんな料理があるか。例えば，中国のお正月（春節）に餃子を食べるらしい。お雑煮との共通点や相違点は？）と徐々に広げながら導入していくとよいでしょう。

さらに，異文化を扱う際は，目に見え，分かりやすい表層文化（例えば「お雑煮」と「餃子」や「日本のお正月」と「春節」の共通点と相違点など）から入ると，生徒たちは自文化との比較や関連付けがしやすく，興味を持ちやすいでしょう。しかし，この段階に終始してしまうと，その国や地域に対するステレオタイプを促す可能性があります。そこで，指導のプロセスとしては，まず，表層文化に見られる自文化との違いに気付かせ，その後，その表層文化に影響を及ぼしている思考などについて議論や省察をさせましょう。このようなプロセスを経ることで，一見異なってみえる事象・行動でも，その事象・行動を引き起こしている思考に，自文化との共通点もあるということに気づきが促されるようになります。このような気づきは，ステレオタイプの克服に寄与します。

2.3 教材の種類と選択

IC育成を意図した教材があれば，異文化指導は多くの教員にとって導入しやすいものになると考えられます。事実，前述の教員の意識調査において，多くの教員が自信を見せた項目が異文化の教材や活動の選定でした。しかし，現状で，ICを促す教材は十分ではありません。中学校の英語検定教科書を調査した研究[15]からは，扱われているトピックの多くが表層文化中心で，深層文化の存在に気づきを促す可能性のあるテクストや活動は限定的であるという結果が明らかになっています。しかし，IC指導を実践している先生の授業を観察すると必ずしもIC育成のために開発された教材を使っているわけではありません。例えば，検定教科書にある題材を取りあげ掘り下げるなど指導法を工夫することで生徒のICを促しているケースもみられます。多くの場合，これらの先生は，IC育成を指導目標の1つに立て，生徒に複数の異なる視点に触れさせる機会を設けています。そして，それらを比較・分析させることで，自文化と異なる視点や，目に見える文化の背後にある深層文化への気づきを促しています。このような指導を行う際の，教材選択の観点としては，（1）教材にオーセンティックな文化的要素が含

[15] 中学校の英語検定教科書を調査した研究：中山・栗原（2015）による。

まれるか，（2）複数の文化が扱われているか，という2点が考えられます。

（1）教材にオーセンティックな文化的要素が含まれるか

　例えば，オーセンティックな写真や，映像，絵本のような教材はもちろん，題材が，ある文化での一場面を切り取った内容を含んでいるものも，ICの教材として用いることができます。その1例としては，文章の書き方（日付の表し方や数字表現，手紙の書き方など）やコミュニケーションスタイルなどがあります。

　一般的に，学習者用教材[16]は，言語形式の学習を念頭に作成されているため必ずしもオーセンティックな文化を扱っていない場合があります。そのような場合には，オーセンティックな文化的要素を含む教材を補助的に活用するとよいでしょう。

（2）複数の文化が扱われているか

　IC指導では複数の視点を扱うことが求められます。もし，扱っている教材や題材が，自文化も含め，単一の文化しか扱っていない場合には，そこに異なる視点を加えることで異文化指導へとつなげることができます。例えば，教材で扱っている文化と類似した事象にはどんなものがあり，それらの間には，どんな共通点や相違点があるか，異なる視点を導入することで比較させましょう。異なる視点としては，必ずしも，外国の事例を導入する必要はありません。例えば，同じ出来事でも，立場の異なる人からみると異なって見えることがあります。これも，異なる視点の1つです。複数の視点を用いた比較や省察を通じ，自文化と異なる視点への批判的な気づきが促されます。

2.4　学習者の認知発達段階と異文化指導

　異文化指導を行う際に，配慮すべき点に，学習者の認知的発達段階があります。異文化指導では，単に，異文化を導入するだけではなく，自文化と比較したり，類似点や共通点を分析したりします。そして，それを可能にするには，まず，異文化の事象や，自文化における類似した事象についてある程度の知識を持っていることが必要になります。言い換えると，学習者が，まだ十分に知識を備えておらず，比較や分析といった比較的高次の認知的作業をこなせる準備ができていない時に，このような指導を行っても，十分な効果は得られません。

　では，年少の学習者には，何から指導すればよいのでしょうか。ICの各要素（態度・知識・スキル）の内，基盤であれば小学校でも指導できると考えられます[17]。また，**図13-2**から，IC育成の基盤にある「態度」に関係する

---

[16] 教材の種類と選択：
第6章 2.2参照

[17] 小学校にて指導できるIC要素：Byram（2008）による。

要素にはむしろ，年少の児童が得意とするもの（例えば「心を開く」「好奇心」など）も多く含まれていることが確認できます。これらを鑑みると，まずは，「態度」からはじめ，徐々に，知識とスキルについても基礎的なことを中心に扱っていくことが必要になると考えられます。

3. 異文化指導

3.1　学習指導要領での扱い

　現行の学習指導要領（外国語）の目標には，小中高を通じて，「言語や文化に対する理解」や「積極的にコミュニケーションを図ろうとする態度」の育成が掲げられています。この方向性は，新指導要領では，ますます重視されていくと考えられます。中央教育審議会答申（2016年）では，グローバル化に対応するため，「様々な国や地域について学ぶことを通じて，文化や考え方の多様性を理解し，多様な人々と協働していくことができるようにすることなどが重要」とし，外国語を通じたコミュニケーション能力がその基盤になると説明しています。これらは，いずれも異文化間能力の一面と捉えることができます。中学の次期学習指導要領[18]においてこの目標を直接反映すると判断される箇所は，教材選定に関わる部分です。ここでは，英語の教科書で扱うべき観点として，ICに関わる3つの観点が示されています。特にICに関わる部分について，下線を付します。

[18] 次期学習指導要領：第2章および資料編参照

（ア）多様な考え方に対する理解を深めさせ，公正な判断力を養い豊かな心情を育てるのに役立つこと。

（イ）我が国の文化や，英語の背景にある文化に対する関心を高めようとする態度を養うのに役立つこと。

（ウ）広い視野から国際理解を深め，国際社会と向き合うことが求められている我が国の一員としての自覚を高めるとともに，国際協調の精神を養うのに役立つこと。

　これらの記述からは，検定教科書をはじめとする教材の題材には，ICの涵養につながる可能性のあるものが含まれると考えられます。しかし，指導要領では，それらの題材を使用して具体的にどのように指導することがIC育成へとつながるかについては明言していません。異文化指導は，適切な指導法を用いて意図的に指導することが重要と考えられています[19]。つまり，単に題材にあるだけでは，生徒のICが涵養されるとは限りません。これらの点から，教師は，教科書で扱われている題材を用いて生徒のICを

[19] 意図的な指導の重要性：Deardorff（2016）他による。

促す指導法についても理解する必要があります。

　一方，小学校の外国語活動では，科目の性質上，言語形式の学習よりもコミュニケーション能力の素地や言語や文化の理解を深めることが重視されています。そのため，新指導要領では内容の項において「日本と外国の言語や文化について理解する」方法が中高と比べ丁寧に記述されています。

> （ア）英語の音声やリズムなどに慣れ親しむとともに，日本語との違いを知り，言葉の面白さや豊かさに気づくこと。
> （イ）日本と外国との生活や習慣，行事などの違いを知り，多様な考え方があることに気づくこと。
> （ウ）異なる文化を持つ人々との交流などを体験し，文化等に対する理解を深めること。

　上記の（ア）と（イ）からは，日本文化と外国文化との比較という側面が観察されます。2つ以上の文化を比較することで共通点・相違点に気づくことは，文化間の関連付けを行う上での第一歩となると考えられます。このように，小学校の指導要領からは，外国語活動においてIC育成を目指した指導がより扱いやすい可能性が推察されます。一方で，「外国語活動は，外国語を通じてという特有の方法によって，この目標の実現を図ろうとするものである」という点から，内容を限られた言語材料でどこまで理解させられるか，深められるかといった課題も生じる可能性があるといえるでしょう。

3.2　異文化指導の実践例 －J-POSTLの記述文を中心に－

　J-POSTLの記述文は，異文化指導の実践を考えるときに，授業の中でどのようなICが扱えるかについて示唆を与えてくれます。そこで，本節では，これらのIC要素を促す実践例をいくつか紹介します。

3.2.1　学習者に文化と言葉の関係性に気づかせる実践（J-II-G-4）
（1）英語から来た言葉はどれ？

> ［目的］
> 英語から日本語に取り入れられたカタカナ語がある事に気づく

> ［対象］
> 小学～中学1年

第13章｜異文化指導

［指導手順］

〈事前準備〉

教師は，教科書に出現する英単語の内，カタカナ語として用いられているものを抽出する。さらに，そこに，英語以外の言語から借用されたカタカナ語や，造語等（例えば，キャラクターやブランド名なども含む）を混ぜて，プリントにまとめる。

1. グループごとに，プリントを配布し，制限時間内に，どのグループが最も多くの英語から借用されたカタカナ語を見つけられるかを競走する。

2. 答え合わせとして，教員が英語から借用されたカタカナ語を原語の発音（英語発音）で読み上げる。クラス全体で発音練習[20]をすることで，日本語との発音の違いへの気づきを促す。

［注意点］

英語の導入期にある学習者を対象として行う場合は，カタカナ語の内，意味が日本語と英語で共通しているものを中心に選ぶと良いでしょう。（例えば，banana や guitar など。）

［発展的な活動］

英語に取り入れられている日本語や，日本語に取り入れられている英語以外の言語についても紹介できるとよいでしょう。その際，クイズ形式で尋ねると，生徒たちは，楽しみながら，理解を深められます。また，プリントにある単語を提示する際に，日本語に取り入れられる前のもとの言語（原語）で発音を示しても良いでしょう。

[20] 発音練習：ここでは，チャンツ等を取り入れることで，楽しく進めることができる。

（2）なんて呼ぶの?

［目的］

・自分と相手の関係に応じて，呼びかけの種類が変わることに気づく

・呼びかけの方法が，文化によっても異なることに気づく

［対象］

全学年

［指導手順］

〈事前準備〉

157

ALTの先生に，相手との関係に応じて呼ばれ方がどのように変化するか事前調査する。（例：昔からの友人，学生時代の怖い先輩，自分の両親，職場の同僚，初めて行くお店屋さん，なじみの店の店主，自分の子供など）。そして，それを参考に，相手の立場とそれぞれの呼び名を選択させる形式のプリントを準備する。

1. 相手の立場について説明を行い，生徒達自身は，それぞれの立場の人から自分だったら何と呼ばれるかグループごとに考えさせる。
2. その結果を板書にまとめる。
3. 続いて，ALTの先生の場合はどうか，考えさせる。
4. 結果を参考に，日本と英語圏での呼びかけについての共通点や相違点を考える。（例えば，日本では，友達に対し，愛称として苗字だけで呼ぶことがあるが，英語圏では，避けたほうが良いなど。）

[ワンポイント]
この指導案では，身近な文化を導入した後に異文化での習慣が導入されています。このような手順で導入することで，学習者は，文化間の関連付けを行いやすくなる可能性があります。この活動は，「社会文化的な規範の類似性と相違性を気付かせる活動（J-II-G-6）」としても活用できます。

3.2.2 「他者性」という概念を考えたり，価値観の相違を理解させたりすることに役立つ活動（J-II-G-7）

（1）同じ行事？

[目的]
同じ出来事でも，人によって異なって見えることがある事に気づく

[対象]
小学校

[指導手順]
1. 学校行事（例えば運動会）や，年中行事（例えばクリスマスなど）をグループごとに1つ選び，そこから連想する単語をALTの先生と自分たちの親に調査する。（その際，直接行事を表わす単語は含まないように。）
2. 調査結果をグループごとに画用紙にまとめる。各グループ2枚ずつ

作成することになる（親世代のイメージとALTのイメージ）。そして聞いている他のグループのクラスメートにそれが何の行事かあててもらう。

3. 発表後，自分たち世代の持つイメージとの共通点や相違点についてグループごとに話し合う。

［ワンポイント］

検定教科書には，各国の習慣や行事等について多く扱われています。そこで，中高生を対象に行う場合は，まず，ブレインストーミング[21]として，生徒自身がそれぞれの行事に対してどのようなイメージを持っているか挙げさせ，それを基に，それが，教科書で扱われている事例とどう共通するか異なるか考えさせることができます。さらに，中高生を対象に行う場合は，単に表層的な違いにとどまらず，その背後にある深層文化についても，共通点や相違点を考えさせる時間を取ると良いでしょう。

このように同じ行事でも人により連想するものが異なるということに気づくことは，人がステレオタイプを持ちがちなことに気づくきっかけとなる可能性があります。

[21] ブレインストーミング：第7章 2.3.1 側注 [9] および第9章 2.3.1 (2) 参照

課　題

1. 言葉に現れる文化の事例として，本文では，「借用語（例えばカタカナ語）と原語（この場合，英語）との関係や，相手への呼びかけ方の文化による違いについて取り上げました。それ以外に，言葉に現れる文化にはどのようなものがあると思いますか。グループで話し合ってみましょう。

「言語や文化の関わりを理解できるような活動を立案できる。」（J-IV-B-2）

2. 検定教科書の中から1つ単元を選び，「自文化と異文化に対する興味・関心を呼びおこすような活動」を計画してみましょう。

「英語学習を通して，自分たちの文化と異文化に関する興味・関心を呼びおこすような活動を設定できる。」（J-II-G-1）

参考図書

- 『英語教育と文化—異文化間コミュニケーション能力の育成』塩澤正・吉川寛・石川由香（編），大修館書店（2010）

  英語教育と文化の関係領域を，異文化理解，異文化間コミュニケーション，国際理解，言語政策，意味論など様々な分野における研究を踏まえ，多面的に考察している。異文化間能力養成を目指した授業実践の報告も多く含まれている。

- 『異文化間教育とは何か』西山教行・細川英雄・大木充（編），くろしお出版（2015）

  外国語教育の目的は高度な外国語運用能力育成ではなく，むしろ異文化間能力育成であるという立場に基づき、相互理解と社会構築を目的とした異文化間教育の意義を説いている。大学における異文化間能力の育成のためのツールや指導法も紹介されている。

第3部

実践編 II
～授業計画と実践～

The mediocre teacher tells.
The good teacher explains.
The superior teacher demonstrates.
The great teacher inspires.

—William Arthur Ward—

平凡な教師は言って聞かせる。
よい教師は説明する。
優秀な教師はやってみせる。
しかし最高の教師は子どもの心に火をつける。

—ウィリアム・オーサー・ウォード—
（20世紀アメリカの哲学者、教育者）

第**14**章
授業計画に必要な知識

　「良い授業を行う」には，演劇や音楽の公演と同じように，実際の授業を実践するまでの十分な準備と計画が必要になります。第14章と第15章では，授業計画の基本的な知識とその設定方法について学びます。本章では，実際に授業の準備と計画に取り組む上で，理解しておくべき基礎知識について確認します。授業の内容は，「学習指導要領」「学校の教育理念」「学校の教育課程」（以上，第2章参照）を基盤として，「学習者のニーズと実態」「検定教科書などの教材」「学習目標の決定」「授業計画」などの要素を総合的に考慮して決定されます。

1. 授業計画の前提

　学校では，年度毎に担当する学年やクラスが変わるので，授業を行う環境もそれに合わせて準備します。つまり，授業を設計するためには，新たに自分が指導する学習者の実態を把握する必要があります。学習者がどのようなニーズを持って学習に取り組もうとしているのか，さらに，授業にあたって，それまでどのような英語学習をしてきたのかなど，対象となる学習者の学習環境を理解します（J-Ⅳ-A-4 [1]）。さらに，使用教材の確認を行います。これは教育実習の際の研究授業も同じで，自分が取り組む授業を準備する際に必要な前提となります。

[1] J-Ⅳ-A-4：学習者の能力やニーズに配慮した目標を設定できる。

（1）学校の教育方針の確認

　授業計画をする際に，教科書などの教材は直接的な準備・研究の対象になりますが，その他に，実習校の教育方針（私立なら建学の精神），学習者指導方針，教育課程，年間や学期の授業計画，年間の行事スケジュールなどを把握しておくことも，授業運営において重要です。

（2）学習者の学習状況の把握

　学習者がそれぞれの進路に対してどのような目標を持って入学するのかを把握します。一般的な普通課程か職業課程や個別のコース設定などがあるかなども重要となります。

　また，学習者の英語学習の実態を把握することも重要です。例えば，中学校の場合，小学校での取り組みによって学習者の英語の能力や意欲に差があるので，担当するクラスの英語力や態度をよく把握するようにつとめ

ます。また、高等学校の場合，中学校までの英語学習の状況によって、さらに習熟度に開きがあるので、個々の学習者の習熟度や学習意欲を、授業観察や教育実習先の担当教師からの情報を通じて、よく把握する必要があります。

（3）教材研究[2]

英語の授業の基本的な教材は，検定教科書とその補助教材となります。検定教科書は学習指導要領に沿って作成されていますが，教科書はそれぞれ題材や構成が違うので，自分が使用する教科書を事前に研究し，内容をよく把握する必要があります。また、いわゆる既習事項と未習事項について、よく配慮する必要があります。つまり、「学習者がそれまでどのような学習を行ってきたのか」「これからどのような学習を行うのか」という観点から、教科書を分析する必要があります。
事前研究の観点は以下のようになります。

- ・基本構成
- ・題材
- ・言語材料（文法，語彙など）
- ・補助資料（単語リスト，コラムなど）

上記の内容を精査し，授業計画を作成します。

（4）授業観察

授業計画を作成する上で、重要となるのが実習校での授業観察です。授業観察は、自分で授業の計画を立てる際に重要な情報を提供してくれます。しかし、漠然と授業に参加するだけでは、必要な情報を得ることはできません。以下は、授業観察の際に注目すべき観点となります。

- ・授業全体のねらい
- ・個別の学習活動のねらい
- ・学習活動における学習者の反応（理解度、集中度、積極性など）
- ・各学習活動の時間配分
- ・「自分ならこのように指導する」という視点

[2] 教材研究：researching teaching materials

2. 授業計画の設定

通常、授業計画は、「長期から短期へ」という流れで組み立てます。例えば、年間の指導目標から、個別の授業計画という流れになります。例えば、聞く力に関しては、「基本的な英語で話される自己紹介を理解することができる」という目標を設定した場合、1年間でどのような英語力を身につけさせるか配慮し、年間の授業計画を立てます。この年間の指導目標を基に、学期単位、さらに週間および個別の授業計画を立てます。

実習期間は2〜4週間なので、自分の担当する授業では、通常、教科書の1つの単元しか扱いませんが、実際の指導では、上記の観点から、年間の学習全体を把握するために、教科書もその全体を確認しておく必要があります。授業計画を立案する際に重要な観点は、以下の通りです。

（1）授業計画作成の流れ

通常、到達目標を最終目標から細部へと検討し、授業計画を作成します（**J-IV-A-2** [3]）。教育実習で授業を行う際も、自分が担当する授業が年間や学期の中でどのような位置づけになっているのかを、年間指導計画を参照してよく把握する必要があります。流れは以下のようになります。

[3] J-IV-A-2：年間の指導計画に即して、授業ごとの学習目標を設定できる。

卒業時の到達目標
各学年の到達目標
予定授業数の把握
各単元の時間配当数の把握
学期毎、単元毎の指導および評価計画の策定

上記はすでに実習校において策定されていますが、実習期間を通じて、このような全体の指導計画の流れを意識して、授業観察や自分の授業の準備に取り組みましょう。

（2）目標とする学習活動に必要な時間の把握

年間の指導計画を基に、教科書の単元ごとの授業案を作成しますが、具体的な授業案を作成する場合、次の点を配慮する必要があります。また、学習者の理解や指導項目の定着が目標にしていた到達度に達しなかった場合、追加的な学習が必要なことも考慮して計画を立てる必要があります。

・授業案の構成として、その単元が扱う題材と言語材料を考慮し、全体の大きな目標から、個別の授業ごとの目標に沿って活動計画を立てる。

第14章｜授業計画に必要な知識

・それぞれの学習活動にどのくらいの時間が必要か予測し，授業計画を立てる。

3. 授業計画を設定する際に必要な観点

教科書の各単元の題材や言語材料に沿って，授業を設計しますが，その際に配慮すべき観点があります。教科書の単元の題材や言語材料は様々な種類のものがあり，それらを活用して，学習に取り組ませるためには，その特徴をよく理解して，それぞれに適した学習活動を設定する必要があります。以下は，授業における活動を決定する際に必要な観点となります。

（1）4技能の統合的な学習活動

「聞くこと」「話すこと」「読むこと」「書くこと」の4技能が総合的に取り込まれた実際のコミュニケーションの場面を考えた場合，単独の言語技能のみを使うことはあまりなく，例えば，「電話で相手とやり取りをしながら，必要なことをメモに書く」など，むしろいくつかの技能を組み合わせた言語活動となることが多くなります（J-IV-B-1 [4]）。学習活動においてもそれを意識した授業計画が重要となります。個別の技能については、第6～9章に解説されているので、参照して下さい。

（2）言語や文化に関心を持たせる指導

外国語学習という教科の性質を考えた場合，言語や文化への関心を積極的に高め，実際に異文化を持つ人とコミュニケーションしてみたいと思わせる観点は重要です（J-IV-B-2 [5]）。世界の未知の文化や社会へのあこがれを喚起できる資料の提供や言語活動は，英語学習への意欲を高めることにつながります。

また、必ずしも，単元の題材が外国の文化や社会を扱ったものでなくとも，自分たちとは違った生活スタイルや，価値観の異なる人々と理解し合い，共生しようとする態度を涵養する指導の観点も，異文化理解につながる点で重要となります。

（3）文法学習や語彙学習をコミュニケーション活動に統合させた指導

新出の文法事項を指導する際に，文法事項の理解と例文の暗記に終わるだけでなく，コミュニケーションを意識した言語活動にどのように組み込むかが重要となります（J-IV-B-3 [6]）。その際に，単にパターン・プラクティス的なドリルだけでなく，実際の状況を意識した意味のある活動を設定す

[4] J-IV-B-1：「聞くこと」「話すこと」「読むこと」「書くこと」の4技能が総合的に取り込まれた指導計画を立案できる。第10章参照

[5] J-IV-B-2：言語や文化の関わりを理解できるような活動を立案できる。第13章参照

[6] J-IV-B-3：文法学習や語彙学習をコミュニケーション活動に統合させた指導計画を立案できる。第11章，第12章参照

165

る必要もあります。

（4）学習者の英語力に適した文章や言語活動の選択

教科書の単元で学んだ目標言語材料を定着させるには，学習者の身近な情報を使った表現活動に応用しやすい例を提示し，それを利用した言語活動を設定する必要があります。その際，学習者の大体の英語力から判断して設定します（J-III-2 [7]）。例えば，学習者が自分で辞書を使わずに読むことが可能な文章，あるいは学習者が自分で辞書を使えば読むことが可能な文章を選択し，その文章を活用した言語活動を選択します。

（5）学習者がこれまでに学習した知識を活用した活動

言語学習では，学習者がそれまでに様々な教科において習得した知識を活用した活動が有効です（J-IV-B-5 [8]）。例えば，社会の科目で学んだ歴史や他の国の知識や理科の科目の生物などの分類の学習を活用するなどの学習も考えられます。また，教育実習中は難しいかもしれませんが，美術の授業と統合して，環境問題のメッセージを伝えるポスターを作成するなどのプロジェクト型学習という活動もあります。これらの活動は，それまでも学んだ英語の技能を実際に使ってみて，学習者自身が自分の英語能力を判断できるというメリットもあります。

（6）学習者のやる気や興味を引き出すような活動

新しい単元の導入の際には，その単元の題材に関連した情報を使って，学習へのスキーマを活性化し，どのように学習者の興味・関心を高められるかを意識することが重要です（J-IV-B-6 [9]）。また，学習した言語材料の理解と定着を目指して，学習者自身の情報を活用する学習活動を設定することも有効です。

具体例として，授業内の英語使用を活発化させるために，ウォーミングアップ [10] 活動として，生徒に身近な話題として，音楽，スポーツ，あるいは注目されている時事的なテーマでスモール・トーク [11] などの活動を設定します。また，教科書の内容の理解をペアで確認する活動として，インフォメーション・ギャップを利用した学習活動を設定したり，発展的に視聴覚教材を活用して，学習者の興味を喚起する活動を設定します。

（7）学習者の発達段階に応じた学習活動

学習者の学齢による興味や関心を理解し，それに適した学習活動を設定することも大切です（J-IV-B-7 [12]）。例えば，小学校高学年や中学1年は英語学習の入門期に当たるので，細かい言語的なルールを解説し，理解させ

---

[7] J-III-2：学習者の英語力に適した文章や言語活動を教科書から選択できる。

[8] J-IV-B-5：学習者がこれまでに学習した知識を活用した活動を設定できる。

[9] J-IV-B-6：学習者のやる気や興味・関心を引き出すような活動を設定できる。

[10] ウォーミングアップ：warming-up

[11] スモール・トーク（small talk）：授業のはじまりに行う英語での雑談。

[12] J-IV-B-7：学習者の学習スタイルに応じた活動を設定できる。

第14章｜授業計画に必要な知識

ようとするよりも，音読活動やジャズチャンツ[13]など音声面に慣れること
を目指した学習活動や、学習者自身の身近な情報が活用できるコミュニケー
ション活動を行うこともできます。逆に，高校では，学習者の知的関心を
喚起するような題材を扱うなど，学習者がそれまでに学んだ知識を活用し，
さらに発展的に調査を必要とする発表形式の学習活動を設定します。例え
ば、高校の発展的な例として，次のような取り組みもできます。「食」とい
うテーマを扱った際に，例えばチョコレートの製造に必要なカカオについ
て，アフリカの生産国や日本への輸入の実態などを調べて発表したり，フェ
アトレードなどの活動について討論をするなどが考えられます。

（8）その他

　上記以外に、「学習目標に沿って、それに適した授業形式を選択する」こ
とや「授業において，どのようなタイミングで英語を使うのか」、「指導教員
やALTとのティームティーチング」などが考えられますが、これらのテーマ
は「授業実践」の章で詳しく取り上げているので、参照してください。

4. 授業案の作成の基本的な知識

授業案[14]を作成する際に必要な観点は以下のようになります。

（1）学習者観[15]

　対象となる学習者について，英語学習に対する意欲，言語活動の実態、
また指導における課題を記述します。実態についてはなるべく肯定的な面
を取り上げます。課題は個別の学習者ではなく，クラス全体の学習課題を
取り上げます。

（2）教材観[16]

　対象となる授業について，使用する教科書の題材や言語材料について学
習に関連づけて考えます。
　　例：「オーストラリアとニュージーランドの基本的な風土や文化に関す
　　　　る題材」など。

（3）指導観[17]

　「学習者観」「教材観」を踏まえて，どのように指導するのかを考慮します。
　　例：「学習者が日本の風土や歴史を比較しながら，言語学習を行う異文
　　　　化間理解に適した教材である」

[13] ジャズチャンツ（jazz chants）：1960年代にアメリカ人のキャロリン・グレアムによって，開発されたジャズを取り入れたチャンツの指導法。

[14] 授業案：具体的な授業案の細案は第15章参照

[15] 学習者観：view of learners

[16] 教材観：view of materials

[17] 指導観：view of teaching

5. 授業で使用する教育機器

パーソナルコンピュータ（PC）やビデオでの視聴覚教材の提示など，効果的に授業を行うための様々な教育機器が開発され，実際に授業の場で使用されています。授業を効果的に運営するためには，このような教育機器を活用する必要があります（J-I-D-1[18]）。最近では，e-learning教材などICTを利用した教材が多く開発され，反転授業[19]や能力に応じた個別学習ができるだけでなく，自律的な学習につながる研究も行われています。

（1）ICレコーダーなどの音声機器

音声の導入やモデルリーディングの聞き取りなどの活動に利用する機材として，CDプレーヤーだけでなく，IC レコーダーなどが開発されています。これらは音声データをパソコンで編集できるなど，授業の内容に沿った音声データの編集が容易です。利用例としては，自分の音声の確認から，取り込んだ音声を利用したディクテーション活動などが考えられます。

（2）デジタルビデオなどの映像機器

ビデオカメラは授業での自己表現活動のモデルとして，前年度の活動を記録した映像をモデルとして見せたり，学習者身のパフォーマンス指導・評価するために使用されてきました。最近では，記録データがデジタル化され，パソコンでのデータの編集が容易になっています。利用例としては，単元の学習の映像資料とし，背景知識を活性化または与えるために，教科書に関連したトピックの映像を教科書の本課に入る前に視聴させたりすることもできます。また，海外の学校とのビデオレターの交換にも使えます。

（3）e-learning教材

e-learning教材も様々な形で活用されています。例えば，習熟度の異なる学習者について，授業内外で個別学習をさせることができます。また，e-learningは学習者の自律を促進する可能性もあり，e-learningを使用した学習支援の研究も行われています。利用例としては，ビデオでe-learningを受けた後に対面で授業を行う反転授業のタイプや，逆に，対面授業を受けてからビデオを見て復習に活用するなどの活用方法があります。

（4）タブレット機器

iPadなどのタブレット機器は，パソコンに比べ，持ち運びが容易で，デジタル教科書などの教材の提示や，音声や画像も保存できます。そのため，学習ノートとしても活用でき，様々な使用方法があります。利用例としては，

[18]J-I-D-1：実習校における設備や教育機器を授業に応じて活用できる。

[19]反転授業
（flipped classroom）：説明型の講義など基本的な学習を宿題として授業前に行い，個別指導やプロジェクト学習など知識の定着や応用力の育成に必要な学習を授業中に行う教育方法を指す。

第14章｜授業計画に必要な知識

グループ活動において，資料の提示や，プロジェクターにつないで，学習者のプレゼンテーションのツールとなります。

（5）電子黒板

　近年，多くの学校で導入されている教育機器の「電子黒板」は，様々な機能があります。最も単純な電子黒板は，ホワイトボードにイメージスキャナとプリンタを備えた形態で，イメージスキャナがホワイトボード上を移動して描かれた内容を読み取り，それをプリンタに出力します。また，パーソナルコンピュータとの相互作用を可能にした電子黒板をインタラクティブ・ホワイトボードと呼びます。利用例としては，文字や映像情報を大きく提示でき，さらに書き込めることができる点を活用して，教師の資料の提示から，学習者の発表活動に利用できます。例えば，道順を書き込みながら英語の道案内などの活動も考えられます。また，海外の学校などとテレビ会議をすることも可能です。

（6）デジタル教科書

　iPadなどの端末の中に教科書の内容をすべて取り込んだものとなっていて，プロジェクターなどを使った，普通教室での一斉授業に対応しています。文字情報の他に，副教材として音声や，フラッシュカードやピクチャーカード，動画等の機能も収録しています。利用例としては，音読に利用し，教科書準拠のデジタル教材をプロジェクターでスクリーン上に映して音読することで，暗唱に結びつけることなどが考えられます。

課　題

1.　本章の観点を参照し，中学校，あるいは高等学校の検定教科書の単元を使った学習目標を検討してみましょう。

2　上記の学習目標に沿った，学習活動を検討してみましょう。

3.　「授業計画」に関する次の2つの記述文について，具体的にどのようなことができるか，話し合ってみましょう。

　　「学習者のニーズや興味，到達度に合った教材を選択できる。」（J-IV-A-1, 4）

　　「学習者に自分の学習を振り返り，やる気を起こさせるような目標を設定できる。」（J-IV-A-5）

参考図書

- 『英語教育用語辞典』白畑知彦・村野井仁・若林茂則・冨田祐一，大修館書店（2009）
  英語教育に関する用語について解説している。教育実習で指導案を研究したり，作成する際に，基本的な用語について参照するのに役立つ。

- 『英語デジタル教材作成・活用ガイド』唐澤博・米田謙三，大修館書店（2014）
  授業で使うデジタル教材を教師自身が作成する方法や活用法を紹介している。近年，検定教科書でも様々なデジタル教材が開発されている。

- 『新編 英語教育指導法事典』米山朝二，研究社（2011）
  英語教育の指導法を解説するとともに，理論面の情報もカバーしている。基本的な指導方法の研究や活用に役立つ。

第15章
授業計画：授業案の作成

第14章で扱った授業計画の基本的な知識を活用して，具体的に個々の授業を組み立てるために作成するのが授業案です。授業案を作成することは，教壇に立った経験がなく，指導技術を十分に身に付けていない教育実習生にとって，授業実践の準備として不可欠な課題です。本章ではまず，授業案の基本的な書き方を確認してから，個別の単元の授業案に基づいて，どのように授業の計画を立案するのかを学びます。

1. 授業案作成の概要と留意点

実際の手順は一般的に以下のようになります。

(1) 授業全体の構想
実践する授業の位置づけとそれに適した授業形態の選択として，以下の項目について基本的な構想を考えます。
- 教科の特質を理解する。
- 年間指導計画から月単位，週単位の指導計画と自分の担当する授業の位置づけを確認する。
- 授業の目標を決める。

(2) 略案[1]
細案の前段階としての大まかな授業案を作成します。
- 簡潔に授業の目標を書く。
- 箇条書きに指導過程を書く。
- 時間配分を考え，指導過程に記入する。

(3) 細案[2]
略案を基に，必要な項目を具体的に記述します（次節参照）。

授業案は実際に取り組む授業の設計図の役割を果たします。授業案には大きく分けて授業のポイントや留意点を記述する指導略案から，公開を前提とした研究授業や教壇実習のための指導細案があります。留意点として，以下の点を考慮しましょう。

[1] 略案 (outline)：主に自分で授業の流れを確認するためのメモのようなもの。

[2] 細案 (detailed plan)：授業の流れや発問を細かく記述する。他人に見せて，自分の授業の流れを理解させることもできる授業案。

・学習活動における教師が期待する学習者の反応。
・予測される学習者の反応：スムーズな流れとつまずき。
・予測される学習者の反応における対応：不活発な場合，理解度が低い場合の対応策。

「学習活動における教師が期待する学習者の反応」を予測するには，学習活動のねらいが明確である必要があります。期待通りに活動が展開しないなど，授業が予定通りにいかない場合もあります。あらかじめこのような場合を予想し，その対応策として授業案にいくつかの選択肢を記述することもできます。具体策として、次の方法が考えられます。

・事前の授業見学や担当教師の情報を基に，学習者の未習事項やわかりにくい部分を把握し，学習者がつまずく可能性のある箇所を予測する。
・その予測から，学習者が理解しやすい例文やことば，図解などを準備していく。
・授業案を考えても，実際に思い通りの展開にならない時に，柔軟に修正できるように，場面によっては複数のプランを用意しておく（**J-V-A-5**[3]）。

[3] J-V-A-5：予期できない状況が生じたとき，指導案を調整して対処できる。

2. 細案に記述する一般的な項目

実際に授業案を作成する際には以下のような項目が記入すべき一般的項目となります。

（1）日時，指導学級，指導者
「〜年〜月〜日（〜曜日）」「第〜校時」
「第〜学年　〜組」
「指導者〜」

（2）単元名（題材名）
教科書名，lessonまたはunit番号，単元名
（例）*New Horizon English Course 1*（東京書籍）, Unit 6, Rakugo in English

（3）授業についての説明
以下の3つの観点で授業に対する考えを示します。授業を参観する人に対しては，この3つを示すことにより自分の授業をより適切に参観してもらえます。

- **学習者観**：授業を受けるのはどのような学習者なのか，男女比や授業に対する態度などについて述べます。
- **教材観**：用いる教材がどのような考え方によって構成されているのかを説明します。
- **指導観**：自分が持っている英語教育や授業に対する考え方です。コミュニカティブな指導法なのか，文構造をきちんと理解させる指導法を取りたいのかといったことです。

（4）対象授業の位置づけ・設定理由

対象単元の題材内容，言語材料，対象学級の学習者の実態を考慮して，そこから導き出した指導の基本方針，指導方法などを記述します。

（5）単元の指導目標[4]

対象の教材の学習を通じて行う総合的な目標に始まり，4つの技能：「コミュニケーションへの関心・意欲・態度」「表現の能力」「理解の能力」「言語・文化の知識・理解」の観点から，達成させたい目標を記述します。

[4]指導目標：
teaching objective(s) /
lesson target

（6）目標言語材料と言語の働き

その授業で学習する目標の言語材料や言語機能を記述します。以下はその例となります。

（例）目標文法事項として，現在完了形と過去完了形の理解と応用を目指す。また，言語の働きとして，I heard that～, Could you tell me～？（前回の復習として）it is said that~, accordingly などの情報伝達に関する言語の働きを理解し，応用できることを目指す。

（7）本課の指導目標と本時までの流れ

対象単元の指導目標を簡潔に記述します。その際に本時の授業がどの過程にあるのかを明示します。

（8）本時の目標[5]

対象となる本時の授業について目指す学習目標を記入します。

[5]本時の目標：
target of today's class

（9）単元の評価計画[6]

単元全体の評価の規準や方法を示します。例えば、「比較級の表現の定着と応用」を目標にした場合、学習活動は、「比較級 ＋ than ～ の意味や使い方を理解し、表現する」となり、評価の方法は、「学習の様子の観察」と記述します。

[6]評価計画：
assessment plan

[7] 指導過程：procedure

（10）指導過程[7]

　指導過程は一般的に表形式の記述となります。表に必要な項目として，（11）（12）を含め，横の欄の最上段に「指導手順（時間配分を含む）」「指導内容」「学習者の活動」（「教師の活動」）「留意点」「使用教材・教具」の欄を設けます。指導手順の縦の欄に，「挨拶」「ウォームアップ」「復習」「導入」「活動（練習，応用発展，定着）」（「クールダウン」）「整理（振り返り，まとめ，宿題提示）」などをそれぞれの時間配分とともに設定します。また、学習者の反応や理解度など、計画していたように学習活動が進まない場合、別な方法をあらかじめ考えておく「リデザイニング」という項目も設けることができます。

（11）評価・指導上の留意点

　到達目標に沿って，評価ポイントを記述します。

（12）本時の教材および教具

　授業で使用する教材や教具を記入します。教科書の対象となる部分や配布物は授業案に添付します。

3. 授業案の実例

　本節では，個別の単元の題材を基に，その単元全体の授業計画と，その計画を実行するための授業案の設定の基本例を学びます。個別の単元では，まず，その学習教材の特質を考慮して，それぞれの学習の目標を設定します。その後，目標を効果的に達成するために学習活動を設定します。主たる教材である検定教科書を活用した学習になりますが，その際，ただ教科書の内容を「消化する」のではなく，目指す学習目標に沿って，「教材をどのように活用すれば，学習者が効果的な学習ができるのか」を念頭に，創造的に授業を計画します。ここでは，中学校と高校の例を紹介します。

3.1　中学校の例

3.1.1　中学校の教材例と学習目標の立て方

以下に示す英文は，中学校2年生の検定教科書の1つの課の本文から出版社の承諾を得て引用したものです。

Starting out

Let's compare sea animals. The dolphin is larger than the tuna. But the tuna swims faster than the dolphin. The blue whale is the largest of all animals. It is longer than a 25-meter swimming pool!

Dialog

Saki   : Thank you, Deepa. I love dolphins, so I really enjoyed your book.

Deepa : Oh, then you should see this movie, *Dolphin Tale*. It's more interesting than that book.

Saki   : Really?

Deepa : Yes. Don't miss the ending. That scene is the most impressive in the movie.

Saki: OK. I'll check it out. Let's talk about the movie tomorrow.

Read and Think 1

Sawyer is a shy 11-year-old boy. One day, he sees a dolphin on a beach. The dolphin has a serious tail injury. Sawyer tries to help her. Soon some people from an aquarium come to rescue her. They name her Winter and take good care of her. Sawyer visits the aquarium every day to see her.

Winter knows that Sawyer saved her life. So she looks happy when she sees Sawyer. Winter becomes his best friend.

Winter looks happy, but her condition does not get better.

Read and Think 2

Winter's injury is very bad. The doctor must cut off her tail. Without a tail, she'll die. But making an artificial one is very expensive. People at the aquarium are sad, but they can't do anything.

Sawyer thinks of an idea. He plans a charity event with volunteers. Many people come, and Sawyer collects money for Winter. Sawyer is no longer shy.

Finally, Winter gets a new tail. It's the best thing for her. She can swim as well as other dolphins.

This movie is a true story of the bond between people and animals.

(*New Horizon English Course 2*, Unit 7, 東京書籍)

イルカと人間の関係を扱った題材で，イルカに関しての一般的な知識から，イルカをテーマにした映画に関する内容までを扱います。4技能のバランスを考慮した授業計画を設定するには，発信的な活動として，比較級を使用した「ものを比較しながら説明する」ことが考えられます。1例として以下のような学習目標を立てることができます。

　　1. 人やものについて，比べて説明することができる。
　　2. あるテーマについて，資料などを用いて比較して説明することができる。

教科書で使用する表現を活用して，上記2.を自己表現活動として達成目標に設定します。

3.1.2　授業計画の例（中学校）
単元全体の授業計画（8時間）

[8]学習目標：learning objective(s) / lesson target

[9]学習活動：activities

[10]技能：skills

■ 1時間目
[主な学習目標[8]]
イルカやその他の海の生物の情報を使って，目標の言語材料である比較級の基本を理解する。

[主な学習活動[9]]
題材背景についての基礎知識を得ると共に関心を持てるように，イルカやその他の海の生物の動画や写真を使って，導入を行う。その情報を使って，目標の言語材料である比較級の基本文を導入する。関連する単語や語句の読み方と意味を確認する。

[焦点となる技能[10]と知識]
リスニング

■ 2時間目
[主な学習目標]
対話形式の表現として，言語材料を定着させる。自分の情報を比較表現を使って伝える。

[主な学習活動]
本文の対話形式の表現を使って，ペア活動で会話練習を行う。さらに，自己表現活動として，自分の好きな食べ物や面白い映画などについて

比較表現を用いて対話する。

［焦点となる技能と知識］
スピーキング　文法

■ 3〜5時間目
［主な学習目標］
教科書本文の内容を理解させ，テーマについて自分の考えを深める。

［主な学習活動］
映像資料などを使用して，全体の内容の枠組みを理解させた後，Q&A
形式で内容について確認する。さらに，表現活動で活用する表現や文
法事項を確認する。理解できた段落を音読する（全体で読み方を確認
した後，ペア活動として，相手が理解できることを心がけて互いに音
読する）。

［焦点となる技能と知識］
統合型

■ 6時間目
［主な学習目標］
言語材料を使った説明文を聞いて理解する。資料を使って，比較して
説明するスピーチの原稿を作成できる。

［主な学習活動］
教科書を活用して，映画のヒットチャートのランキングのリスニング
活動を行う。さらに，自分で選んだテーマに沿って，これまで学習し
た表現を活用して，資料を使って，比較して説明する発表の原稿を作
成する。

［焦点となる技能と知識］
リスニング　ライティング　文法

■ 7時間目
［主な学習目標］
発表を通して，目標言語材料の定着と自己表現への応用を目指す。

［主な学習活動］
自分の選んだテーマに沿って，比較して説明する発表を行い，ルーブ
リック形式の評価表[11]を使って，自己評価を行う。

[11] ルーブリック形式の
評価表：第17章 3.4（表
17-1）参照

3.1.3　中学校授業案（細案）の例

中学校授業案（細案）

日時，指導学級，指導者

（1）題材名：The Movie Dolphin Tale

（2）学習者観

男子：20名　女子：20名，計40名

英語学習に対する意欲はある程度持っているが，苦手意識があるため消極的な学習者が多い。言語活動を細分化し足場づくりおよび学習者の社会や世界史に対する興味・関心を利用し，内容理解および効果的なアウトプットの機会をつくりたい。

（3）教材観

イルカについての題材で，一般的なイルカに関しての知識から，野生のイルカと人間との関係をテーマにした映画に関する内容までを扱う。動物と人間の関係について考えるきっかけを作るのに適した教材。また，実際の映画のストーリーを基に作られた単元なので，発展的に教師が資料映像を基に，本文以外の場面を英語で解説してもよい。

（4）指導観

動物と人間との関係を考えるのに良い教材なので，Read and Thinkの言語活動として以下の実践が考えられる。教科書の英文を基に学習者自身が映画の登場人物の少年になったつもりで，一人称で物語を書かせて，音読させる。さらにグループ活動で発表し合い，互いの考えの違いなどに気づかせる。

（5）本課の指導目標と本時までの流れ

本課では，言語材料として比較級と最上級を習得することを目指す。さらに，題材として，イルカなどの海の生き物との交流を扱っているところから，自分の状況に立って題材を理解し，学んだ英語表現を自己表現に役立てることを目指す。

本時までの流れは以下のようになる。

第1時：まず，マグロ，イルカ，鯨の写真を使って，学習者自身が持っている知識を活性化させるQ&Aを行う。続いて，教科書のStarting Outについて，聞き取りと内容確認のQ&Aをし，イルカについての知

識を活性化させるやり取りを行う。さらに単元の文法，比較級，最上級の文について口頭練習を行った後，教科書のリスニング活動の基本練習を通して，新出文法事項の定着をはかる。

第2時：教科書の会話の文を基に，比較級と最上級を使って，自分の好きなものについて他のものと比べながら話す活動に取り組む。

第3時（本時）：本時の題材であるイルカと少年の映画の内容について理解する。音声情報の聞き取りからはじめ，教師とのやり取りで概要を理解させる。本時の言語材料である good / well の活用としての better, best を理解し、それを応用した発表活動を行う。

（6）本時の目標：言語材料と言語の働き

イルカと少年の関係について読み取ることを目標とする。読み取った内容を，物語の流れに注意しながら，一人称に置き換えて，英語で要約し，発表する。具体的には，映画のシーンの写真を活用して，それを解説する形式で，ペア活動として発表を行う。技能面としては，リーディングとライティングの統合型の活動となる。

また，文法事項としては，good の活用としての better, best の定着を目標とし，文法事項と言語活動を結びつけることになる。

（7）指導過程
① 前時の復習[12]（3 min.）

[12]復習：review

> T　：Hello, class. Let's first review the conversation between Saki and Deepa. Please fill in the blanks on the handout.
> （会話の内容を要約した英文の空欄を補充し，最後に自分のことを書く。終わったらペアになり，お互いに空欄補充したものを読み，相手に質問をする。また，東京スカイツリーと東京タワーの例を使って，比較級と最上級を確認する。）

② 導入[13]（3 min.）

[13]導入：introduction

この活動はプレ・リーディング活動となる。教材はRead and Think 1となり，その導入として以下のようなやり取りを行う。

> T　：Please look at the picture on page 104. What's there in the

	picture?
S1	: Two people and a dolphin.
T	: That's right. You see one boy, a man and a dolphin. What's the boy doing?
S2	: He's giving something.
T	: Good. He's giving something to the dolphin. What's the man doing?
S3	: He's holding the dolphin.
T	: That's right. This dolphin is not in good condition. So they're taking care of it. You are going to read a story about a dolphin and a boy.

[14] 新出語句の導入：
introduction of new
words

③ 本課の新出語句[14]の導入（3 min.）

新出語句（shy, serious, injury, aquarium, rescueなど）の意味・発音をフラッシュカードで確認する。

[15] 内容理解：
comprehension

④ 本文の内容理解[15]（10 min.）

最初に本文の内容を，場面の写真を使って，ゆっくり教師が音読する。その後、場面のイラストと、順序をばらばらにした英文のハンドアウトを利用して、各自、イラストに適した英文を並べ替えることで内容の確認を行う。その後、ペア活動として、絵を示しながら自分の完成した英文を音読する。その後，教師とのやり取りで概要を理解させる。

T	: Look at the boy. Who is he?
S1	: He is Sawyer.
T	: Good. What kind of boy is he?
S2	: He is shy.
T	: That's right. He is shy（内気）. Well, is the dolphin in good condition?
Ss	: No!
T:	Why?
Ss	: It has a serious tail injury.
T	: That's right. Class, please repeat. The dolphin has a serious tail injury.
Ss	: The dolphin has a serious tail injury.
T	: What's the dolphin's name?

第15章 | 授業計画：授業案の作成

Ss : Winter.

T : That's right. Where is Winter now?

Ss : She is in an aquarium.

T : That's right. Why is she in an aquarium?

S3 : People can take good care of her.

T : One day, Sawyer sees a dolphin on a beach. The dolphin has a serious tail injury. Sawyer tries to help her. Soon some people from an aquarium come to rescue her. They name her Winter and take good care of her. Sawyer visits the aquarium every day to see her.

⑤ 本課のテーマと目標言語材料（最上級）の理解と導入（10 min.）

本文を一人称で要約する活動を行う。事前に本文中の "get better", "best friend" から、good（well）-better-bestについて、理解させておく。その際、次の例文を使用する。Ken plays soccer better than Takashi. Akira plays soccer better than Ken. Akira is the best soccer player in his class. さらに文法事項の最上級の理解と導入として、教科書p.105の基本文の練習を使って以下の学習を行う。

T : Miho is my best friend.

Ss : Miho is my best friend.

T : OK, let's practice now.（教科書の ① John / the / player on our team の情報と、バスケットボールをしている少年の絵を示して）John is playing basketball now. Is he a good player?

S : Yes, he is the best player on our team.

（上記を板書し、確認して、さらに ② fall / the / season ③ this / picture / my work を使って、最上級の使い方を定着させる）

続けて、本文を一人称で要約する活動を行う。以下はその例。

My name is Sawyer. I am 11 years old and shy. One day, I saw a dolphin on a beach. The dolphin had a serious tail injury. I tried to help her. Soon some people from an aquarium came to rescue her. They named the dolphin Winter. I visited the aquarium every day to see Winter. Winter knows that I saved her life. So, she looked happy when she saw me. Winter became my best friend, but her

181

condition did not get better.

[16] 音読：reading aloud

[17] オーバーラッピング
（overlapping）：第7章
2.3.2参照

[18] リード・ルックアッ
プ・アンド・セイ
（read, look up and say）：
第7章 2.3.2参照

[19] シャドーイング
（shadowing）：第7章 2.3.
2参照

⑥ 音読 **[16]**（5 min）
1. 教師に続いて音読する（一斉）。
2. 教師と同時に音読する（一斉，およびオーバーラッピング **[17]**）。
3. CDで一文ずつ聞き，CDのスピードに合わせて読む（一斉，およびオー
バーラッピング）。
4. リード・ルックアップ・アンド・セイ **[18]** の方式で音読する（各自のペー
スで）。
5. 内容確認のQ&Aを行う。
6. シャドーイング **[19]** をする。教科書を見ずに，CDの音声を追いかけな
がら言う。

⑦ 発表活動（7 min.）
1. 以下の質問をして，答えをノートに書かせる。
Who is the best athlete in Japan? Why?
〈例〉Nishikori Kei is the best tennis player in Japan because no other
players can beat him.
2. ペアを作り，お互いに作成した文を発表しあう。

⑧ まとめと宿題の指示（2 min.）
1. リード・ルックアップ・アンド・セイの方式で，少なくとも3回音読
してくるように指示する。
2. 本文に "She（Winter）looks happy." とあるが，理由を考えて，その答
えを英語で書いてくるように指示する。

指導・評価上の留意点
・興味を喚起するため，映画のストーリーの流れが理解できる写真や絵を
用意する。
・新出語句やキーポイントはインプットを補強し，インプットを繰り返す。
・視覚情報（板書含む）を利用し，教師の英語での指示や説明のサポートを
する。
・答えを提供した学習者は答えの正誤に関わらずまずほめる。
・学習者の理解度に合わせて，質問の難易度を変える。
・活動は難易度の低いものから始める。
・英語によるQ&Aが難しい場合は，穴埋め形式のワークシートを用意する。

第 15 章 ｜ 授業計画：授業案の作成

・ペア活動や個別の音読練習の際などは，常に机間巡視をし，サポートを
したり活動を促したりする。

3.2 高等学校の例

3.2.1 高等学校の教材例と学習目標の立て方

特徴：題材の表現を活用して，自己表現活動を目標にする授業計画

単元の目標：海外での「カワイイ」という日本語の使われ方や日本のポップ
カルチャーの見方について考えます。この題材は第10章で，ショウ・アンド・
テルの活動として解説し，本節では，その活動を単元の自己表現活動とし
て扱っています。

Part 1

Kawaii is a Japanese word familiar to a lot of people in the world.
If you search for the word on the Internet, you will get millions of
hits. But does the word mean the same as the English word "cute"?

A Swedish woman says, "*Kawaii* is not the same as cute. Super
cute is closer to *kawaii*." An American man says, "*Kawaii* is really
special. It means fashionably cute, stylishly cute, or something like
that."

It is difficult to explain the meaning of *kawaii*. However, one thing
is clear. It means more than just cute.

Part 2

A lot of foreign people are attracted by Japanese *kawaii*
characters. One of them is Kitty. You can often find photos of
American pop stars with Kitty toys. Actually, you can see her image
all over the world.

In France, her image appears on some euro coins. In South Korea,
there is a hotel with special Kitty rooms. They are filled with Kitty
decorations from top to bottom. In Taiwan, pictures of Kitty are
painted on the outside of some planes. Also, there is a maternity
hospital there with her pictures all over the walls and the doors.

Kitty and other Japanese *kawaii* characters are now like
ambassadors of Japan and its culture.

Part 3

Some people who live outside Japan show interest not only in

183

Japanese *kawaii* characters but also in other types of Japanese pop culture. For example, in Paris, Japan Expo is held every year. It started in 2000. The number of visitors is increasing year by year. A lot of European people enjoy Japanese animation, comics, music, and fashion at the expo. In addition, many of them experience Japanese traditional culture, such as calligraphy, tea ceremony, origami, and martial arts.

More and more people around the world understand Japan and its people through Japanese pop culture and traditional culture. Your generation is going to be the next bridge to the world.

(*Power On* コミュニケーション英語 I, Lesson 4，東京書籍)

教材は，日本のポップカルチャーを扱った単元で，海外での「カワイイ」という日本語の使われ方や日本のポップカルチャーの扱われ方について考えることを目標としています。単元の学習目標の例を考えると，以下のような項目が考えられます。

・日本のポップカルチャーについて聞いたり読んだりして，概要や要点を捉えることができる。
・日本のポップカルチャーについて紹介文を書いたり，説明したりすることができる。
・自分がかわいいと思うものを紹介することができる。

教科書で使用する表現を活用して，「グループで自分たちがかわいいと思うものを紹介するショウ・アンド・テル」を自己表現活動として達成目標に設定します。

3.1.2 授業計画の例（高等学校）
単元全体の授業計画（5時間）

■ 1時間目
［主な学習目標］
導入：日本のカワイイキャラクターやポップカルチャーについて関心を持たせる

[主な学習活動]

題材背景についての基礎知識を得ると共に関心を持てるように，写真や資料を使って，導入を行う。関連する単語や語句の読み方と意味を確認する。

[焦点となる技能と知識]

異文化理解　語彙

■ 2時間目

[主な学習目標]

教科書本文の内容理解：海外での「カワイイ」という日本語がどのように使われているか理解する。

[主な学習活動]

ハンドアウトを使って，Q&A形式で内容について確認する。さらに，自己表現活動で活用する表現や文法事項を確認する。理解できた段落を音読する（全体で読み方を確認した後，ペア活動として，相手が理解できることを心がけて互いに音読する）。

[焦点となる技能と知識]

リーディング　リスニング　文法

■ 3時間目

[主な学習目標]

教科書本文の内容理解：日本のカワイイキャラクターが世界でどのように親しまれているのかを理解する。

[主な学習活動]

前回に引き続き，ハンドアウトを使って，Q&A形式で内容について確認する。さらに，自己表現活動で活用する表現や文法事項を確認する。理解できた段落を音読する（全体で読み方を確認した後，ペア活動として，相手が理解できることを心がけて互いに音読する）。

[焦点となる技能と知識]

リーディング　リスニング

■ 4時間目

［主な学習目標］

自分の好きな日本のポップカルチャーについてスピーチの原稿を作成する。

［主な学習活動］

教科書本文の，話すテーマの紹介や話題を展開する際の表現を活用して，スピーチ原稿を作成する。

［焦点となる技能と知識］

ライティング

■ 5時間目

［主な学習目標］

スピーチの発表と評価を行う。

［主な学習活動］

スピーチを行い，ルーブリック形式の評価表を使って，自己評価を行う。

［焦点となる技能と知識］

スピーキング

3.2.3　高等学校授業案（細案）の例

コミュニケーション英語Ⅰ　授業案（細案）

〜年〜月〜日（〜曜日）　第〜校時

第1学年〜組

氏名：

（1）題材名：*Kawaii* and Japanese Pop Culture

（2）学習者観

男子20名　女子20名，計40名

多くの学習者は英語学習に意欲的であるが，英語の発話を伴う活動においては消極的な学習者もいる。このレッスンは異文化的な題材を扱っているので，日本の文化や歴史との違いについても意欲的に理解し，さらに，意見をまとめ，発表に取り組ませたい。その際に，学習者がそれま

第 15 章 | 授業計画：授業案の作成

で習得した4技能を活発に活用できるように，総合的な学習活動を行うように心がけたい。

（3）教材観

海外で「カワイイ」という日本語がどのように理解され，日本のポップカルチャーがどのように見られているか学ぶ。アニメやファッションを日本文化として客観的にとらえることで，異文化間理解に適した教材である。

（4）指導観

海外での「カワイイ」という日本語の使われ方や日本のポップカルチャーの見方を通じて，学習者がそれぞれ自分の異文化間コミュニケーションに対する見方を考えるきっかけとなる教材

（5）単元の指導目標

題材として，海外での「カワイイ」という日本語の使われ方や日本のポップカルチャーの見方について考えることで，日本文化と海外の文化の比較から，異文化理解能力を養う。セクションの内容を読み取りのテキストとして，また音声情報として，的確に理解し，さらにその内容を要約したり，意見をまとめる。言語材料として，関係代名詞who / 関係代名詞which / 現在完了形の理解と応用。

（6）本時までの流れ：配当時間5時間の内

第1時限：日本のポップカルチャーに関心を持たせるために，学習者自身が持っている知識を活用して，日本のポップカルチャーについて簡単な英語で会話を行った。

第2時限：海外での「カワイイ」という日本語がどのように使われているかの理解。Part 1の内容を読み取ったり，音声情報として聞き取った。さらに，内容の要約と日本との違いについて意見をまとめた。

第3時限（本時）：日本のカワイイキャラクターが世界でどのように親しまれているのかを理解する。Part2の内容を読み取ったり，音声情報として聞き取る。さらに，内容の要約と海外での日本文化の扱われ方について意見をまとめる。これは異文化理解に焦点を当てた学習活動となる。

時間	指導内容	学習者の活動
挨拶（3分）	・教師と学習者の挨拶（定型句の確認） ・学習者同士のペアの挨拶	・挨拶を行う ・あいづち，聞き返しなどを使う
復習（10分）	・穴埋め式のワークシートを使ったペアワーク形式の復習	・ペアワークとして，空白部分を埋めながら会話を行う ・終わったら，シートを交換し，再度会話を行う
導入（15分）	・題材の口頭導入	・題材に関連したやり取りを教師と行う
	・新出語句の導入	・新出語句の意味・発音を確認する ・発表語彙とすべき語句を使い，ペアで簡単な会話（Q&A）を行う ・パートナーから得た答えをノートにまとめる ・本文のモデル・リーディングを聞く
	・目標言語材料（過去完了）の導入	・教師の口頭による導入を聞く ・教師の発話を模倣する ・教師の質問に答える
展開（20分）	・本文の意味の確認	・Q&A（wh-questions, T or Fの形式）で内容を確認する
	・音読	・該当セクションの教師のモデル・リーディングに続いて音読を行う ・リズム，イントネーションに注意しながら，CDのスピードに合わせて読む ・リード・ルックアップ・アンド・セイとして，CDを使わずに，セリフを覚えるような感じで，1文ごとに顔を上げて読む ・シャドーイング
	・発表活動	・attract, character, euro, maternity, ambassadorといったキーワード，キーフレーズの書かれたワークシートなどを使って該当セクションの内容を要約する ・各グループで自分たちがかわいいと思うものを紹介するショウ・アンド・テル（第10章参照）を行う
整理（2分）	・課題 ・次時の指示	・Part 2の本文の暗唱 ・過去完了を使った文を考えてくる

第15章｜授業計画：授業案の作成

留意点	リデザイニング
・積極的に相手に話しかけるように指示 ・消極的な学習者を支援	・全体として発話に消極的な場合は，再度教師のモデルを提示
・口頭による内容の確認が重要なので，空白部分に書き込まないように指示	・本文内容の把握の程度が不十分な場合は，部分的に教師の後に続いてリピートさせる
・題材に関して興味を示さない学習者の対策として，ポスターやパワーポイントなどを使った映像資料を活用して，関心を喚起する	
・音と意味が一致するように意識させる	・時間に余裕があれば，ノートの単語を書き取らせる
・必要があれば板書し，日本語で時制について説明する	
・答え合わせをする形式で，本文の意味を確認する ・内容の理解度や言語材料の質から，必要があれば確認として部分的に和訳も行う	
・個別の単語の発音やアクセント，単語と単語のつながりなどに注意して，丁寧に読むことを意識させる ・シャドーイングを行う際には教科書を見ずに，CDの音声を追いかけていく感じで読むように指示	・シャドーイングが難しい場合は，再度リード・ルックアップ・アンド・セイを丁寧に行う
・提示するものは実物だけでなく写真などの映像も利用可能であることを指示する ・ペアやグループ活動における発表形式の活動に抵抗感を示す学習者に配慮して，難易度の低い活動から始める ・不活発な場合は積極的に介入し，活動を促す	・理解度により，自由に書かせることが難しい場合は，穴埋め形式のワークシートを使用する
・本文は何度も音読するように強調する	

（7）本時の目標
　これまで学習した英語表現を活用してスピーチ原稿を書く。

（8）本時の言語材料と言語の働き
　文法事項として，it is ＋ 形容詞 ＋ to不定詞（前回の復習として），助動詞の「能力や推量」の働きについて理解と応用を目指す。

（9）指導過程
　188～189ページの表を参照のこと。

課　題

1. 本章の観点を参照し，中学校，あるいは高等学校の授業案を作成する際に必要な項目を確認してみましょう。

2. 本章の授業案の例を参考に，中学校，あるいは高等学校の検定教科書の単元を使って授業案を作成してみましょう。

参考図書

- 『英語授業ハンドブック　中学編』金谷憲（編集代表）阿野幸一・久保野雅史・高山芳樹（編），大修館書店（2012）
  中学校の基本的な授業の方法について解説している。教育実習の際に中学での授業案を作成する際に参照できる。

- 『英語授業ハンドブック　高校編』金谷憲（編集代表）青野保・太田洋・馬場哲生・柳瀬陽介（編集），大修館書店（2012）
  高等学校の基本的な授業の方法について解説している。教育実習の際に高等学校での授業案を作成する際に参照できる。

第 **16** 章

授業実践

　作成した授業案に基づいて授業を実践するのが授業計画の次の段階です。大学における教職課程の授業では模擬授業，また教育実習では実際に教壇実習を通して授業の実践を行います。授業案をよく頭に入れた上で，授業の進行とともに学習者の反応や関心をよく見て対応し，柔軟に授業を行いましょう。予期できない状況が生じたときは，授業案をその場で調整して対応します。そして，授業実践の後には必ず振り返り，授業の改善に役立てます。

1. 授業の形態

　英語の授業で使用される学習形態には一斉授業，個別学習支援，ペアワーク，グループワークなどいくつかの形態がありますが，授業や言語活動の目的，また学習者の実態に応じて工夫をすることが必要です。

1.1　教師中心の授業[1]

　現在の学校教育で主流な授業形態は，教師が中心となり，学習者全体に対して一斉に内容を伝達する一斉授業で，教師は板書を多用して説明し，学習者は黒板に向いて座り，教師の説明を聞く対面授業による授業形態です。教師の作成したカリキュラムに沿って授業が進行し，学習者に求められるのは主に知識やスキルの習得です。この形態では，授業内容を均等に伝達できるという面はあるものの，教師からの一方的な情報の伝達による授業となり，学習者は学習に対して受け身になるという欠点があります。一方，学習者の理解度や習熟度の差に対応するために，一斉授業の中で個別学習支援を行うことが可能です。例えば，机間巡視[2]を行って学習者の学習状況を観察したり，個別に質問を受けたりすることで1人1人の学習者により焦点をあてた授業を行います。個々に受けた質問は内容によってはクラス全体に対してフィードバックを行い，複数の学習者がつまずいている箇所についてクラス全体で再確認することができます。

1.2　学習者中心の授業[3]

　日本の英語教育において，伝統的な教師中心の授業から，近年は学習者中心の授業へと授業形態も変化しつつあります。学習者中心型の授業の考え方の基本は，学習者が主体となって能動的に学習に参加し，自分で学習

[1]教師中心の授業：teacher-centered class

[2]机間巡視：机間指導ともいう。

[3]学習者中心の授業：learner-centered class

[4] 自立学習
　（independent learning）：
　第4章 2.2 参照

[5] アクティブ・ラーニン
　グ：定義については第2
　章 2.1，実践具体例につ
　いては第10章参照

[6] J-V-D-1：個人学習，ペ
　アワーク，グループワー
　ク，クラス全体などの活
　動形態を提供できる。

[7] 協同学習：第10章 2. 参
　照

を計画・管理・調整する自立型の学習[4]です。学習者が計画，実行，評価
などに主体的に関わり，自己の学習に責任を持つことを意識させることが
アクティブ・ラーニング[5]につながると考えられます。また，教師は学習
活動がスムーズに進む環境を整えることが主な役目です。そのためには学
習者のニーズや個人差，異なる学習スタイルなどを十分に把握し，ペアワー
ク，グループワークなど言語活動の目的に応じて授業形態を工夫する必要
があります（J-V-D-1[6]）。

1.2.1　ペアワーク

　ペアワークとは2人の学習者が主体的に協同して学習を行う授業形態の
ことを指します。相互の学び合いの中で，英語の発話機会を増やしたり，
相手の考えを聞くことによって新たな考え方を知ったりすることができる
など，多くの効果が期待できます。例えば，クラス全体で意見を発表する
前にまずペアで考えを共有させると，すぐに英語で発話する自信のない学
習者にとっては準備の活動となります。つまり，学習者が授業中に自信を
持って積極的に発言する雰囲気作りに役立てることができます。また，音
読練習において，音読する役と聞き役を交代で行うことにし，聞き役は読
むスピードを計測したり読み間違いを指摘したりするなどの役割を持たせ
ることによって，活動をしなければいけない必然性を生み出したり，また
お互いの音読を確認し評価させることもできます。一方，ペアワークを好
まない学習者への配慮や，誰と誰をどのようにペアにするか，学習者の興
味や能力を配慮して行いましょう。

1.2.2　グループワーク

　グループワークでは，学級を小集団に編成し，ある1つの目標に向かっ
てお互いに力を合わせて助け合いながら学習を進めていきます。学習者そ
れぞれが課題に対して積極的に関わることを前提に，相互依存をしながら
活動を進めていく協同学習[7]の授業形態になります。この学習形態は，課
題の発見と解決のために他者との協同や相互作用を通じて主体的に学習し，
対話的な学びを実現できるという観点からアクティブ・ラーニングの最も
具体的な形であるとも言えます。

　グループワークは，楽しい雰囲気の中でコミュニケーション能力の育成
を図ることができるので，学習意欲の向上などが期待されます。しかし，
英語ができる学習者に頼ってしまったり，活動に参加しない学習者への不
満が募ったりするなどの事態が生じる可能性も考えられます。そのため，
教師は，グループ内の学習者間でリーダーや記録者，発表者などの役割を
与えたり，インフォメーション・ギャップを与えて情報をやり取りする必

第16章｜授業実践

然性を生み出したり，グループ毎に異なる教材を渡し，グループ内での内容確認後，グループを再編成して自分の持っている情報をやり取りさせたり，など，グループワークを効果的に進める工夫が必要です。

1.3　ティームティーチング

　ティームティーチングとは，2人もしくはそれ以上の教師が協力して，指導計画の立案，授業の実践，学習者の評価にあたることを指します。この授業形態では，教師同士が協力してお互いの授業力を高める，各教師の得意な面を生かして不得意な面を補う，個人差に応じた授業を行える，といった利点があります。

　英語科におけるティームティーチングは，日本人教員（JTE[8]）と外国語指導助手（ALT）が協同で授業を行うことを指す場合がほとんどです。1989年に導入されたJETプログラム[9]によりこの授業形態が広まりました。ALTは通常，国際理解の窓口，英語表現や英語文化の情報提供者，英語によるコミュニケーションのロールモデル[10]などの役割を果たしています。学習者にとっても，学習した英語表現を使ってコミュニケーションを体験したり，英語や英語学習への興味関心を高めたり，自分の持つ文化や考えを表現して伝えたりするよい機会となっています。

　効果的にティームティーチングを行うためにJTEに期待される役割は以下の通りです。

（1）ALTと協同してモデルを示す。

　対話やインタビューなどを実演し，話す速度，発音，ジェスチャー，など実際のコミュニケーションのモデルを示します。また，学習者同士でコミュニケーション活動をする前に実演することで表現のモデルを提示することもできます。

（2）ALTから情報を引き出す。

　学習者に英語を使う必然性を理解させるために，場面設定をし，インフォメーションギャップのある会話をして，ALTから必要な情報を引き出します。その際にできるだけ日常的な話題や教材に関連した内容や語彙・表現を使用するとより効果的です。

（3）ALTの英語を学習者に理解させる。

　学習者にALTが話している内容を理解させるために，単に日本語で説明するのではなく，簡単な英語に言い換えたり，ジェスチャーや視覚教材を用いたりして学習者の理解を深めます。

[8] JTE：Japanese teacher of English
[9] JETプログラム（Japan Exchange and Teaching Program）：語学指導等を行う外国青年招致事業
[10] ロールモデル：role model

（4）ALTと意思疎通を図り，柔軟な授業対応をする。

　打ち合わせ通りに授業が進まない場合は，ALTに指示を出したり，交渉することで短時間に意思疎通を図り，授業の進度や活動を調整します。

2. 授業の使用言語

　第2章でも触れたように，学習指導要領において英語の授業は英語で行うことを基本とすることが明記されています。そこで，本項では教室を英語によるコミュニケーションの場面とするために授業の使用言語はどうあるべきかを教師と学習者の両面から考えてみましょう。

2.1　教室英語[11]

[11] 教室英語：classroom English

　教室英語とは，授業の進行や指示のために用いられる英語のことを指し，クラスルームイングリッシュと呼ばれることもあります。

2.2　教室で英語を使うとは

　教師は，学習者の言語習得レベルや使用場面を考慮し，使用する語彙や表現，1文の長さ，スピードなどを適切に変えて教室英語を使用します。このように，外国語を学習している学習者に対して用いる簡略化された言語のことをティーチャートーク[12]ということもあります。教師が教室英語を使うことには次のような利点があります。まず，教師がある程度決まった表現やコメントを状況や文脈の中で繰り返して使い，習慣化することにより学習者は意味のあるインプットを継続して得ることができます。学習者は教師の発話に注意深く耳を傾けるようになり，母語（この場合は日本語）を介さず，英語で考える習慣を身に付けることができます。つまり，教室英語が自動化[13]されます。また，学習者のリスニング力向上のみならず，教師がコミュニケーションの手段として英語を使うことは，学習者がより多くの英語を聞いて英語に慣れ親しむための雰囲気作りにも大きな役割を果たしています。教師は英語を使ってコミュニケーションをとるロールモデルとなり，学習者は言語活動における場面ごとに新しい英語を学んでいくことができるため，英語を使う必然性を理解することにつながります。

[12] ティーチャートーク：teacher talk

[13] 自動化（automatization）：理解して覚えた知識を無意識的に使用できるようになる状態を指す。第3章 1.2，第7章 2.3.2 (2) 参照

　日本のように，英語を外国語として学習する環境では，学習者が日常生活で英語を使う機会は多くありません。だからこそ，英語の授業において，教師と学習者の間で日常的に英語でのインタラクションを増やし，言語習得を促す必要があります。**表16-1**は教室で教師が英語を使う活動場面例をまとめたものです。

第16章｜授業実践

　次に，学習者に授業活動において英語を使うように促す方法を考えてみましょう。教師だけが一方的に英語を使うような授業では，学習者とのインタラクションは生まれず，教室英語の自動化を図ることはできません。教師は，学習者が教師からの指示に反応して簡単な表現で答える場面から，教師とまたは学習者同士で身の回りのことなどについてやり取りする場面，学習者側から教師や他の学習者に質問・依頼する場面，授業の内容の理解や言語活動において発話する場面へと，徐々により高度で複雑な表現を用いて英語で発話できるように持っていく必要がありますが，まずは学習者自身が教室英語に慣れることが一番大事です。教室英語の導入にあたっては，教師はまずある表現の状況に応じた使い方の例を示し，ジェスチャー

教室英語	小テストを実施する
生徒を席につかせる	テストの解説をする
自分や黒板などに注目させる	前の授業を復習する
静かにさせる注意をする	導入
行為を叱って罰を与える	重要構文を導入する
生徒の活動や行為を褒める	新出語を導入する
生徒に大きな声を求める	レッスンのトピックを導入する
生徒に感謝する	本文を導入する
生徒の誤りを訂正する	発音の指導をする
生徒の理解を確認する	教授
生徒の参加を求める	内容把握の指導をする
指名して活動させる	教科書本文を要約する
授業中，ALTに指示する	語句や文の意味を説明する
授業中，ALTに依頼する	文をパラフレーズする
スモールトーク	文法を指導する
授業開始のあいさつをする	和文英訳を指導する
授業の初めに曜日等を確認する	練習・その他の活動
出欠・遅刻の確認をする	パターン・プラクティスをする
欠席・遅刻の理由を聞く	コミュニカティブな活動をする
生徒の健康をチェックする	ノート等に書く作業をさせる
天候について聞く	歌を指導する
前日等の話題・行動について聞く	ゲームを指導する
日常的な話題を提供する	まとめ
復習	授業をまとめる
宿題を確認する	次の授業の指示をする

表16-1　教室で英語を使う主な活動[14]（酒井, 2001）

[14] 教室英語：資料編2（pp.220-224）〈英語で授業〉基本用例参照

などを交えて実際に動きを見せながら指示を明確に理解させましょう。よく使われる教室英語の定型語句や表現を教室の壁に掲示したり，場面・機能毎にリストにまとめて配布し，必要に応じて学習者に音読させるとよいでしょう。その際，教師がよく使う表現だけではなく，学習者に使えるようになってもらいたい教室英語の表現もあわせて提示するとより効果的です（J-V-E-2[15]）。

　学習者に英語を使うように促す上で最も大切なことは，教師自身が自分の英語力を高める努力を続けることです。また，教室英語についても継続して振り返る必要があります。自分の授業を録音・録画し，実際に自分がどのような英語を使用していたかを書き出し，使用した語彙や表現は学習者の英語のレベルに合っていたか，学習者の理解を深めるために繰り返したり言い換えたりして説明したか，学習者の理解を深めるために用いた例は効果的だったか，活動の前にモデルを提示したか，学習者が理解したかどうかを説明後に確認したかどうか，ジェスチャーなどの非言語コミュニケーションを効果的に活用できたかどうか，などの点を振り返ってみましょう。

2.3　英語と日本語の使い分け

　英語の授業の大きな目標は，学習者が英語を学習・習得することです。一旦教師が授業で日本語を使い始めると，学習者は英語を聞く努力をしなくなり，日本語を待つ習慣が身に付いてしまいます。一方で，学習者によっては授業のすべてを英語で行うと混乱や学習意欲の低下を招くこともあります。特に学習の初期段階には学習者の母語が重要な役割を持つことを忘れないようにしましょう。教師は必要に応じて学習者の母語（この場合は日本語）を効果的に使用する必要があるのです（J-V-E-1[16]）。

　例えば，教師の英語での質問に対して，学習者が日本語で答えた場合，英語で強制的に発言させるのではなく，まず教師がその発言を英語で言い直します。学習者は自分の発言が英語で繰り返されるので，日本語と英語の相違を認識・理解できると同時に，より多くの英語でのインプットを得ることができます。また，教師が言った英語表現を繰り返すことで，失敗や間違いに臆せずコミュニケーションを図る態度[17]を学習者が身に付けることにつながります。学習者の間違いを訂正する場合にも，英語での肯定的なコメントから始め，より正確で適切な表現を示して聞かせる言い換えが効果的です。また，授業の計画の段階で，どのような表現をどの場面で使うか，どのような表現が簡単な英語でもできるか，どの場面や表現は日本語を使用するべきかなどをあらかじめ考えるようにしましょう。英語で指示を出してからその指示をすぐ日本語で言い直すのではなく，より簡単

---

[15] J-V-E-2：学習者が授業活動において英語を使うように設計し指導できる。

[16] J-V-E-1：英語を使って授業を展開するが，必要に応じて日本語を効果的に使用できる。

[17] 臆せずにコミュニケーションを図ろうとする態度：第1章 1.2.2 側注[18]参照

第16章｜授業実践

な英語で言い換えたり，状況に応じて英語か日本語のどちらを使う方がよいかを考えてみましょう。

3. 模擬授業[18]

[18]模擬授業：trial lesson

授業案を作成したら，教育実習に行く前に，大学の教職課程の授業内などで模擬授業を通して実践練習をしましょう。学習者の実態を考慮して設定した学習目標や授業形態，時間配分などが適切であるかどうか，実際に授業実践の疑似体験をしてみることにより実習前にさまざまな改善点に気づくことができるでしょう。

3.1 授業実践の振り返り

授業を改善してさらによいものとするために自分の授業実践を振り返ることを省察[19]といいます。省察という考え方はさまざまに定義されていますが，教師教育においては基本的に，教室内での教師の教える行動（例えば，「新しい文法項目を導入する」「言語活動の指示出しをする」など）の最中，あるいはその行動を終えた後に振り返り，既存の知識や経験とも照らし合わせながら問題点を認識し，更なる実践を通して問題点を改善することを指します。教師としての成長を生涯継続していくためには，教員養成段階から実践について省察の練習を行うことが大切です（J-I-C-7[20]）。

[19]省察（reflection）：第5章 3.1参照

[20] J-I-C-7：計画・実行・反省の手順で，学習者や授業に関する課題を認識できる。

[21] 学びと振り返りの過程：Korthagen et al. (2001)による。

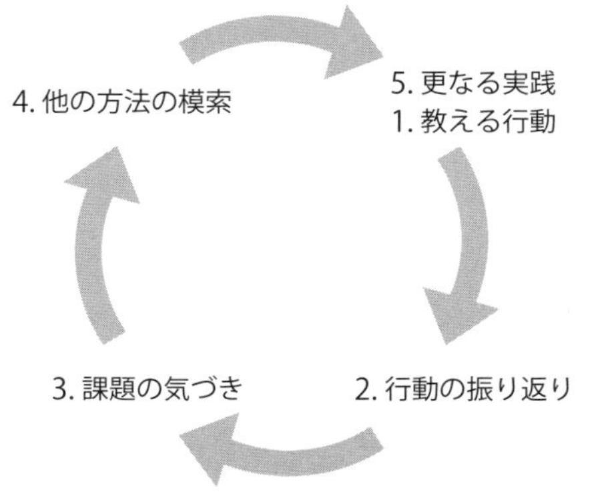

例えば教師の成長における学びと振り返りの過程[21]は図16-1のように図式化できます。まず第一段階は，教室での教師の教える行動や経験から始まります。例えば「教科書の単元のテーマを導入する」行動などがそれにあたります。次は，その教える行動の最中，もしくは行動を終えた後にその行動を振り返り，問題点を認識する段階です。特に，単元のテーマの導入がうまくできなかったなど，ある行動がうまくいかなかった点を振り返ると効果的です。第三段階は，なぜその行動がうまくいかなったか，その理由を分析する段階です。例えば，新出テーマの説明がうまく行かなかったのは時間を十分にかけなかった，説明に使用した英語の表現が学習者には難しすぎた，などが理由であったと気づくこ

4. 他の方法の模索
5. 更なる実践
1. 教える行動
3. 課題の気づき
2. 行動の振り返り

図16-1 学びと振り返りのモデル
(Korthagen et al., 2001, p.62)

とです。次に，より効果的に教える方法を検討し，再度実践する段階となります。例えば，新出テーマの導入のために視覚的教材を補助的に用いることなどです。この学びと省察のプロセスは必ずしも直線的に進むのではなく，スパイラルのように4つの段階を繰り返しながら進むということに注意しましょう。

3.2 模擬授業の方法と省察の観点

模擬授業の実践方法は様々です。教科教育法など教職課程の授業の中で実践する場合もあれば，自主的に授業外で行う場合もあります。授業の「導入」「教授」「展開」など比較的短時間で行われる場面や活動を想定して行うマイクロティーチング[22]から，授業の一連の流れを想定して行う模擬授業へと段階を踏んで練習するとより効果的でしょう。また授業者が1人の場合と，ティームティーチングを想定して行う場合もあります。

授業実践の後には，実践を振り返る時間を持ちましょう。省察の方法は，録画した授業を見ながら実践者が1人で行う場合もあれば，授業実践の直後に観察者とともに相互に評価を行う場合もあります。また観察者と実践者が一緒に話し合いながら実践を振り返る口頭による形式と，観察者がメモに評価やフィードバックを書いて実践者に渡す筆記による形式もあります。どちらの形式においても授業実践の良かった点と改善した方が良い点の両方に触れるように心がけましょう（J-I-C-5[23]）。その際に教科に関する科目などの授業で学習した英語教授法や言語習得理論などとも関連付けて考えてみるとより効果的です。また，実戦の機会が次にあればどのように改善するべきか，そのためにはこれからどのような練習や準備をすれば良いかなど，なるべく具体的改善案を考えてみましょう。

振り返りの際には，事前に授業者本人，あるいは観察者とともに，振り返りの観点を設定し，初めのうちは授業全体を振り返るより，その観点についてのみ振り返るようにした方が効果的です。観点の具体例としては，授業案の効果的な使用，学習者とのインタラクション，言語活動の導入，非言語的行動（声の大きさや抑揚，スピード，アイコンタクト，姿勢など），授業運営，教室での言語，板書などが考えられます。これらの観点はのちに教育実習に行って指導教員や他の実習生の授業を観察する時にも重要な観点となるでしょう（J-I-C-6[24]）。

模擬授業実践の前段階として，熟練教師の授業を観察するのもよいし，教育実習予定者や教科教育法履修者の中でよい授業をしている人を参考にし，その人たちの実践を実際に真似して実践してみることも効果的でしょう。模擬授業と省察を通して，現段階での自分の教師としての長所と短所を理解し，課題を具体的にどのように克服したらよいかを明確にした上で，

[22] マイクロティーチング：microteaching

[23] J-I-C-5：他の実習生や指導教諭からのフィードバックを受け入れ，自分の授業に反映できる。

[24] J-I-C-6：他の実習生の授業を観察し，建設的にフィードバックできる。

教育実習に臨むようにしましょう。

4. 教育実習

4.1 実習生に求められる資質能力

　教育実習とは教職課程の履修学生が学校現場に入り，教育活動を実際に経験する活動を指します。大学で学んだ専門知識や理論を背景として，教師としての実践的な生徒理解と支援の技能や教科についての授業力を養うことがねらいです。また，他の教員との連携協力を通して教師の多面的な職務(担任業務，公務分掌など)を理解することも目的の1つです。

　教育実習は，それまで大学で学んできた教職課程の科目や教科専門科目で得た知識・理論と教科教育法や模擬授業での訓練を中等教育の学校教育現場において，有機的に融合，進化させる貴重な機会となります。1人1人の異なる個性を持った学習者集団を相手にして実習を行うためには，教職に対する熱意や意欲はもちろんのこと，日々の学習者の実態を観察し，学習者の気持ちを理解し，適切に支援する力は実習生にとって欠かせない資質の1つです。一方，教科書に基づいて授業案を書く，教材の研究を行う，板書を効果的に行う，機器の操作ができる，など実際の英語の授業で最低限必要なスキルを身に付けておく必要もあります。

　生徒理解と支援の技能や教科の授業力だけでなく，英語の教員としての英語力も備えておきましょう。『「英語が使える日本人」の育成のための行動計画』(文部科学省, 2003) では，英語教員が備えているべき英語力として「英検準1級，TOEFL 550[25]，TOEIC 730以上」が挙げられています。もちろん，検定試験だけでは英語教員の持つべき英語力は測れません。実際の教室において授業を原則として英語で行うためには，教科書などを適切な発音で読める，ALTとコミュニケーションを取れる，教室英語を効果的に使って指示出しできる，授業案を英語で書ける，といった英語力が実習生には期待されています。

[25] TOEFL 550：このスコアはペーパー版テストのスコアを指す。

4.2　教育実習の展開

　教育実習は通常，オリエンテーション→授業観察→授業参加→教壇実習→講評・省察の順に行われます。本項では英語教育活動に限定していますが，実際にはホームルーム活動，清掃，部活動などの生徒支援や，学校行事，職員朝会などの教員の日常業務に関わる活動にも参加します。

　オリエンテーションでは主に，教育実習の意義，学校の教育目標，地域の社会環境や学校環境，当該学年・学級の特徴，生徒指導の方針，教科指

導の方針などについて説明を受け，理解します。その後，教育実習の最初の数日は学校全般の状況，学習者の実態，学習指導の実態などを観察します。特に教科指導は授業参観の形をとります。英語科だけではなく他の教科や他の実習生の授業も積極的に参観し，教師の話し方や発問の仕方，学習者の発話量や授業の展開，板書の仕方などについて観察してみましょう。場合によっては実習生が部分的に授業に参加することもあります。

　教育実習期間中に学ぶ多くの事柄の中で，教壇実習は最も重要な位置を占めます。大学で学習した知識やスキル，実習生として観察・参加して得た知識やスキルを基に，自分の判断と責任において実際に学習者を教える貴重な機会です。まず第14章，第15章で学習したように教材研究や授業案の作成など，授業の準備を十分に行いましょう。学習者を教えた経験の少ない実習生が即興で授業を進めることはできません。また授業内容と手順など授業計画[26]をいくら十分に準備しても，実際の授業では予想外の学習者の反応や質問などで想定通りに授業が進まないことが多々あります。そのために授業内容の中で教えるべき優先順位を決めておいたり，補充のための練習問題や言語活動を予想しておくとよいでしょう。

　教壇実習後は必ず講評・省察を行います。指導教員や他の実習生に講評をもらうことと，実習生自身が自分で授業を振り返ることの両方が重要です。授業の展開の流れやテンポ，発問の適切性，学習者の反応や学習者への対応，声の大きさや板書など，評価の観点を毎回決めて振り返ることが次の授業の改善につながります。

[26] 授業計画：授業案を計画する際の留意点については第14章 1. および 2. 参照

4.3　教育実習後の振り返りと授業の改善

　教育実習終了後には全体を通して自分の授業実践を振り返る機会，つまり省察の機会を持つことが重要です。実践の場を多く体験できる教育実習では1つの実習校における技術的な授業力の向上が重要視されがちです。しかし，教育実践とはたまたま1つの教室にい合わせる教師と学習者それぞれの教育観や言語観，言語学習観に基づいてお互いが相互に作用して作り上げるものであり，異なる学校環境や学習者集団においてはその実践がどう評価されるだろうかという視点を持つことが大切です。そこで教育実習後の振り返りでは，大学でそれまでに得た言語教育や言語習得に関する知識や理論にも立ち返り，もう一度自分の実践について批判的に考え，その上で自分の教育観，言語観，言語学習観についても再考してみましょう（J-I-C-3[27]）。教師とは授業の計画，実践，振り返り，課題への気づき，改善の一連のスパイラルを通して成長するものであり，そのプロセスは教育実習が終わっても続くのだということをしっかり理解しましょう。

[27] J-I-C-3：理論を理解して，自分の授業を批判的に評価できる。

第16章｜授業実践

課　題

1. 「授業運営」に関する次の記述文について，本文を手掛かりに，それぞれの活動形態の長所と短所やどのような言語活動に適しているかを話し合ってみましょう。

   「個人学習，ペアワーク，グループワーク，クラス全体などの活動形態を提供できる。」(J-V-D-1)

2. J-POSTLの次の3つの記述文に関して，模擬授業などの実践後に振り返り，自分の教え方について話し合ってみましょう。

   「学習者の関心を引きつける方法で授業を開始できる。」(J-V-A-1)

   「指導案に基づいて柔軟に授業を行い，授業の進行とともに学習者の興味・関心に対応できる。」(J-V-A-2)

   「学習者の集中力を考慮し，授業活動の種類と時間を適切に配分できる。」(J-V-A-3)

参考図書

● 『教師教育学—理論と実践をつなぐリアリスティック・アプローチ』F.コルトハーヘン（編著）武田信子（監訳），学文社（2010）
  教師教育においては実践と理論がともに重要な意味を持つこと，また両者をうまくリンクさせて成長していくアプローチについて書かれている。

● 『教室英語ハンドブック』高梨康雄・小野尚美・土屋佳雅里・田縁眞弓，研究社（2016）
  授業のウォームアップ時から復習，教科書本文の読み，宿題の提示など教室での様々な場面や展開別に対応できるように教室英語が紹介されている。小学校英語にも対応している。

第17章
評価

　実習期間中に教育実習生が学習者を評価するという場面はほとんどありません。したがって，本章は教育実習ですぐに役に立つということはないかもしれません。しかし，本章によって，実際の学習者に対する評価の仕方を多少なりとも理解できるようになるはずです。また，評価は，教員になるとすぐに必要とされます。

　本章では，まず，評価の意義と役割について解説します。評価は様々なテストと深く関わります。したがって，どのようなテストを作成すべきか，ということが課題となります。評価は，公開できるものであることが重要です。また，言語能力の評価には，ペーパーテストだけでなく，パフォーマンスの評価をしなければなりませんので，観点別評価とパフォーマンス評価の枠組みを解説します。さらに，評価を学習者の成長につながる支援にするために，自己評価と振り返りのためのCan-doリストを紹介します。最後にCEFRに基づく評価について説明します。

1. 評価すること

1.1　評価の意義と種類

　教育の目的としては，「知識を与えること」と「知識を運用できるようにすること」が重要です。一定期間において実施した教育の成果を何らかの方法で測ることで，その教育のプロセスが順調に進んでいるか，習得すべき事項で達成できていないものはないか，現在の状況を踏まえるとどのようなことが将来可能になるか，などの判断が必要になります。教師はその判断をするために種々のテストをします。テストというのは，例えば，検定試験等や希望の学校の合否に関わるので，人の人生に大きな影響を与えます[1]。したがって，テストは基本的に公平であることが重要です。公平性を保つためには，適切に測ること，そして公開できるものであることが求められます。さらに，学習者はテスト結果を受け取って，喜んだり嘆いたりするわけですが，それで終わらせてはいけません。テスト結果を利用して，成長につなげるように支援することが評価を行う教師の務めです。教育的評価の種類としては，学習者がどの程度の学力を有しているか診断する診断的評価[2]，授業中の態度や意欲，宿題・課題・提出物，授業の区切りごとに行われる小テストなどによる形成的評価[3]，そして中間・期末テストなどの総括的評価[4]があります。

---

[1] テストの影響：人の人生に大きな影響を与えるので，評価することは政治的な行為であると言える。

[2] 診断的評価：
diagnostic assessment
[3] 形成的評価：
formative assessment
[4] 総括的評価：
summative assessment

第17章 | 評価

1.2 評価の物差し[5]（尺度[6]）とは

　英語力のような能力は，身長などと違い，直接測ることは困難です。したがって，いくつかの観点において物差しと尺度を決め，それらを組み合わせて測っています。その例として，英検準2級の聴解問題の構成を見てみましょう。

　第1部　10問　会話の最後の発話に対する応答として最も適切なもの
　　　　を補う。（放送回数1回）3肢選択（選択肢は読み上げ）
　第2部　10問　会話の内容に関する質問に答える。
　　　　（放送回数1回）4肢選択（選択肢は印刷）
　第3部　10問　短いパッセージを聞き，その内容に関する質問に答える。（放送回数1回）4肢選択（選択肢は印刷）

　この聴解問題では，各部が1つの物差しです。全部で3部あるので，物差しが3つあると考えられます。第1部の物差しは，会話の聞き取りをほぼ聴覚だけで，会話が行われている状況とその会話の内容把握とそれに続く流れを理解できる能力を測るものです。第2部と第3部の物差しは，音声言語と文字言語の両方を使った英文の内容とその質疑を理解する能力を測るものです。

　英検準2級の25分の聴解テストでは，この3つの物差しで測った点数を合計し，個人の聴解力を測定しています。合計の点数で80％以上A，70％台B，60％台C，59％以下を不合格とすればその4段階が評価の尺度（基準）となります。物差しは，多すぎても困りますが，ある程度の種類がある方がより適切に測定できると考えていいでしょう。したがって，教員には授業の前に，これから使用する教材で，授業を通して学習者にどのような能力を養成するか，どのような形式で評価するかを考え，テスト問題を作成する能力が必要です。

2. 適切な評価

2.1　良いテストの条件

　良いテストには「妥当性」，「信頼性」，「実用性」[7]という3つの条件があります。適切に測る（J-VII-D-1[8]）という点に該当するのは「妥当性」と「信頼性」です。まず，妥当性とは該当するテストが的はずれでないことを指します。例えば，バスケットボールの競技能力を測定するのに英単語のテストで評価することは的外れであるので，その評価方法には妥当性がありませ

---

[5] 物差し（gauge）：何かを測るための道具である。測定具とも言う。体重を測るなら体重計，身長を測るなら身長計も物差しである。

[6] 尺度または基準（criteria）：測る単位である。体重ならキログラム。身長ならセンチメートルが尺度である。

[7] 妥当性：validity
信頼性：reliability
実用性：practicality

[8] J-VII-D-1：話したり書いたりする能力を適切に評価できる。

ん。つまり，妥当性のあるテストというのは，測定する受験者の特性に関して，テストの得点が受験者の能力を忠実に反映しているテストのことです。

信頼性は，テストの測定具としての精度を意味します。同じ受験者が同じテストを同じ条件で何度受験しても，そしていつ誰が採点しても同じ結果を出すテストは信頼性が高いと言えます。テストの解答方法は，正解が1つしかないテスト[9]と複数あるテスト[10]に分かれます。前者の具体的な形式としては，選択式，True or False式，適切な語・句の穴埋め式などがあります。ただし，この種の試験は知識に重点を置いて測定する傾向があります。一般には，記号や○×で答えさせるテストは，採点者が誰であっても結果は同じなので，採点者間の信頼性が高いと言えます。しかし，面接試験などでは，正解が複数ある場合もあるし，質問者が正解を知らない場合もありますので，選択式や穴埋め式のテストが使えません。したがって，質問に対する解答を音声か文字または動作で答えさせる方式になります。そのため，同一採点者が採点した場合でも，最初の人に対する評価と終わりの人に対する評価では採点基準がぶれてしまう可能性があるので，信頼性が低くなります。そのような場合，ビデオなどに録画し，見直すことができるように工夫すると，採点結果のぶれを少なくできます。そうすると信頼性が高まります。

最後の条件である実用性は，テストの実施しやすさを意味します。テストを作成，実施，採点する際に容易であると，実用性が高いと言えます。つまり，選択式で行う筆記試験は実用性が高いが，自由英作文などは採点が大変です。したがって，選択式テストは実用性が高く，自由英作文は実用性が低いと言えます。

2.2 公開できるものであること

　評価の公平性は，テストの妥当性，客観性そして公開性に大きく支えられています。これらを教師の説明責任[11]ということもできます。したがって，教師は学習者や保護者などにわかりやすい形式で生徒の到達度や進歩を記述できる能力（J-VII-B-2[12]）が必要です。この評価を容易にするためには，学習成果の伸びを図表やグラフで示せるように，学習者の評価をコンピュータで管理することが重要です。実際には，出席簿や座席表でチェックした授業中のパフォーマンスの評価を，授業後に表計算ソフト[13]等で管理しておくといいでしょう。

---

[9] 正解が1つのテスト：学習者の理解を試すための質問は，表示質問（display question）になることが多い。それは，常に答えの決まっている質問（closed question）である。

[10] 正解が複数あるテスト：質問者が答えを知らない質問を指示質問（referential question）という。答えが複数考えられ質問者が答えを知らないことがありうる場合は，指示質問と言える。

[11] 説明責任：アカウンタビリティーともいう。

[12] J-VII-B-2：学習者や保護者などにわかりやすい形式で学習者の学習成果や進歩を記述できる。

[13] 表計算ソフト：代表的なものに，マイクロソフト社のEXCELがある。

2.3 評価の機能別分類[14]

2.3.1 診断的評価

　健康診断では，身長，体重，視力，血液，レントゲンなど様々な検査結果を基に健康状態が診断されます。その結果，必要なら医師の指示に従い治療を受けることになります。同様に，英語学習では，学習者の学力やレディネスを測り評価するために診断テストを行います。適切な授業計画を立てるために行うクラス分けテスト（プレイスメントテスト）や熟達度別のシステムを入れている会話学校などで行われているインタビューテストなどがそれにあたります。こうしたテストによって学習者の習熟度に応じた対応が可能となります。また，入学試験，英検，TOEICなどの能力検定試験も診断的評価と言えるでしょう。入学試験や検定試験は，熟達度テストとも言います。試験範囲が決められていなくて，受験者を1つの線上に並べ順位を出したり，他の受験生と関係を測定したりするテストです。熟達度テストで測定し，評価する場合は，相対評価[15]と呼びます。

2.3.2 形成的評価

　学習過程の改善を目的とする評価です。つまり，学習者が受けてきた指導内容をどの程度習得できているかを測るために，学習期間の途中において実施します。このデータを基に教師は，学習者にアドバイスを与えたり，指導方法や内容を変更したりすることもありますし，遅れがちな学習者には補充的指導を行うこともあります。元来，小テストは，形成的評価のために使われるものです。そして，形成的評価は，学期末の評価に反映しないことが原則です。小テストを行い，学習者の習得状況に応じて指導しないで，結果だけを平常点として学期末の評価に加算するのであれば，形成的評価とは言えないでしょう。

2.3.3 総括的評価

　学習の区切り，いわゆる中間や学期末に，学習者が学習内容をどれくらい習得したかを測るために行われる評価です。中間試験や期末試験などの定期試験による評価がそれにあたります。定期試験のように試験範囲が限られていて，その中の学習事項をどの程度理解したかを測るテストを到達度テスト[16]といいます。到達度テストで測定し，評価する方法を絶対評価[17]と呼びます。

---

[14] 評価の分類：ベンジャミン・ブルームが教育評価を機能によって，診断的評価，形成的評価，そして総括的評価の3つに分類した。

[15] 相対評価（relative evaluation）：5段階評価であれば，5はクラスの人数の7％，4は24％，3は38%，2は24%，1は7%が目安となっている。そのため，クラスの中で成績による序列がつけられる。

[16] 到達度テスト：アチーブメントテスト（achievement test）ともいう。

[17] 絶対評価（absolute evaluation）：学習指導要領などの定める目標に準拠する。目標に到達したと評価されれば，全体の順位が何番であろうと合格，到達しないと不合格である。合格か不合格かを決めることをカットオフという。

3. 観点別評価について

　日本の中学校や高校で授業を行う場合には，学習指導要領の制約を受けます。教師は学習の様子，課題のでき具合，定期考査の結果などを資料として生徒を評価し，その結果を総合して評定として通知表に記載します。以前は通知表には5段階の評定が一般的でした。しかし，5段階評定は知識の理解についての評価に偏重しているという批判がありました。それで1987年に「日常の学習指導の過程における評価については，児童生徒の興味・関心等の側面を一層重視し，学習意欲の向上に役立つようにするとともに，これを指導方法の改善に生かすようにする必要がある」との答申が発表され，それで，物差しを追加することになりました。その結果，全ての教科は「関心・意欲・態度」「思考・判断」「技能・表現」「知識・理解」などの4つの観点に分けられ，教師はそれぞれの観点別に目標を設定し，学習者がその目標に対してどれだけ実現できたかを分析して，3段階（「十分満足と判断されるもの」… Aまたは◎など，「おおむね満足であると判断されるもの」… Bまたは○など，「努力を要すると判断されるもの」… Cまたは△など）で評価することになりました。英語科の観点別評価[18]は，4つの観点，「コミュニケーションへの関心・意欲・態度」，「表現の能力」，「理解の能力」，「言語・文化についての知識・理解」になります。

3.1 「コミュニケーションへの関心・意欲・態度」の評価

　英語によるコミュニケーション活動に関心を持ち，積極的に活動に参加し，インタラクションをしようとする態度が評価の対象となります。この態度はテストでは測りにくく，授業中に観察しながら評価する必要（J-VI-A-2[19]）があります。例えば，学習者の授業態度や言語活動への参加姿勢を座席表や出席簿などを利用して定期的に記録しておくなどの方法が考えられます。

3.2 「理解の能力」の評価

　主として受容能力（リスニングとリーディングの能力）が評価の対象となります。具体的には，中学校や高校の教科書に出てくる言語材料と英文内容の理解の程度を授業中に行う活動やペーパーテスト[20]を通して評価します。

　解答方法が，学習者の音声や文字であると，その発表能力も問うことになります。そうすると，受容能力だけを評価するには適切なテストではなくなってしまいかねません。したがって，動作での解答や簡単な単語で答えればすむような質問が望ましいでしょう。

---

[18] 評価の観点：新指導要領では3つの観点となる。第1章 1.1参照

[19] J-VI-A-2：学習者の授業への参加や活動状況を観察し評価する方法を立案し使用できる。

[20] ペーパーテスト：この言い方は和製英語で英語ではwritten testとかpaper and pencil test（筆記試験）と言う。小テストなどはquiz。

授業中に行う場合は，口頭によるQ & AやTrue or Falseがよく利用され
ます。定期試験の場合は，生徒の習熟度がよほど高い場合を除いて，教科
書で学んだ英文が試験問題として出されることが多いでしょう。一番簡便
な出題方法は，ある文の和訳を求めるものです。これを多用すると，生徒
が日本語訳を覚えてテストに臨むことになります。それを防ぐために，下
線部の文に対する意味を問う問題でも，3種類ほどの英文を用意して最も
意味が近いものを答えさせる方法をとることができます。

3.3 「表現の能力」の評価

外国語を用いて，自分の考えや気持ちなど，相手に伝えたい事を話したり、
書いたりする表現力を評価することです。英語はコミュニケーションの道
具ですので，コミュニカティブな力を評価するためには，ペーパーテスト
だけでは不十分で，学習者の実際的な言語運用力を評価することが必要で
す（**J-VII-A-1**[21]）。例えば，教科書で外国の文化について扱っている課では，
その国の文化について英語で紹介できるか，その国と日本との違いや共通
性を比較対照して英語で述べることができるか，教科書の記述の概要を英
作文できるか，などの観点で評価するといいでしょう。評価の時期と方法
ですが，1つの課の終了時や定期試験に合わせて行う方法と授業中の活動
時に行う方法があります。前者では，1人ずつ面接（インタビュー）をしたり，
スピーチを課したり，ペアやグループで発表させたりすることになります。
評価の基準についてはあまり細かく作成すると判断が難しくなるので，例
えば，普通にできた（2点），何とか受け入れられる（1点），通じない（0点）
程度でよいでしょう。評価の観点は，友好的に話をしようとしている，ジェ
スチャーなどを使い何とか意図を伝達しようとする，聞き返しのテクニッ
クを使い相手を理解しようとする程度です。この様なテストの場合，細か
く評価をするのは困難です。授業の活動時に実施しやすい方法としては，
教員の行う口頭での質問に積極的に挙手をし，自分の意図を伝えようとす
る生徒や適切に答えた生徒に1点ずつ与え，出席簿や座席表に書き込んで
おくという方法があります。この方法であれば，答えようとする態度も評
価できます。授業が終わった後に，座席表の点数を個人カードや表計算シー
トに転記しておくと後で計算する時に便利です。

3.4 「言語・文化についての知識・理解」の評価

言語については主に音声，文法，語彙などの知識・理解，文化について
は主に日常生活や風俗習慣，ものの見方・考え方の違いや，異文化間の接触・
交流に関する知識・理解が評価の対象となります。言語やその運用につい
ての評価は，基本的な知識を身に付けていることと，適切に使えることが

[21] J-VII-A-1：授業の目的
に応じて，筆記試験，実
技試験などの評価方法を
設定できる。

評価の観点です。文化については，授業で扱われた内容について理解していることが評価の観点になります。具体的に考えてみましょう。音声，文法，語彙などの知識理解は，教科書に出てきた事項が評価の対象です。

言語についての知識の評価基準[22]には以下のようなものが考えられます：

1. 単語の発音の違いなどの語句や文を聞き分ける知識を身に付けている。
2. 音変化を聞き分ける知識を身に付けている。
3. 状況や場面による強勢やイントネーションの違いを理解している。
4. 場面や状況に応じた表現を知っている。
5. 文構造についての理解がある。

上記の項目で，1.4.5. については，筆記試験での評価が一般的によく実施されているでしょう。それに加えて，中学生から高校生までは，教科書の音読[23]による評価が適切だと思います。声を出して自然なリズムで読むことができれば，単語や音変化などを聞き分ける力を習得しているし，状況や場面による強勢やイントネーションの違いを理解していると考えられます。教科書の音読は必ず1人ずつ聴いて評価しましょう。音読は煩わしいので，なかなか音読をしたがらない生徒もいます。評価の対象にならない授業でのコーラス・リーディングでは，CDや他の人の声にあわせているだけの読みしかしていない生徒が多く出ます。読むための技術であるセンス・グループごとの読み方を教え，授業で繰り返し練習し，自分でも練習できるような工夫をした上で，音読を評価に入れると，生徒は意識して音読するようになります。教科書の本文にセンス・グループでスラッシュ[24]を入れたものを配るか，黒板に書いて生徒の教科書にスラッシュを書かせましょう。音読で自信ができた生徒が多くいるクラスは，コーラス・リーディングの時も自然と大きな声で読みます。生徒の英語力が向上することも確かです。面倒ですが，あとで教えやすくなりますので，最初から読ませて評価するようにしましょう。

文化[25]についての理解の評価基準は主として次の2点です。

・家庭，学校や社会における日常の生活や風俗習慣などを理解している。
・人々のものの見方や考え方などの違いについて理解している。

この能力の評価ですが，具体的には，教科書に出てくる人物や出来事の社会的・文化的背景について理解しているかどうか，外国の風土や文化を

---

[22] 評価基準：松浦（2002）による。文化についての理解の評価基準も同様。

[23] 音読：第7章 2.3.2（2）参照

[24] スラッシュ・リーディング：第7章 2.3.2（2）⑥，2.5（6）参照

[25] 文化：第13章参照

第17章 | 評価

項目	評価段階		
英語の明瞭さ	明瞭	時々不明瞭	不明瞭
アイコンタクトと姿勢	自然	時々不自然	不自然
理解しやすさ	理解できる	時々意味不明	意味不明
理解させるための工夫[26]	効果的	時々効果的	効果的でない
グループとしてのまとまり	良い	どちらともいえない	良くなかった
全体的なプレゼンのでき	良い	どちらともいえない	良くなかった

表17-1 ルーブリック評価[27]を用いたプレゼンテーション評価例

理解しているかどうか，その国と日本との関係を理解しているかどうか，などを作文やインタビューで評価します。その際に使用する言語は習熟度に応じて日本語でも英語でもよいでしょう。英語の習熟度が高いクラスでは，異文化理解の必要性，多文化共生に関する意見，外国と日本との価値観の違いなどについて英語のエッセイで評価することも可能です。

3.5 パフォーマンスの評価

　協同学習で行うパフォーマンスの評価は，個人単位でなくグループ単位で行います。グループ活動を行っている時に個人の評価はしません。成績をつけるために，個人の評価が必要なら，協同学習に加えてテストを行うといいでしょう。協同学習の評価項目は，活動を開始する前に伝えておくことが重要です。学習者が評価項目を意識してプレゼンテーションを構成し，練習することによって，わかりやすいプレゼンテーションとはどういうものかを聞く人にもよりよく理解できるようになります。また，評価項目を事前に示すことは学習者の目標にもなります。**表17-1**の項目は学習者の習熟度に応じて取捨選択して構いません。項目を細分化することもできますが，項目が多いと評価が難しくなります。4項目か5項目くらいが実施しやすいと考えられます。

4. 誤答分析

　学習者の成長を支援するためには，誤答分析が欠かせません。学習者の誤りに遭遇した時に，その原因を語彙，文法，語法などの観点で分析することが重要です。また，学習者が間違いをおかしたときには責めるのではなく，ヒントを与えることによって間違いに対する気づきを促すなど，学習者を成長させる（J-VII-F-1[28]）ように努めることです。例えば，筆記テストでは，間違いの内容を分析し説明してから学習者に確認させるか，訂正

[26] 理解させるための工夫：表や写真などの小道具を使ってプレゼンをわかりやすくすること。

[27] ルーブリック（rubric）：成功の度合いを示す数レベル程度の尺度と，それぞれのレベルに対応するパフォーマンスの特徴を示した記述語（評価規準）からなる評価基準表のこと。

[28] J-VII-F-1：学習者の誤りを分析し，建設的にフィードバックできる。

[29] 中間言語：第3章 1.1
側注[5]，第4章 3.1参照

[30] Can-doリスト：第1章
1.4参照

[31] ロードマップ
（road map）：目的地か
ら目的地までが示されて
いる地図。

[32] 報告：『英語教師の成
長に関わる枠組みの総合
的研究』（JACET教育問題
研究会2012，pp.8-46）

[33] 省察：第1章 2.3.4 (2)，
第5章 3.1参照

[34] メタ認知能力：複数
の認知能力を使う能力。

させ再提出させるとよいでしょう。重要なことは，発表する活動では，文法的には間違っているかもしれないが意図は伝わる些細な（ローカル）エラーと，意図が伝わらない致命的な（グローバル）エラーについて区別して助言することが大切です。口頭発言では，中間言語[29] の使用には寛容に対処し，間違いを恐れず英語を使うことを奨励すること，筆記においては，些細なエラーは，指摘する程度にとどめ減点はしないが，グローバルエラーについては，きちんと指摘することなどが心得ておくべき事項です。

5. Can-doリストと学習者の自己評価能力

5.1 Can-doリストとは

　最近，Can-doリスト[30] という言葉が教育現場でよく聞かれるようになりました。Can-doリストというのは，J-POSTLのように，Can-do記述文がリストになっているものです。したがって，Can-doリストの一番の効能は，習得すべき事項の明示化，つまり学習過程を透明にしたロードマップ[31] を与えることと，その事項について学習者が「自分はその記述文の内容を実践することができるだろうか」と振り返ることです。

　まず，明示化の効果ですが，複数の大学の教職課程の学生に1年間にわたり，J-POSTLの自己評価記述文を使用させた結果，教員の指導がほとんど無かったにもかかわらず，6割以上が英語教師に求められる専門的な能力を理解し，8割以上が自分自身について振り返ることができたという報告[32] があります。また，教育現場においても，観察しにくい観点別評価より，Can-do記述文のほうが学習者の自己評価も可能となり，学習の過程が明確化されるので，学習者の成長のために適していると考えられます。

5.2 振り返ること（省察[33]）の意味

　目標言語を学習する環境での英語の熟達度を上げていく学習者は，自分の行いを振り返り（省察し），できないことに対して改善を試みる学習者です。そのような省察は，メタ認知能力[34] を養成するために重要な方略です。省察ができない，または，その適切な方法を知らない学習者に，「ただ振り返りなさい」と指導しただけでは，「きょうはできなかったので，次は頑張る」などの単純な反省で終わってしまいます。そのような反省では，学習者が省察の意味を感じないので，継続しません。省察を継続するためには，分かりやすい手がかりが必要です。それがCan-doリストです。つまり，Can-doリストは，自分が行った行為を振り返ることに役立ち，省察能力を高める役割をします。できないことを省察し，向上する方法を見つけ，能力を

第17章 評価

高めるとともに自律的学習者[35]に育っていきます。また，振り返ることが
できるようになると学んだことやその過程を思い出すので，既知情報の利
用が格段に進み，英語の熟達度も高くなります。つまり，Can-doリストは，
学習環境の整備と学習者に省察の機会を与えるツールなのです。

[35] 自律的学習者：第1章
2.3.4(2)，第4章 2.参照

5.3 省察を適切なものにするために

　学習者のCan-do記述文に関する自己評価では，「この項目は自分ででき
る」「この項目は先生や友人の助けがあればできる」「この項目は私にとって
挑戦である」程度の選択肢が適切です。また，Can-doリストでは，習熟度
の低い学習者があまり考えないで自分を高く評価してしまい，高い学習者
が遠慮深く低く評価してしまう傾向があります。しかし，Can-do記述文は，
学習者の自己内での一貫した意識なので，他者と比較する意味はありませ
ん。自分の実力をよく理解しないで，高く評価する学習者はCan-do記述文
を利用しても学力が向上するレベルまでにはいきません。記述文の意味を
理解できないことも考えられます。学習者が成長するにつれて，その項目
の意味をきちんと理解できるようになると，適切に自己評価できるように
なります。また，自己評価を低くつけがちな学習者も存在します。その場
合は，友人にアドバイスを求めることも効果的です。「君の出来具合はそん
なに低くないと思うよ」というアドバイスを得て，自己評価が修正されるこ
ともあります。

　グループでCan-doリストの自己評価を持ち寄って，話し合わせることも
効果的です。なぜ自分は低くつけるのだろうか。友人はなぜそれより高く
つけるのかを話し合わせるのです。このように，Can-doリストは効果的な
ツールですが，利用する際に注意しなければならないのは，このツールは
あくまでも個人の省察のためのものであり，教員が評価のために使わない
ことです。もし評価のために使われることになったら，学習者は適切に自
己評価をしない可能性があります。そうなると，Can-doリストを使う意味
はなくなり，Can-doリストの形骸化につながります。Can-doは自己評価を
もとにした学習者としての自律性を高める道具として使うことにとどめる
べきなのです。

6. CEFRによる評価とは

　外国語の能力の評価が筆記試験だけで行われていた時代と異なり，最近
はアクティブ・ラーニングが奨励されていることもあり，学習者のパフォー
マンスを評価しなければならなくなりました。パフォーマンスの評価は，

C2：（例えば、これから言うことを考えている時や、他人の反応をモニターしているような時といった）他のことに注意を払っている時でも、複雑な言葉について常に高い文法駆使力を維持している。
C1：常に高い文法的正確さを維持する。誤りは少なく、見つけることは難しい。
B2：高い文法駆使力がある。時には「言い間違い」や、文構造での偶然起こした誤りや些細な不備が見られる場合があるが、その数は少なく、後で見直せば訂正できるものが多い。比較的高い文法駆使力が見られる。誤解につながるような間違いは犯さない。
B1：馴染みのある状況では、割合正確にコミュニケーションを行うことができる。多くの場合高いレベルでの駆使能力があるが、母語の影響が明らかである。誤りも見られるが、本人が述べようとしていることは明らかに分かる。比較的予測可能な状況で、頻繁に使われる「繰り返し」やパターンのレパートリーを、割合正確に使うことができる。
A2：いくつかの単純な文法構造を正しく使うことができるが、依然として決まって犯す基本的な間違いがある—例えば、時制を混同したり、性・数・格などの一致を忘れたりする傾向がある。しかし、本人が何を言おうとしているのかはたいていの場合明らかである。
A1：学習済みのレパートリーについて、いくつかの限られた単純な文法構造や構文を使うことができる。

表17-2 CEFR：「文法的正確さ」についての参照枠（吉島・大橋訳，2004）

例えば，「知っている場所であれば，道案内ができる」という風に，本来記述文であるべきでしょう。しかし，多くの学習者に対して記述式で評価を書くのはかなり大変な作業です。また，個人によって，評価基準が異なる可能性もあります。もちろん，国によっても，評価基準が異なります。そこで，評価のための参照枠としてCEFRを用いることができます。これにより，評価者は，自分の評価をCEFRに準拠させることができます。つまり，CEFRの評価記述文を見ながら，自分の学習者は，A1レベルだとかA2レベルだとかと判断できるのです。CEFRの分類と記述は多岐にわたるので，本章では「総合的な口語発話に関して」のみを紹介します（**表17-2**）。

第17章│評価

課　題

1. 検定教科書の1課分を使って，どのような授業をするかを考え，筆記試験と実技試験を作成してみましょう。

2. 自分で作った試験をもちより，授業の方法とその試験についてグループで話し合ってみましょう。

3. CEFRの文法能力について，自分の文法能力は，どのレベルか根拠を持って自己診断し，それをグループで話し合ってみましょう。

参考図書

- 『英語のテストはこう作る』アーサー ヒューズ（原著）静哲人（訳），研究社（2003）

  実際に小学校，中学校，高等学校，大学，その他の教育機関で教えている先生方がテスト理論を踏まえた望ましいテストを作成・実施・分析するために必要かつ十分な内容を含む実用書である。

- 『英語教育評価論』金谷憲（編著），河源社（2003）

  評価分野での研究状態を把握したうえで，実証的研究モデルを示すことが狙いである。具体的には，英語教育における評価活動をいろいろな角度から実証的に調べ，教育実践における評価の際の参考に供しようとしている。

- 『テスティングと評価』石川祥一・西田正・斉田智里，大修館書店（2011）

  英語教育における教育評価は重要でかつ必須な行為であると考え，英語学力の測定に関する理論を紹介し，テスティングとアセスメントの分野において，英語教育の改善につながる方法を模索し提案している。

資料編

J-POSTL【英語教職課程編】：自己評価記述文

「言語教師のポートフォリオ」より

[凡例] 無印：教職課程履修学生用 ／ Ⓝ：初任教師用

Ⅰ 教育環境 Context

A. 教育課程（Curriculum）
1. 学習指導要領に記述された内容を理解できる。

B. 目標とニーズ（Aims and Needs）
1. 英語を学習することの意義を理解できる。
2. 学習指導要領と学習者のニーズに基づいて到達目標を考慮できる。
3. 学習者が英語を学習する動機を考慮できる。
4. 学習者の知的関心を考慮できる。
5. 学習者の達成感を考慮できる。

C. 言語教師の役割（The Role of the Language Teacher）
1. 学習者と保護者に対して英語学習の意義や利点を説明できる。
2. 学習者の母語の知識に配慮し，英語を指導する際にそれを活用できる。
3. 理論を理解して，自分の授業を批判的に評価できる。
4. 学習者からのフィードバックや学習の成果に基づいて，自分の授業を批判的に評価し，状況に合わせて変えることができる。
5. 他の実習生や指導教諭からのフィードバックを受け入れ，自分の授業に反映できる。
6. 他の実習生の授業を観察し，建設的にフィードバックできる。
7. 計画・実行・反省の手順で，学習者や授業に関する課題を認識できる。
8. 授業や学習に関連した情報を収集できる。

D. 組織の設備と制約（Institutional Resources and Constraints）
1. 実習校における設備や教育機器を，授業などで状況に応じて活用できる。

Ⅱ 教授法 Methodology

A. スピーキング活動（Speaking/Spoken Interaction）
1. 学習者をスピーキング活動に積極的に参加させるために，協力的な雰囲気を作り出し，具体的な言語使用場面を設定できる。
2. 自分の意見，身の回りのことおよび自国の文化などについて伝える力を育成するための活動を設定できる。
3. 発表や討論などができる力を育成するための活動を設定できる。Ⓝ
4. つなぎ言葉，あいづちなどを効果的に使って，相手とインタラクションができる力を育成するための活動を設定できる。Ⓝ
5. 強勢，リズム，イントネーションなどを身につけさせるような様々な活動を設定できる。Ⓝ
6. 語彙や文法知識などを用いて正確に話す力を育成するための音声指導ができる。Ⓝ

B. ライティング活動（Writing/Written Interaction）

1. 学習者がライティングの課題のために情報を収集し共有することを支援できる。

2. 学習者が持っているライティング能力を伸ばすために，言語の使用場面と言語の働きに応じた指導ができる。[N]

3. 学習者がEメールなどのやりとりを行うのを支援する活動を設定できる。[N]

4. 学習者がマインドマップやアウトラインを用いて文章を書くための支援ができる。[N]

5. 学習者がまとまりのあるパラグラフやエッセイを書くための支援ができる。[N]

6. 学習者が学習した綴り，語彙や文法などの定着に役立つライティング活動を設定できる。[N]

C. リスニング活動（Listening）

1. 学習者のニーズ，興味・関心，到達度に適した教材を選択できる。

2. 学習者が教材に関心が向くよう，聞く前の活動を計画できる。

3. 学習者がリスニングをする際に，教材のトピックについてもっている関連知識を使って内容を予測するよう指導できる。

4. リスニング・ストラテジー（要旨や特定の情報をつかむなど）の練習と向上のために，様々な学習活動を立案し設定できる。[N]

5. 学習者に英語の話し言葉の特徴に気づかせるような活動を立案し設定できる。[N]

D. リーディング活動（Reading）

1. 学習者のニーズ，興味・関心，到達度に適した教材を選択できる。

2. 学習者が教材に関心が向くよう，読む前の活動を設定できる。

3. 学習者が文章を読む際に，教材のトピックについて持っている関連知識を使うよう指導できる。

4. 文章に応じて，音読，黙読，グループリーディングなど適切な読み方を導入できる。

5. 読む目的（スキミング，スキャニングなど）に合わせ，リーディング・ストラテジーの練習と向上のために様々な活動を展開できる。[N]

6. 学習者に難語や新語に対処する様々なストラテジーを身につけさせるよう支援できる。[N]

7. リーディングとその他のスキルを関連づけるような様々な読んだ後の活動を選択できる。[N]

E. 文法（Grammar）

1. 学習者に適切な文法書や辞書を提示し，具体的にそれらを引用して説明を行え，またそれらを学習者が使えるように指導できる。

2. 文法は，コミュニケーションを支えるものであるとの認識を持ち，使用場面を提示して，言語活動と関連づけて指導できる。

F. 語彙（Vocabulary）

1. 文脈の中で語彙を学習させ，定着させるための活動を設定できる。

2. ロングマンの辞書の語彙定義に使われる基本2000語を理解し，それらを使ってさまざまな活動を設定できる。[N]

3. 使用頻度の高い語彙・低い語彙，あるいは受容語彙・発信語彙のいずれであるかを判断し，それらを指導できる。[N]

G. 文化（Culture）

1. 英語学習をとおして，自分たちの文化と異文化に関する興味・関心を呼び起こすような活動を設定できる。

Ⅲ 教授資料の入手先 Resources

1. 学習者の年齢，興味・関心，英語力に適した教科書や教材を選択できる。
2. 学習者の英語力に適した文章や言語活動を教科書から選択できる。
3. 教科書以外の素材（文学作品，新聞，ウェブサイトなど）から，学習者のニーズに応じたリスニングとリーディングの教材を選択できる。
4. 教科書付属の教師用指導書や補助教材にあるアイディア，指導案，教材を利用できる。
5. 学習者に適切な教材や活動を考案できる。
6. 情報検索のためにネットを使えるように学習者を指導できる。
7. 学習者に役に立つ辞書や参考書を推薦できる。Ⓝ

Ⅳ 授業計画 Lesson Planning

A. 学習目標の設定（Identification of Learning Objectives）

1. 学習者のニーズと興味・関心を考慮し，学習指導要領の内容に沿った学習目標を設定できる。
2. 年間の指導計画に即して，授業ごとの学習目標を設定できる。
3. 学習者の意欲を高める目標を設定できる。
4. 学習者の能力やニーズに配慮した目標を設定できる。
5. 学習者に学習の振り返りを促す目標を設定できる。

B. 授業内容（Lesson Content）

1. 「聞くこと」「話すこと」「読むこと」「書くこと」の4技能が総合的に取り込まれた指導計画を立案できる。
2. 言語と文化の関わりを理解できるような活動を立案できる。
3. 文法学習や語彙学習をコミュニケーション活動に統合させた指導計画を立案できる。
4. 目標とする学習活動に必要な時間を把握して，指導計画を立案できる。
5. 学習者がこれまでに学習した知識を活用した活動を設定できる。
6. 学習者のやる気や興味・関心を引き出すような活動を設定できる。
7. 学習者の学習スタイルに応じた活動を設定できる。
8. 学習者の反応や意見を，授業計画に反映できる。

C. 授業展開（Lesson Organization）

1. 学習目標に沿った授業形式（対面式，個別，ペア，グループなど）を選び，指導計画を立案できる。
2. 学習者の発表や学習者同士のやりとりを促す活動計画を立案できる。
3. 英語を使うタイミングや方法を考慮して，授業計画を立案できる。
4. 指導教員やALTとのティームティーチングの授業計画を立案できる。Ⓝ

Ⅴ 授業実践 Conducting a Lesson

A. レッスン・プランの使用（Using Lesson Plans）

1. 学習者の関心を引きつける方法で授業を開始できる。
2. 指導案に基づいて柔軟に授業を行い，授業の進行とともに学習者の興味・関心に対応できる。
3. 学習者の集中力を考慮し，授業活動の種類と時間を適切に配分できる。
4. 本時をまとめてから授業を終了することができる。

5. 予期できない状況が生じたとき，指導案を調整して対処できる。 N

B. 内容 (Content)

1. 授業内容を，学習者の持っている知識や身近な出来事や文化などに関連づけて指導できる。

C. 学習者とのインタラクション (Interaction with Learners)

1. 授業開始時に，学習者をきちんと席に着かせて，授業に注意を向かせるよう指導できる。

2. 学習者中心の活動や学習者間のインタラクションを支援できる。

3. 可能な範囲で，授業の準備や計画において，学習者の参加を奨励できる。

4. 学習者の様々な学習スタイルに対応できる。 N

5. 学習者が学習ストラテジーを適切に使えるように支援できる。 N

D. 授業運営 (Classroom Management)

1. 個人学習，ペアワーク，グループワーク，クラス全体などの活動形態を提供できる。

2. フラッシュカード・図表・絵などの作成や視聴覚教材を活用できる。

E. 教室での言語 (Classroom Language)

1. 英語を使って授業を展開するが，必要に応じて日本語を効果的に使用できる。

2. 学習者が授業活動において英語を使うように設計し指導できる。

Ⅵ 自立学習 Independent Learning

A. 学習者の自律 (Learner Autonomy)

1. 学習者が各自のニーズや興味・関心に合ったタスクや活動を選択するように支援できる。 N

2. 学習者が自分の学習過程や学習成果を自己評価できるように支援できる。 N

B. 宿題 (Homework)

1. 学習者にとって最も適した宿題を設定できる。 N

2. 学習者が自主的に宿題を進めるのに必要な支援を行ない，学習時間の管理の手助けができる。 N

3. 妥当で明確な基準に基づいて宿題を評価できる。 N

Ⅶ 評価 Assessment

A. 測定法の考案 (Designing Assessment Tools)

1. 授業の目的に応じて，筆記試験，実技試験などの評価方法を設定できる。 N

2. 学習者の授業への参加や活動状況を観察し評価する方法を立案し使用できる。 N

B. 評価 (Evaluation)

1. 学習者の英語運用力が向上するように，本人の得意・不得意分野を指摘できる。 N

2. 学習者や保護者などにわかりやすい形式で学習者の学習成果や進歩を記述できる。 N

C. 自己評価と相互評価 (【現職英語教師編】参照)

D. 言語運用 (Language Performance)

1. 話したり書いたりする能力を適切に評価できる。 N

E. 国際理解 (文化) (Culture)

1. 日本の文化と英語圏を中心とした文化を比べ，その相違への学習者の気づきを評価できる。

F. 誤答分析 (Error Analysis)

1. 学習者の誤りを分析し，建設的にフィードバックできる。

資料 2	〈英語で授業〉基本用例

【一般的指示】

○ 生徒を席につかせる

　・Take your seat, please.　・Be seated, please.　・Please go back to your seat.

○ 自分や黒板などを注目させる

　・Face forward! Look at me / the board, please.　・Listen to me carefully.

　・Ken, can you hear me?

○ 静かにさせる注意をする

　・No talking.　・Stop chatting.　・Don't talk with your friend.　・Be quiet, please.

○ 行為をしかったり罰をあたえる

　・You did again. If you do it again, I'll call your parent.

　・Never forget to bring your textbook again, or you must go home and get it.

　・Don't be a litterbug! Pick up the litter under your desk.

○ 生徒の活動や行為をほめる

　・You did a good job.　・You've made it.　・Excellent!　・Well done.

○ 生徒に大きな声を求める

　・Speak up, please.　・Could you speak in a louder voice, please?

○ 生徒に感謝する

　・Thank you for your help.　・It's very kind of you to do that.

○ 生徒の誤りを訂正する

　・That's not correct. Try again.　・It's only a small mistake. Think about it.

○ 生徒の理解を確認する

　・Did you get what I said?　・OK? Is this clear to you?

○ 生徒の参加を求める

　・Any volunteer?　・Who wants to answer this question?

　・Can anyone come to the board and write the answer?

○ 指名して活動をさせる

　・Could you try, Akiko?　・Ken, read the third paragraph on page 29, please.

　・Read the dialog with one of you as Robert, and the other as Jane.

資料 2 │〈英語で授業〉基本用例

○ 授業中，ALTに指示する／依頼する

- Could you read this passage twice; first, slowly, and then, at a natural speed?
- Why don't we read the dialog for the students? You take A's part, and I'll take B's.
- Please walk around the classroom to see if students are doing pair works properly?
- I wonder if you look at the students' notebooks, and correct any mistakes you find.

【スモールトーク】

○ 授業開始のあいさつをする

- Good morning, class. How're you (doing) today?

○ 授業のはじめに曜日等を確認する

- What day is it today? ・What's the date today?

○ 出欠・遅刻の確認する

- Let me call the roll. ・Who's absent, today? ・Is everybody here?

○ 欠席[遅刻]理由を聞く

- You weren't here last time. Did you have a cold?
- Why were you absent yesterday? ・Tell me why you're late.

○ 生徒の健康チェックをする

- Saori, you look pale. Are you OK? ・Take care. There's the flu going around.

○ 天候について聞く

- How's the weather today? ・What's the weather like in Paris?

○ 前日等の話題・行動について聞く

- What did we talk about last time? ・What did you do yesterday?
- Please tell us about what you did last weekend?

○ 日常的な話題を提供する

- What are you interested in? ・What kind of music do you like?
- What do you usually do after school? ・Do you usually read a newspaper?

【復習】

○ 宿題を確認する

- Did you do your homework? ・Was the homework difficult?
- Is there anyone who hasn't finished the homework?
- How much time did it take you to finish the homework?

○ 小テストを実施する

- Now, time for a quiz. Show me how hard you have learned.

○ テストの解説(答え合わせ)をする

- Correct errors, if any, and think why you made a mistake.
- Is this correct? Is there anyone who has another answer?
- Exchange your sheets with your neighbor.
- Correct errors in red, if any, and your partner can understand why he or she made the mistake. OK?

○ 前の授業を復習する

- Yesterday, we learned expressions such as A, B, and C. Do you remember them?
- Could you give me the main idea (or outline) of the previous lesson?

【導入】

○ 重要構文を導入する

- I'll say two sentences, so listen carefully and tell the differences in forms or stresses.
- Look at the black (chalk) board. You'll see two sentences. They look similar, but they're also different.

○ 新出語を導入する

- I'll explain some words in English. Guess what they mean.
- Everybody, listen carefully. Mr. Jones (ALT) will talk to you using new words and phrases. Can you guess what they mean?

○ レッストピックを導入する

- Do you know anything about this topic?
- How much do you know about ... ?

○ 本文を導入する

- We'll begin at Lesson 3, Section 2. So open your textbook to page 15.
- Turn your textbook to page 20. Let's start reading from the second paragraph.
- Please read the whole passage silently on page 30.

○ 発音の指導をする

- Please listen to the CD and repeat after it.
- I'll say each word once. You repeat it three times.
- Now let's read the text aloud. You'll follow along as I read it.

資料 2 〈英語で授業〉基本用例

【教授】

○ 内容把握の指導をする

- Let's read the first paragraph, and underline the main idea.
- Try to find out the main points which support the main idea.
- Pick up key words and write them down in your notebook.
- Several characters appear in this story. Can you illustrate the relations among them?

○ 教科書本文を要約する

- Tell us just briefly what is written in this paragraph.
- You don't have to translate, but tell us only the gist of the paragraph.
- Could you make an outline of the whole text?
- Can you summarize the story in your own words?

○ 語句や文の意味を説明する

- Guess the meaning of this word/phrase in the context.
- Let me explain this sentence in plain English.
- This word has several different definitions. Talk with your neighbors about which definition is appropriate in this context.

○ 文をパラフレーズする

- I'll put this sentence in another way.
- This part can be paraphrased in this way.
- What does the writer want to say here? Please explain it in a few words of your own, either in English or in Japanese.

○ 文法を指導する

- What is the subject of this sentence? How about the verb?
- Please remember that the meaning of a sentence depends on the word order.
- Nouns, verbs, and adjectives make five sentence patterns.

○ 和文英訳を指導する

- Let's put these Japanese sentences into English.
- Please translate this sentence into English without using your dictionary.
- You should rewrite this Japanese sentence in plain Japanese first. Then, put it into English using the words and phrases you have learned.

223

【練習・その他の活動】

○ パターン・プラクティスをする

- Now, substitution drill. Change the words with the cue.
- Replace the underlined parts with the words or phrases the Tool Box provides.

○ コミュニケーション活動をする

- Let's act out this dialog.
- Use your own words and talk about what you did last weekend.
- Work in pairs and make a skit of your own.
- Make groups of four and exchange your ideas about the lesson topic in English.

○ ノート等に書く作業をさせる

- Write/Copy/Jot them down in your notebook.
- I'll ask you several questions. Please write your answers in a full sentence in your notebook.
- You can take notes while listening to the CD.

○ 歌を指導する

- Let's sing a song.　・How about singing a song?
- Do you know the words of this song?　・Say the words after me.
- Let's sing "Blowing in the Wind" together. The words are simple, but its message is powerful.

○ ゲームを指導する

- Now, it's (the) time for a game.
- Let me explain how the game works.
- Do you remember the game we played last time? Let's do it again.
- This is the end of the game. Who's the winner? Excellent! Let's give them a big hand.

【まとめ】

○ 授業をまとめる

- It's almost (the) time to finish. Do you have any questions about today's lesson?
- Let's have a quick look at today's expressions again.
- Why don't you complete remaining exercises now?

○ 次の授業の指示をする

- Complete this handout and turn it in next time.
- We'll read the rest of the text next time. So, be sure to look up the words and phrases you don't understand in your dictionary.

資料 3	学習指導要領

小学校学習指導要領（抜粋）（平成20年3月）

第4章　外国語活動

第1　目標

　外国語を通じて，言語や文化について体験的に理解を深め，積極的にコミュニケーションを図ろうとする態度の育成を図り，外国語の音声や基本的な表現に慣れ親しませながら，コミュニケーション能力の素地を養う。

第2　内容

〔第5学年及び第6学年〕

1. 外国語を用いて積極的にコミュニケーションを図ることができるよう，次の事項について指導する。
   (1)　外国語を用いてコミュニケーションを図る楽しさを体験すること。
   (2)　積極的に外国語を聞いたり，話したりすること。
   (3)　言語を用いてコミュニケーションを図ることの大切さを知ること。

2. 日本と外国の言語や文化について，体験的に理解を深めることができるよう，次の事項について指導する。
   (1)　外国語の音声やリズムなどに慣れ親しむとともに，日本語との違いを知り，言葉の面白さや豊かさに気付くこと。
   (2)　日本と外国との生活，習慣，行事などの違いを知り，多様なものの見方や考え方があることに気付くこと。
   (3)　異なる文化をもつ人々との交流等を体験し，文化等に対する理解を深めること。

第3　指導計画の作成と内容の取扱い

1. 指導計画の作成に当たっては，次の事項に配慮するものとする。
   (1)　外国語活動においては，英語を取り扱うことを原則とすること。
   (2)　各学校においては，児童や地域の実態に応じて，学年ごとの目標を適切に定め，2学年間を通して外国語活動の目標の実現を図るようにすること。
   (3)　第2の内容のうち，主として言語や文化に関する2の内容の指導については，主としてコミュニケーションに関する1の内容 との関連を図るようにすること。その際，言語や文化については体験的な理解を図ることとし，指導内容が必要以上に細部にわたったり，形式的になったりしないようにすること。
   (4)　指導内容や活動については，児童の興味・関心にあったものとし，国語科，音楽科，図画工作科などの他教科等で児童が学習したことを活用するなどの工夫により，指導の効果を高めるようにすること。
   (5)　指導計画の作成や授業の実施については，学級担任の教師又は外国語活動を担当する教師が行

うこととし，授業の実施に当たっては，ネイティブ・スピーカーの活用に努めるとともに，地域の実態に応じて，外国語に堪能な地域の人々の協力を得るなど，指導体制を充実すること。

(6) 音声を取り扱う場合には，CD，DVD などの視聴覚教材を積極的に活用すること。その際，使用する視聴覚教材は，児童，学校及び地域の実態を考慮して適切なものとすること。

(7) 第1章総則の第1の2及び第3章道徳の第1に示す道徳教育の目標に基づき，道徳の時間などとの関連を考慮しながら，第3章道徳の第2に示す内容について，外国語活動の特質に応じて適切な指導をすること。

2. 第2の内容の取扱いについては，次の事項に配慮するものとする。

(1) 2学年間を通じ指導に当たっては，次のような点に配慮するものとする。

　ア　外国語でのコミュニケーションを体験させる際には，児童の発達の段階を考慮した表現を用い，児童にとって身近なコミュニケーションの場面を設定すること。

　イ　外国語でのコミュニケーションを体験させる際には，音声面を中心とし，アルファベットなどの文字や単語の取扱いについては，児童の学習負担に配慮しつつ，音声によるコミュニケーションを補助するものとして用いること。

　ウ　言葉によらないコミュニケーションの手段もコミュニケーションを支えるものであることを踏まえ，ジェスチャーなどを取り上げ，その役割を理解させるようにすること。

　エ　外国語活動を通して，外国語や外国の文化のみならず，国語や我が国の文化についても併せて理解を深めることができるようにすること。

　オ　外国語でのコミュニケーションを体験させるに当たり，主として次に示すようなコミュニケーションの場面やコミュニケーションの働きを取り上げるようにすること。

　　〔コミュニケーションの場面の例〕

　　　(ア)　特有の表現がよく使われる場面

　　　　・あいさつ　　・自己紹介　　・買物　　・食事　　・道案内　　など

　　　(イ)　児童の身近な暮らしにかかわる場面

　　　　・家庭での生活　　・学校での学習や活動　　・地域の行事

　　　　・子どもの遊び　　など

　　〔コミュニケーションの働きの例〕

　　　(ア)　相手との関係を円滑にする

　　　(イ)　気持ちを伝える

　　　(ウ)　事実を伝える

　　　(エ)　考えや意図を伝える

　　　(オ)　相手の行動を促す

(2) 児童の学習段階を考慮して各学年の指導に当たっては，次のような点に配慮するものとする。

　ア　第5学年における活動

　　　外国語を初めて学習することに配慮し，児童に身近で基本的な表現を使いながら，外国語に慣れ親しむ活動や児童の日常生活や学校生活にかかわる活動を中心に，友達とのかかわりを大切にした体験的なコミュニケーション活動を行うようにすること。

　イ　第6学年における活動

　　　第5学年の学習を基礎として，友達とのかかわりを大切にしながら，児童の日常生活や学校生活に加え，国際理解にかかわる交流等を含んだ体験的なコミュニケーション活動を行うようにすること。

資料 3 ｜ 学習指導要領

中学校学習指導要領（抜粋）（平成20年告示　平成27年一部改正）

第2章　第9節　外国語

第1　目標

外国語を通じて，言語や文化に対する理解を深め，積極的にコミュニケーションを図ろうとする態度の育成を図り，聞くこと，話すこと，読むこと，書くことなどのコミュニケーション能力の基礎を養う。

第2　各言語の目標及び内容等
英語
1　目標

(1)　初歩的な英語を聞いて話し手の意向などを理解できるようにする。
(2)　初歩的な英語を用いて自分の考えなどを話すことができるようにする。
(3)　英語を読むことに慣れ親しみ，初歩的な英語を読んで書き手の意向などを理解できるようにする。
(4)　英語で書くことに慣れ親しみ，初歩的な英語を用いて自分の考えなどを書くことができるようにする。

2　内容

(1)　言語活動

英語を理解し，英語で表現できる実践的な運用能力を養うため，次の言語活動を3学年間を通して行わせる。

ア　聞くこと

主として次の事項について指導する。

（ア）　強勢，イントネーション，区切りなど基本的な英語の音声の特徴をとらえ，正しく聞き取ること。
（イ）　自然な口調で話されたり読まれたりする英語を聞いて，情報を正確に聞き取ること。
（ウ）　質問や依頼などを聞いて適切に応じること。
（エ）　話し手に聞き返すなどして内容を確認しながら理解すること。
（オ）　まとまりのある英語を聞いて，概要や要点を適切に聞き取ること。

イ　話すこと

主として次の事項について指導する。

（ア）　強勢，イントネーション，区切りなど基本的な英語の音声の特徴をとらえ，正しく発音すること。
（イ）　自分の考えや気持ち，事実などを聞き手に正しく伝えること。
（ウ）　聞いたり読んだりしたことなどについて，問答したり意見を述べ合ったりなどすること。
（エ）　つなぎ言葉を用いるなどのいろいろな工夫をして話を続けること。
（オ）　与えられたテーマについて簡単なスピーチをすること。

ウ　読むこと

主として次の事項について指導する。

（ア）　文字や符号を識別し，正しく読むこと。
（イ）　書かれた内容を考えながら黙読したり，その内容が表現されるように音読すること。
（ウ）　物語のあらすじや説明文の大切な部分などを正確に読み取ること。

227

（エ）　伝言や手紙などの文章から書き手の意向を理解し，適切に応じること。

　（オ）　話の内容や書き手の意見などに対して感想を述べたり賛否やその理由を示したりなどすることができるよう，書かれた内容や考え方などをとらえること。

　エ　書くこと
　　主として次の事項について指導する。
　（ア）　文字や符号を識別し，語と語の区切りなどに注意して正しく書くこと。
　（イ）　語と語のつながりなどに注意して正しく文を書くこと。
　（ウ）　聞いたり読んだりしたことについてメモをとったり，感想，賛否やその理由を書いたりなどすること。
　（エ）　身近な場面における出来事や体験したことなどについて，自分の考えや気持ちなどを書くこと。
　（オ）　自分の考えや気持ちなどが読み手に正しく伝わるように，文と文のつながりなどに注意して文章を書くこと。

(2)　言語活動の取扱い
　ア　3学年間を通じ指導に当たっては，次のような点に配慮するものとする。
　（ア）　実際に言語を使用して互いの考えや気持ちを伝え合うなどの活動を行うとともに，(3)に示す言語材料について理解したり練習したりする活動を行うようにすること。
　（イ）　実際に言語を使用して互いの考えや気持ちを伝え合うなどの活動においては，具体的な場面や状況に合った適切な表現を自ら考えて言語活動ができるようにすること。
　（ウ）　言語活動を行うに当たり，主として次に示すような言語の使用場面や言語の働きを取り上げるようにすること。
　　〔言語の使用場面の例〕
　　　a　特有の表現がよく使われる場面
　　　　・あいさつ　　・自己紹介　　・電話での応答　　・買物　　・道案内
　　　　・旅行　　・食事　　など
　　　b　生徒の身近な暮らしにかかわる場面
　　　　・家庭での生活　　・学校での学習や活動　　・地域の行事　　など
　　〔言語の働きの例〕
　　　a　コミュニケーションを円滑にする
　　　　・呼び掛ける　　・相づちをうつ　　・聞き直す　　・繰り返す　　など
　　　b　気持ちを伝える
　　　　・礼を言う　　・苦情を言う　　・褒める　　・謝る　　など
　　　c　情報を伝える
　　　　・説明する　　・報告する　　・発表する　　・描写する　　など
　　　d　考えや意図を伝える
　　　　・申し出る　　・約束する　　・意見を言う　　・賛成する
　　　　・反対する　　・承諾する　　・断る　　など
　　　e　相手の行動を促す
　　　　・質問する　　・依頼する　　・招待する　　など
　イ　生徒の学習段階を考慮して各学年の指導に当たっては，次のような点に配慮するものとする。
　（ア）　第1学年における言語活動
　　　　小学校における外国語活動を通じて音声面を中心としたコミュニケーションに対する積極的な態度などの一定の素地が育成されることを踏まえ，身近な言語の使用場面や言語の働きに配

慮した言語活動を行わせること。その際，自分の気持ちや身の回りの出来事などの中から簡単な表現を用いてコミュニケーションを図れるような話題を取り上げること。

（イ）　第2学年における言語活動

　　第1学年の学習を基礎として，言語の使用場面や言語の働きを更に広げた言語活動を行わせること。その際，第1学年における学習内容を繰り返して指導し定着を図るとともに，事実関係を伝えたり，物事について判断したりした内容などの中からコミュニケーションを図れるような話題を取り上げること。

（ウ）　第3学年における言語活動

　　第2学年までの学習を基礎として，言語の使用場面や言語の働きを一層広げた言語活動を行わせること。その際，第1学年及び第2学年における学習内容を繰り返して指導し定着を図るとともに，様々な考えや意見などの中からコミュニケーションが図れるような話題を取り上げること。

（3）　言語材料

（1）の言語活動は，以下に示す言語材料の中から，1の目標を達成するのにふさわしいものを適宜用いて行わせる。

　ア　音声
　　（ア）　現代の標準的な発音
　　（イ）　語と語の連結による音変化
　　（ウ）　語，句，文における基本的な強勢
　　（エ）　文における基本的なイントネーション
　　（オ）　文における基本的な区切り

　イ　文字及び符号
　　（ア）　アルファベットの活字体の大文字及び小文字
　　（イ）　終止符，疑問符，コンマ，引用符，感嘆符など基本的な符号

　ウ　語，連語及び慣用表現
　　（ア）　1,200語程度の語
　　（イ）　in front of, a lot of, get up, look for などの連語
　　（ウ）　excuse me, I see, I'm sorry, thank you, you're welcome, for example などの慣用表現

　エ　文法事項
　　（ア）　文
　　　a　単文，重文及び複文
　　　b　肯定及び否定の平叙文
　　　c　肯定及び否定の命令文
　　　d　疑問文のうち，動詞で始まるもの，助動詞（can, do, may など）で始まるもの，or を含むもの及び疑問詞（how, what, when, where, which, who, whose, why）で始まるもの

　　（イ）　文構造
　　　a　［主語＋動詞］
　　　b　［主語＋動詞＋補語］のうち，

　　　　（a）主語 ＋ be 動詞 ＋ $\left\{ \begin{array}{l} 名詞 \\ 代名詞 \\ 形容詞 \end{array} \right.$

　　　　（b）主語 ＋ be 動詞以外の動詞 ＋ $\left\{ \begin{array}{l} 名詞 \\ 形容詞 \end{array} \right.$

229

c ［主語＋動詞＋目的語］のうち,

(a) 主語 ＋ 動詞 ＋ { 名詞 / 代名詞 / 動名詞 / to 不定詞 / how（など）to 不定詞 / that で始まる節 }

(b) 主語 ＋ 動詞 ＋ what などで始まる節

d ［主語＋動詞＋間接目的語＋直接目的語］のうち,

(a) 主語 ＋ 動詞 ＋ 間接目的語 ＋ { 名詞 / 代名詞 }

(b) 主語 ＋ 動詞 ＋ 間接目的語 ＋ how（など）to 不定詞

e ［主語＋動詞＋目的語＋補語］のうち,

(a) 主語 ＋ 動詞 ＋ 目的語 ＋ { 名詞 / 形容詞 }

f その他

(a) There ＋ be 動詞＋〜

(b) It ＋ be 動詞＋〜（＋ for 〜）＋ to 不定詞

(c) 主語 ＋ tell, want など ＋ 目的語 ＋ to 不定詞

（ウ） 代名詞

a 人称, 指示, 疑問, 数量を表すもの

b 関係代名詞のうち, 主格の that, which, who 及び目的格の that, which の制限的用法

（エ） 動詞の時制など

現在形, 過去形, 現在進行形, 過去進行形, 現在完了形及び助動詞などを用いた未来表現

（オ） 形容詞及び副詞の比較変化

（カ） to 不定詞

（キ） 動名詞

（ク） 現在分詞及び過去分詞の形容詞としての用法

（ケ） 受け身

(4) 言語材料の取扱い

ア 発音と綴（つづ）りとを関連付けて指導すること。

イ 文法については, コミュニケーションを支えるものであることを踏まえ, 言語活動と効果的に関連付けて指導すること。

ウ （3）のエの文法事項の取扱いについては, 用語や用法の区別などの指導が中心とならないよう配慮し, 実際に活用できるように指導すること。また, 語順や修飾関係などにおける日本語との違いに留意して指導すること。

エ 英語の特質を理解させるために, 関連のある文法事項はまとまりをもって整理するなど, 効果的な指導ができるよう工夫すること。

3 指導計画の作成と内容の取扱い

(1) 指導計画の作成に当たっては, 次の事項に配慮するものとする。

ア 各学校においては, 生徒や地域の実態に応じて, 学年ごとの目標を適切に定め, 3学年間を通して英語の目標の実現を図るようにすること。

イ　2の（3）の言語材料については，学習段階に応じて平易なものから難しいものへと段階的に指導すること。

ウ　音声指導に当たっては，日本語との違いに留意しながら，発音練習などを通して2の（3）のアに示された言語材料を継続して指導すること。

また，音声指導の補助として，必要に応じて発音表記を用いて指導することもできること。

エ　文字指導に当たっては，生徒の学習負担に配慮し筆記体を指導することもできること。

オ　語，連語及び慣用表現については，運用度の高いものを用い，活用することを通して定着を図るようにすること。

カ　辞書の使い方に慣れ，活用できるようにすること。

キ　生徒の実態や教材の内容などに応じて，コンピュータや情報通信ネットワーク，教育機器などを有効活用したり，ネイティブ・スピーカーなどの協力を得たりなどすること。

また，ペアワーク，グループワークなどの学習形態を適宜工夫すること。

（2）　教材は，聞くこと，話すこと，読むこと，書くことなどのコミュニケーション能力を総合的に育成するため，実際の言語の使用場面や言語の働きに十分配慮したものを取り上げるものとする。その際，英語を使用している人々を中心とする世界の人々及び日本人の日常生活，風俗習慣，物語，地理，歴史，伝統文化や自然科学などに関するものの中から，生徒の発達の段階及び興味・関心に即して適切な題材を変化をもたせて取り上げるものとし，次の観点に配慮する必要がある。

ア　多様なものの見方や考え方を理解し，公正な判断力を養い豊かな心情を育てるのに役立つこと。

イ　外国や我が国の生活や文化についての理解を深めるとともに，言語や文化に対する関心を高め，これらを尊重する態度を育てるのに役立つこと。

ウ　広い視野から国際理解を深め，国際社会に生きる日本人としての自覚を高めるとともに，国際協調の精神を養うのに役立つこと。

その他の外国語

その他の外国語については，英語の目標及び内容等に準じて行うものとする。

第3　指導計画の作成と内容の取扱い

1. 小学校における外国語活動との関連に留意して，指導計画を適切に作成するものとする。
2. 外国語科においては，英語を履修させることを原則とする。
3. 第1章総則の第1の2及び第3章道徳の第1に示す道徳教育の目標に基づき，道徳の時間などとの関連を考慮しながら，第3章道徳の第2に示す内容について，外国語科の特質に応じて適切な指導をすること。

高等学校学習指導要領（抜粋）（平成21年3月）

第2章　第8節　外国語

第1款　目標

　外国語を通じて，言語や文化に対する理解を深め，積極的にコミュニケーションを図ろうとする態度の育成を図り，情報や考えなどを的確に理解したり適切に伝えたりするコミュニケーション能力を養う。

第2款　各科目

第1　コミュニケーション英語基礎

1　目標

　英語を通じて，積極的にコミュニケーションを図ろうとする態度を育成するとともに，聞くこと，話すこと，読むこと，書くことなどの基礎的な能力を養う。

2　内容

(1)　1の目標に基づき，中学校学習指導要領第2章第9節の第2の2の(1)に示す言語活動を参照しつつ，適切な言語活動を英語で行う。

(2)　(1)に示す言語活動を効果的に行うために，それぞれの生徒の中学校における学習内容の定着の程度等を踏まえた上で，中学校学習指導要領第2章第9節の第2の2の(2)のアに示す事項を参照しつつ，適切に指導するよう配慮するものとする。

3　内容の取扱い

　中学校における学習との接続と「コミュニケーション英語Ⅰ」における学習への円滑な移行のため，主に身近な場面における言語活動を経験させながら，中学校における基礎的な学習内容を整理して指導し定着を図るものとする。

第2　コミュニケーション英語Ⅰ

1　目標

　英語を通じて，積極的にコミュニケーションを図ろうとする態度を育成するとともに，情報や考えなどを的確に理解したり適切に伝えたりする基礎的な能力を養う。

2　内容

(1)　生徒が情報や考えなどを理解したり伝えたりすることを実践するように具体的な言語の使用場面を設定して，次のような言語活動を英語で行う。

　ア　事物に関する紹介や対話などを聞いて，情報や考えなどを理解したり，概要や要点をとらえたりする。

　イ　説明や物語などを読んで，情報や考えなどを理解したり，概要や要点をとらえたりする。また，聞き手に伝わるように音読する。

　ウ　聞いたり読んだりしたこと，学んだことや経験したことに基づき，情報や考えなどについて，話し合ったり意見の交換をしたりする。

　エ　聞いたり読んだりしたこと，学んだことや経験したことに基づき，情報や考えなどについて，簡潔に書く。

資料3｜学習指導要領

(2) (1)に示す言語活動を効果的に行うために，次のような事項について指導するよう配慮するものとする。

　　ア　リズムやイントネーションなどの英語の音声的な特徴，話す速度，声の大きさなどに注意しながら聞いたり話したりすること。

　　イ　内容の要点を示す語句や文，つながりを示す語句などに注意しながら読んだり書いたりすること。

　　ウ　事実と意見などを区別して，理解したり伝えたりすること。

3　内容の取扱い

(1) 中学校におけるコミュニケーション能力の基礎を養うための総合的な指導を踏まえ，聞いたことや読んだことを踏まえた上で話したり書いたりする言語活動を適切に取り入れながら，四つの領域の言語活動を有機的に関連付けつつ総合的に指導するものとする。

(2) 生徒の実態に応じて，多様な場面における言語活動を経験させながら，中学校や高等学校における学習内容を繰り返して指導し定着を図るよう配慮するものとする。

第3　コミュニケーション英語Ⅱ

1　目標

　英語を通じて，積極的にコミュニケーションを図ろうとする態度を育成するとともに，情報や考えなどを的確に理解したり適切に伝えたりする能力を伸ばす。

2　内容

(1) 生徒が情報や考えなどを理解したり伝えたりすることを実践するように具体的な言語の使用場面を設定して，次のような言語活動を英語で行う。

　　ア　事物に関する紹介や報告，対話や討論などを聞いて，情報や考えなどを理解したり，概要や要点をとらえたりする。

　　イ　説明，評論，物語，随筆などについて，速読したり精読したりするなど目的に応じた読み方をする。また，聞き手に伝わるように音読や暗唱を行う。

　　ウ　聞いたり読んだりしたこと，学んだことや経験したことに基づき，情報や考えなどについて，話し合うなどして結論をまとめる。

　　エ　聞いたり読んだりしたこと，学んだことや経験したことに基づき，情報や考えなどについて，まとまりのある文章を書く。

(2) (1)に示す言語活動を効果的に行うために，次のような事項について指導するよう配慮するものとする。

　　ア　英語の音声的な特徴や内容の展開などに注意しながら聞いたり話したりすること。

　　イ　論点や根拠などを明確にするとともに，文章の構成や図表との関連などを考えながら読んだり書いたりすること。

　　ウ　未知の語の意味を推測したり背景となる知識を活用したりしながら聞いたり読んだりすること。

　　エ　説明や描写の表現を工夫して相手に効果的に伝わるように話したり書いたりすること。

3　内容の取扱い

　「コミュニケーション英語Ⅰ」の3と同様に取り扱うものとする。

第4　コミュニケーション英語Ⅲ

1　目標

　英語を通じて，積極的にコミュニケーションを図ろうとする態度を育成するとともに，情報や考えな

233

どを的確に理解したり適切に伝えたりする能力を更に伸ばし，社会生活において活用できるようにする。

2 内容
(1) 1の目標に基づき，「コミュニケーション英語Ⅱ」の2の(1)に示す言語活動を更に発展させて行う。
(2) (1)に示す言語活動を行うに当たっては，「コミュニケーション英語Ⅱ」の2の(2)と同様に配慮するものとする。

3 内容の取扱い
「コミュニケーション英語Ⅰ」の3と同様に取り扱うものとする。

第5 英語表現Ⅰ
1 目標
英語を通じて，積極的にコミュニケーションを図ろうとする態度を育成するとともに，事実や意見などを多様な観点から考察し，論理の展開や表現の方法を工夫しながら伝える能力を養う。

2 内容
(1) 生徒が情報や考えなどを理解したり伝えたりすることを実践するように具体的な言語の使用場面を設定して，次のような言語活動を英語で行う。
　　ア　与えられた話題について，即興で話す。また，聞き手や目的に応じて簡潔に話す。
　　イ　読み手や目的に応じて，簡潔に書く。
　　ウ　聞いたり読んだりしたこと，学んだことや経験したことに基づき，情報や考えなどをまとめ，発表する。
(2) (1)に示す言語活動を効果的に行うために，次のような事項について指導するよう配慮するものとする。
　　ア　リズムやイントネーションなどの英語の音声的な特徴，話す速度，声の大きさなどに注意しながら話すこと。
　　イ　内容の要点を示す語句や文，つながりを示す語句などに注意しながら書くこと。また，書いた内容を読み返すこと。
　　ウ　発表の仕方や発表のために必要な表現などを学習し，実際に活用すること。
　　エ　聞いたり読んだりした内容について，そこに示されている意見を他の意見と比較して共通点や相違点を整理したり，自分の考えをまとめたりすること。

3 内容の取扱い
(1) 中学校におけるコミュニケーション能力の基礎を養うための総合的な指導を踏まえ，話したり書いたりする言語活動を中心に，情報や考えなどを伝える能力の向上を図るよう指導するものとする。
(2) 聞くこと及び読むこととも有機的に関連付けた活動を行うことにより，話すこと及び書くことの指導の効果を高めるよう工夫するものとする。
(3) 生徒の実態に応じて，多様な場面における言語活動を経験させながら，中学校や高等学校における学習内容を繰り返して指導し定着を図るよう配慮するものとする。

第6 英語表現Ⅱ
1 目標
英語を通じて，積極的にコミュニケーションを図ろうとする態度を育成するとともに，事実や意見などを多様な観点から考察し，論理の展開や表現の方法を工夫しながら伝える能力を伸ばす。

資料3 | 学習指導要領

2 内容

(1) 生徒が情報や考えなどを理解したり伝えたりすることを実践するように具体的な言語の使用場面を設定して，次のような言語活動を英語で行う。

ア 与えられた条件に合わせて，即興で話す。また，伝えたい内容を整理して論理的に話す。

イ 主題を決め，様々な種類の文章を書く。

ウ 聞いたり読んだりしたこと，学んだことや経験したことに基づき，情報や考えなどをまとめ，発表する。また，発表されたものを聞いて，質問したり意見を述べたりする。

エ 多様な考え方ができる話題について，立場を決めて意見をまとめ，相手を説得するために意見を述べ合う。

(2) (1)に示す言語活動を効果的に行うために，次のような事項について指導するよう配慮するものとする。

ア 英語の音声的な特徴や内容の展開などに注意しながら話すこと。

イ 論点や根拠などを明確にするとともに，文章の構成や図表との関連，表現の工夫などを考えながら書くこと。また，書いた内容を読み返して推敲すること。

ウ 発表の仕方や討論のルール，それらの活動に必要な表現などを学習し，実際に活用すること。

エ 相手の立場や考えを尊重し，互いの発言を検討して自分の考えを広げるとともに，課題の解決に向けて考えを生かし合うこと。

3 内容の取扱い

「英語表現Ⅰ」の3と同様に取り扱うものとする。

第7 英語会話

1 目標

英語を通じて，積極的にコミュニケーションを図ろうとする態度を育成するとともに，身近な話題について会話する能力を養う。

2 内容

(1) 生徒が情報や考えなどを理解したり伝えたりすることを実践するように具体的な言語の使用場面を設定して，次のような言語活動を英語で行う。

ア 相手の話を聞いて理解するとともに，場面や目的に応じて適切に応答する。

イ 関心のあることについて相手に質問したり，相手の質問に答えたりする。

ウ 聞いたり読んだりしたこと，学んだことや経験したことに基づき，情報や考えなどを場面や目的に応じて適切に伝える。

エ 海外での生活に必要な基本的な表現を使って，会話する。

(2) (1)に示す言語活動を効果的に行うために，次のような事項について指導するよう配慮するものとする。

ア リズムやイントネーションなどの英語の音声的な特徴，話す速度，声の大きさなどに注意しながら聞いたり話したりすること。

イ 繰り返しを求めたり，言い換えたりするときなどに必要となる表現を活用すること。

ウ ジェスチャーなどの非言語的なコミュニケーション手段の役割を理解し，場面や目的に応じて適切に用いること。

3 内容の取扱い

(1) 中学校におけるコミュニケーション能力の基礎を養うための総合的な指導を踏まえ，実際の会話

に即した言語活動を多く取り入れながら，聞いたり話したりする能力の向上を図るよう指導するものとする。

(2) 読むこと及び書くこととも有機的に関連付けた活動を行うことにより，聞くこと及び話すことの指導の効果を高めるよう工夫するものとする。

(3) 生徒の実態に応じて，多様な場面における言語活動を経験させながら，中学校や高等学校における学習内容を繰り返して指導し定着を図るよう配慮するものとする。

第8 その他の外国語に関する科目

その他の外国語に関する科目については，第1から第7まで及び第3款に示す英語に関する各科目の目標及び内容等に準じて行うものとする。

第3款 英語に関する各科目に共通する内容等

1 英語に関する各科目の2の(1)に示す言語活動を行うに当たっては，例えば，次に示すような言語の使用場面や言語の働きの中から，各科目の目標を達成するのにふさわしいものを適宜取り上げ，有機的に組み合わせて活用する。

［言語の使用場面の例］

a 特有の表現がよく使われる場面：
・買物　・旅行　・食事　・電話での応答
・手紙や電子メールのやりとり　など

b 生徒の身近な暮らしや社会での暮らしにかかわる場面：
・家庭での生活　・学校での学習や活動　・地域での活動
・職場での活動　など

c 多様な手段を通じて情報などを得る場面：
・本，新聞，雑誌などを読むこと　・テレビや映画などを観ること
・情報通信ネットワークを活用し情報を得ること　など

［言語の働きの例］

a コミュニケーションを円滑にする：
・相づちを打つ　・聞き直す　・繰り返す　・言い換える
・話題を発展させる　・話題を変える　など

b 気持ちを伝える：
・褒める　・謝る　・感謝する　・望む　・驚く　・心配する　など

c 情報を伝える：
・説明する　・報告する　・描写する　・理由を述べる　・要約する
・訂正する　など

d 考えや意図を伝える：
・申し出る　・賛成する　・反対する　・主張する　・推論する
・仮定する　など

e 相手の行動を促す：
・依頼する　・誘う　・許可する　・助言する　・命令する
・注意を引く　など

2 英語に関する各科目の2の(1)に示す言語活動を行うに当たっては，中学校学習指導要領第2章第9節第2の2の(3)及び次に示す言語材料の中から，それぞれの科目の目標を達成するのにふさわしいものを適宜用いて行わせる。その際，「コミュニケーション英語Ⅰ」においては，言語活動と効果的

に関連付けながら，ウに掲げるすべての事項を適切に取り扱うものとする。
　ア　語，連語及び慣用表現
　　（ア）　語
　　　a　「コミュニケーション英語Ⅰ」にあっては，中学校で学習した語に400語程度の新語を加えた語
　　　b　「コミュニケーション英語Ⅱ」にあっては，aに示す語に700語程度の新語を加えた語
　　　c　「コミュニケーション英語Ⅲ」にあっては，bに示す語に700語程度の新語を加えた語
　　　d　「コミュニケーション英語基礎」，「英語表現Ⅰ」，「英語表現Ⅱ」及び「英語会話」にあっては，
　　　　生徒の学習負担を踏まえた適切な語
　　（イ）　連語及び慣用表現のうち，運用度の高いもの
　イ　文構造のうち，運用度の高いもの
　ウ　文法事項
　　（ア）　不定詞の用法
　　（イ）　関係代名詞の用法
　　（ウ）　関係副詞の用法
　　（エ）　助動詞の用法
　　（オ）　代名詞のうち，it が名詞用法の句及び節を指すもの
　　（カ）　動詞の時制など
　　（キ）　仮定法
　　（ク）　分詞構文

3　2に示す言語材料を用いるに当たっては，次の事項に配慮するものとする。
　ア　現代の標準的な英語によること。ただし，様々な英語が国際的に広くコミュニケーションの手
　　段として使われている実態にも配慮すること。
　イ　文法については，コミュニケーションを支えるものであることを踏まえ，言語活動と効果的に
　　関連付けて指導すること。
　ウ　コミュニケーションを行うために必要となる語句や文構造，文法事項などの取扱いについては，
　　用語や用法の区別などの指導が中心とならないよう配慮し，実際に活用できるよう指導すること。
4　英語に関する各科目については，その特質にかんがみ，生徒が英語に触れる機会を充実するととも
　に，授業を実際のコミュニケーションの場面とするため，授業は英語で行うことを基本とする。そ
　の際，生徒の理解の程度に応じた英語を用いるよう十分配慮するものとする。

第4款　各科目にわたる指導計画の作成と内容の取扱い
1　指導計画の作成に当たっては，次の事項に配慮するものとする。
(1)　「コミュニケーション英語Ⅱ」は「コミュニケーション英語Ⅰ」を履修した後に，「コミュニケーショ
　　ン英語Ⅲ」は「コミュニケーション英語Ⅱ」を履修した後に，「英語表現Ⅱ」は「英語表現Ⅰ」を履修し
　　た後に履修させることを原則とすること。
(2)　「コミュニケーション英語基礎」を履修させる場合，「コミュニケーション英語Ⅰ」は「コミュニケー
　　ション英語基礎」を履修した後に履修させることを原則とすること。

2　内容の取扱いに当たっては，次の事項に配慮するものとする。
(1)　教材については，外国語を通じてコミュニケーション能力を総合的に育成するため，各科目の目
　　標に応じ，実際の言語の使用場面や言語の働きに十分配慮したものを取り上げるものとすること。
　　その際，その外国語を日常使用している人々を中心とする世界の人々及び日本人の日常生活，風俗
　　習慣，物語，地理，歴史，伝統文化や自然科学などに関するものの中から，生徒の発達の段階及び

興味・関心に即して適切な題材を変化をもたせて取り上げるものとし，次の観点に留意する必要があること。

　ア　多様なものの見方や考え方を理解し，公正な判断力を養い豊かな心情を育てるのに役立つこと。

　イ　外国や我が国の生活や文化についての理解を深めるとともに，言語や文化に対する関心を高め，これらを尊重する態度を育てるのに役立つこと。

　ウ　広い視野から国際理解を深め，国際社会に生きる日本人としての自覚を高めるとともに，国際協調の精神を養うのに役立つこと。

　エ　人間，社会，自然などについての考えを深めるのに役立つこと。

(2)　音声指導の補助として，発音表記を用いて指導することができること。

(3)　辞書の活用の指導などを通じ，生涯にわたって，自ら外国語を学び，使おうとする積極的な態度を育てるようにすること。

(4)　各科目の指導に当たっては，指導方法や指導体制を工夫し，ペア・ワーク，グループ・ワークなどを適宜取り入れたり，視聴覚教材やコンピュータ，情報通信ネットワークなどを適宜指導に生かしたりすること。また，ネイティブ・スピーカーなどの協力を得て行うティーム・ティーチングなどの授業を積極的に取り入れ，生徒のコミュニケーション能力を育成するとともに，国際理解を深めるようにすること。

資料4 次期学習指導要領（小学校・中学校）

小学校新学習指導要領　比較対照表

現行（平成20年3月告示）	改訂（平成29年3月告示）
目次 第1章 総則 第2章 各教科 　第1節 国語 　第2節 社会 　第3節 算数 　第4節 理科 　第5節 生活 　第6節 音楽 　第7節 図画工作 　第8節 家庭 　第9節 体育 第3章 特別の教科 道徳 第4章 外国語活動　　〈新設〉 第5章 総合的な学習の時間 第6章 特別活動 〈新設〉	目次 前文 第1章 総則 第2章 各教科 　第1節 国語 　第2節 社会 　第3節 算数 　第4節 理科 　第5節 生活 　第6節 音楽 　第7節 図画工作 　第8節 家庭 　第9節 体育 　第10節 外国語 第3章 特別の教科 道徳 第4章 外国語活動 第5章 総合的な学習の時間 第6章 特別活動 ――――――――――――――― **第2章　第10節　外国語** **第1　目　標** 　外国語によるコミュニケーションにおける見方・考え方を働かせ，外国語による聞くこと，読むこと，話すこと，書くことの言語活動を通して，コミュニケーションを図る基礎となる資質・能力を次のとおり育成することを目指す。 　（1）外国語の音声や文字，語彙，表現，文構造，言語の働きなどについて，日本語と外国語との違いに気付き，これらの知識を理解するとともに，読むこと，書くことに慣れ親しみ，聞くこと，読むこと，話すこと，書くことによる実際のコミュニケーションにおいて活用できる基礎的な技能を身に付けるようにする。 　（2）コミュニケーションを行う目的や場面，状況などに応じて，身近で簡単な事柄について，聞いたり話したりするとともに，音声で十分に慣れ親しんだ外国語の語彙や基本的な表現を推測しながら読んだり，語順を意識しながら書いたりして，自分の

現行（平成20年3月告示）	改訂（平成29年3月告示）
	考えや気持ちなどを伝え合うことができる基礎的な力を養う。
	（3）外国語の背景にある文化に対する理解を深め，他者に配慮しながら，主体的に外国語を用いてコミュニケーションを図ろうとする態度を養う。
	第2　各言語の目標及び内容等
	英語
新設	1　目標
	英語学習の特質を踏まえ 以下に示す，聞くこと，読むこと，話すこと［やり取り］，話すこと［発表］，書くことの五つの領域別に設定する目標の実現を目指した指導を通して，第1の（1）及び（2）に示す資質・能力を一体的に育成するとともに，その過程を通して，第1の（3）に示す資質・能力を育成する。
	（1）聞くこと
	ア　ゆっくりはっきりと話されれば，自分のことや身近で簡単な事柄について，簡単な語句や基本的な表現を聞き取ることができるようにする。
	イ　ゆっくりはっきりと話されれば，日常生活に関する身近で簡単な事柄について，具体的な情報を聞き取ることができるようにする。
	ウ　ゆっくりはっきりと話されれば，日常生活に関する身近で簡単な事柄について，短い話の概要を捉えることができるようにする。
	（2）読むこと
	ア　活字体で書かれた文字を識別し，その読み方を発音することができるようにする。
	イ　音声で十分に慣れ親しんだ簡単な語句や基本的な表現の意味が分かるようにする。
	（3）話すこと［やり取り］
	ア　基本的な表現を用いて指示，依頼をしたり，それらに応じたりすることができるようにする。
	イ　日常生活に関する身近で簡単な事柄について，自分の考えや気持ちなどを，簡単な語句や基本的な表現を用いて伝え合うことができるようにする。
	ウ　自分や相手のこと及び身の回りの物に関する事柄について，簡単な語句や基本的な表現を用いてその場で質問をしたり質問に答えたりして，伝え合うことができるようにする。
	（4）話すこと［発表］
	ア　日常生活に関する身近で簡単な事柄について，簡単な語句や基本的な表現を用いて話すことができるようにする。
	イ　自分のことについて，伝えようとする内容を整理した上で，簡単な語句や基本的な表現を用いて話すことができるようにする。
	ウ　身近で簡単な事柄について，伝えようとする内容を整理した上で，自分の考えや気持ちなどを，簡単な語句や基本的な表現を用いて話すことができるようにする。

資料 4 ｜ 次期学習指導要領（小学校・中学校）

現行（平成20年3月告示）	改訂（平成29年3月告示）
	（5）書くこと ア　大文字，小文字を活字体で書くことができるようにする。また，語順を意識しながら音声で十分慣れ親しんだ簡単な語句や基本的な表現を書き写すことができるようにする。 イ　自分のことや身近で簡単な事柄について，例文を参考に，音声で十分に慣れ親しんだ簡単な語句や基本的な表現を用いて書くことができるようにする。 2　内容 〔第5学年及び第6学年〕 〔知識及び技能〕
▷ 中学校（現行版）「2 内容」（3）より一部移行 （3）　言語材料 　（1）の言語活動は，以下に示す言語材料の中から，1の目標を達成するのにふさわしいものを適宜用いて行わせる。 　ア　音声 　（ア）現代の標準的な発音 　（イ）語と語の連結による音変化 　（ウ）語，句，文における基本的な強勢 　（エ）文における基本的なイントネーション 　（オ）文における基本的な区切り 　イ　文字及び符号 　（ア）アルファベットの活字体の大文字及び小文字 　（イ）終止符，疑問符，コンマ，引用符，感嘆符など基本的な符号 　ウ　語，連語及び慣用表現 　（ア）1,200語程度の語 　（イ）in front of, a lot of, get up, look for などの連語 　（ウ）excuse me, I see, I'm sorry, thank you, you're welcome, for example などの慣用表現 　エ　文法事項 　（ア）文 　　a 単文，重文及び複文 　　b 肯定及び否定の平叙文 　　c 肯定及び否定の命令文 　　d 疑問文のうち，動詞で始まるもの，助動詞（can, do, may など）で始まるもの，or を含むもの及び疑問詞（how, what, when, where, which, who, whose, why）で始まるもの	（1）英語の特徴やきまりに関する事項 　　実際に英語を用いた言語活動を通して，次に示す言語材料のうち，1に示す五つの領域別の目標を達成するのにふさわしいものについて理解するとともに，言語材料と言語活動とを効果的に関連付け，実際のコミュニケーションにおいて活用できる技能を身に付けることができるよう指導する。 　ア　音声 　　次に示す事項のうち基本的な語や句，文について取り扱うこと。 　（ア）現代の標準的な発音 　（イ）語と語の連結による音の変化 　（ウ）語や句，文における基本的な強勢 　（エ）文における基本的なイントネーション 　（オ）文における基本的な区切り 　イ　文字及び符号 　（ア）活字体の大文字，小文字 　（イ）終止符や疑問符，コンマなどの基本的な符号 　ウ　語，連語及び慣用表現 　（ア）1に示す五つの領域別の目標を達成するために必要となる，第3学年及び第4学年において第4章外国語活動を履修する際に取り扱った語を含む600～700語程度の語 　（イ）連語のうち，get up, look atなどの活用頻度の高い基本的なもの 　（ウ）慣用表現のうち，excuse me, I see, I'm sorry, thank you, you're welcomeなどの活用頻度の高い基本的なもの 　エ　文及び文構造 　　次に示す事項について，日本語と英語の語順の違い等に気付かせるとともに，基本的な表現として，意味のある文脈でのコミュニケーションの中で繰り返し触れることを通して活用すること。 　（ア）文 　　a 単文 　　b 肯定，否定の平叙文 　　c 肯定，否定の命令文 　　d 疑問文のうち，be動詞で始まるものや助動詞（can,

241

現行（平成20年3月告示）	改訂（平成29年3月告示）
	doなど）で始まるもの，疑問詞（who, what, when, where, why, how）で始まるもの e 代名詞のうち，I, you, he, sheなどの基本的なものを含むもの f 動名詞や過去形のうち，活用頻度の高い基本的なものを含むもの

<table>
<tr><td>

＞中学校（現行版） 2 内容 （3）より一部移行＞

（イ）文構造
a ［主語＋動詞］
b ［主語＋動詞＋補語］のうち，

(a) 主語 ＋ be 動詞 ＋ { 名詞 / 代名詞 / 形容詞 }

(b) 主語 ＋ be 動詞以外の動詞 ＋ { 名詞 / 形容詞 }

c ［主語＋動詞＋目的語］のうち，

(a) 主語 ＋ 動詞 ＋ { 名詞 / 代名詞 / 動名詞 / to 不定詞 / how（など）to 不定詞 / that で始まる節 }

</td><td>

（イ）文構造
a ［主語 ＋ 動詞］
b ［主語 ＋ 動詞 ＋ 補語］のうち，

主語 ＋ be動詞 ＋ { 名詞 / 代名詞 / 形容詞 }

c ［主語 ＋ 動詞 ＋ 目的語］のうち，

主語 ＋ 動詞 ＋ { 名詞 / 代名詞 }

</td></tr>
</table>

＞新設＞

〔思考力，判断力，表現力等〕
（2）情報を整理しながら考えなどを形成し，英語で表現したり，伝え合ったりすることに関する事項具体的な課題等を設定し，コミュニケーションを行う目的や場面，状況などに応じて，情報を整理しながら考えなどを形成し，これらを表現することを通して，次の事項を身に付けることができるよう指導する。
ア 身近で簡単な事柄について，伝えようとする内容を整理した上で，簡単な語句や基本的な表現を用いて，自分の考えや気持ちなどを伝え合うこと。
イ 身近で簡単な事柄について，音声で十分に慣れ親しんだ簡単な語句や基本的な表現を推測しながら読んだり，語順を意識しながら書いたりすること。

（3）言語活動及び言語の働きに関する事項
① 言語活動に関する事項
（2）に示す事項については，（1）に示す事項を活用して，例えば次のような言語活動を通して指導する。
ア 聞くこと
（ア）自分のことや学校生活など，身近で簡単な事柄について，簡単な語句や基本的な表現を聞いて，それらを表すイラストや写真などと結び付ける活動。
（イ）日付や時刻，値段などを表す表現など，日常生活に関する身近で簡単な事柄について，具体的な情報を聞き取る活動。
（ウ）友達や家族，学校生活など，身近で簡単な事柄について，

現行（平成20年3月告示）	改訂（平成29年3月告示）
	簡単な語句や基本的な表現で話される短い会話や説明を，イラストや写真などを参考にしながら聞いて，必要な情報を得る活動。
	イ　読むこと
	（ア）活字体で書かれた文字を見て，どの文字であるかやその文字が大文字であるか小文字であるかを識別する活動。
	（イ）活字体で書かれた文字を見て，その読み方を適切に発音する活動。
	（ウ）日常生活に関する身近で簡単な事柄を内容とする掲示やパンフレットなどから，自分が必要とする情報を得る活動。
	（エ）音声で十分に慣れ親しんだ簡単な語句や基本的な表現を，絵本などの中から識別する活動。
	ウ　話すこと［やり取り］
	（ア）初対面の人や知り合いと挨拶を交わしたり，相手に指示や依頼をして，それらに応じたり断ったりする活動。
	（イ）日常生活に関する身近で簡単な事柄について，自分の考えや気持ちなどを伝えたり，簡単な質問をしたり質問に答えたりして伝え合う活動。
	（ウ）自分に関する簡単な質問に対してその場で答えたり，相手に関する簡単な質問をその場でしたりして，短い会話をする活動。
	エ　話すこと［発表］
	（ア）時刻や日時，場所など，日常生活に関する身近で簡単な事柄を話す活動。
	（イ）簡単な語句や基本的な表現を用いて，自分の趣味や得意なことなどを含めた自己紹介をする活動。
	（ウ）簡単な語句や基本的な表現を用いて，学校生活や地域に関することなど，身近で簡単な事柄について，自分の考えや気持ちなどを話す活動。
	オ　書くこと
	（ア）文字の読み方が発音されるのを聞いて，活字体の大文字，小文字を書く活動。
	（イ）相手に伝えるなどの目的を持って，身近で簡単な事柄について，音声で十分に慣れ親しんだ簡単な語句を書き写す活動。
	（ウ）相手に伝えるなどの目的を持って，語と語の区切りに注意して，身近で簡単な事柄について，音声で十分に慣れ親しんだ基本的な表現を書き写す活動。
	（エ）相手に伝えるなどの目的を持って，名前や年齢，趣味，好き嫌いなど，自分に関する簡単な事柄について，音声で十分に慣れ親しんだ簡単な語句や基本的な表現を用いた例の中から言葉を選んで書く活動。
	② 言語の働きに関する事項
	言語活動を行うに当たり，主として次に示すような言語の使用

現行（平成20年 3 月告示）	改訂（平成29年 3 月告示）
	場面や言語の働きを取り上げるようにする。 　ア　言語の使用場面の例 　　（ア）児童の身近な暮らしに関わる場面 　　　・家庭での生活　　・学校での学習や活動 　　　・地域の行事　など 　　（イ）特有の表現がよく使われる場面 　　　・挨拶　　・自己紹介　　・買物 　　　・食事　　・道案内　　・旅行　など 　イ　言語の働きの例 　　（ア）コミュニケーションを円滑にする 　　　・挨拶をする　　・呼び掛ける　　・相づちを打つ 　　　・聞き直す　　・繰り返す　　など 　　（イ）気持ちを伝える 　　　・礼を言う　　・褒める　　・謝る　など 　　（ウ）事実・情報を伝える 　　　・説明する　　・報告する　　・発表する　など 　　（エ）考えや意図を伝える 　　　・申し出る　　・意見を言う　　・賛成する 　　　・承諾する　　・断る　など 　　（オ）相手の行動を促す 　　　・質問する　　・依頼する　　・命令する　など

中学校（現行版）　2　内容　（2）より一部移行 ▷

〔言語の使用場面の例〕
a　特有の表現がよく使われる場面
　・あいさつ　・自己紹介　・電話での応答
　・買物　・道案内　・旅行　・食事　など
b　生徒の身近な暮らしにかかわる場面
　・家庭での生活　・学校での学習や活動
　・地域の行事　など
〔言語の働きの例〕
a　コミュニケーションを円滑にする
　・呼び掛ける　・相づちをうつ　・聞き直す
　・繰り返す　など
b　気持ちを伝える
　・礼を言う　・苦情を言う　・褒める
　・謝る　など
c　情報を伝える
　・説明する　・報告する　・発表する
　・描写する　など
d　考えや意図を伝える
　・申し出る　・約束する　・意見を言う
　・賛成する　・反対する　・承諾する
　・断る　など
e　相手の行動を促す
　・質問する　・依頼する　・招待する　など

新設 ▷

3　指導計画の作成と内容の取扱い
　(1) 指導計画の作成に当たっては，第3学年及び第4学年並びに中学校及び高等学校における指導との接続に留意しながら，次の事項に配慮するものとする。
　　ア　単元など内容や時間のまとまりを見通して，その中で育む資質・能力の育成に向けて，児童の主体的・対話的で深い学びの実現を図るようにすること。その際，具体的な課題等を設定し，児童が外国語によるコミュニケーションにおける見方・考え方を働かせながら，コミュニケーションの目的や場面 状況などを意識して活動を行い 英語の音声や語彙表現などの知識を，五つの領域における実際のコミュニケーションにおいて活用する学習の充実を図ること。
　　イ　学年ごとの目標を適切に定め，2学年間を通じて外国語科の目標の実現を図るようにすること。
　　ウ　実際に英語を使用して互いの考えや気持ちを伝え合うなどの言語活動を行う際は，2の(1)に示す言語材料について理解したり練習したりするための指導を必要に応じて行うこと。また，第3学年及び第4学年において第4章外国語活動を履修する際に扱った簡単な語句や基本的な表現などの学習内容を繰り返し指導し定着を図ること。
　　エ　児童が英語に多く触れることが期待される英語学習の特

現行（平成20年3月告示）	改訂（平成29年3月告示）
	質を踏まえ，必要に応じて，特定の事項を取り上げて第1章総則の第2の3の（2）のウの（イ）に掲げる指導を行うことにより，指導の効果を高めるよう工夫すること。このような指導を行う場合には，当該指導のねらいやそれを関連付けて指導を行う事項との関係を明確にするとともに，単元など内容や時間のまとまりを見通して資質・能力が偏りなく育成されるよう計画的に指導すること。 オ　言語活動で扱う題材は，児童の興味・関心に合ったものとし，国語科や音楽科，図画工作科など，他の教科等で児童が学習したことを活用したり，学校行事で扱う内容と関連付けたりするなどの工夫をすること。 カ　障害のある児童などについては，学習活動を行う場合に生じる困難さに応じた指導内容や指導方法の工夫を計画的，組織的に行うこと。 キ　学級担任の教師又は外国語を担当する教師が指導計画を作成し，授業を実施するに当たっては，ネイティブ・スピーカーや英語が堪能な地域人材などの協力を得る等，指導体制の充実を図るとともに，指導方法の工夫を行うこと。 （2）2の内容の取扱いについては，次の事項に配慮するものとする。 　ア　2の（1）に示す言語材料については，平易なものから難しいものへと段階的に指導すること。また，児童の発達の段階に応じて，聞いたり読んだりすることを通して意味を理解できるように指導すべき事項と，話したり書いたりして表現できるように指導すべき事項とがあることに留意すること。 　イ　音声指導に当たっては，日本語との違いに留意しながら，発音練習などを通して2の（1）のアに示す言語材料を指導すること。また，音声と文字とを関連付けて指導すること。 　ウ　文や文構造の指導に当たっては，次の事項に留意すること。 　　（ア）児童が日本語と英語との語順等の違いや，関連のある文や文構造のまとまりを認識できるようにするために，効果的な指導ができるよう工夫すること。 　　（イ）文法の用語や用法の指導に偏ることがないよう配慮して，言語活動と効果的に関連付けて指導すること。 　エ　身近で簡単な事柄について，友達に質問をしたり質問に答えたりする力を育成するため，ペア・ワーク，グループ・ワークなどの学習形態について適宜工夫すること。その際，他者とコミュニケーションを行うことに課題がある児童については，個々の児童の特性に応じて指導内容や指導方法を工夫すること。 　オ　児童が身に付けるべき資質・能力や児童の実態，教材の内容などに応じて，視聴覚教材やコンピュータ，情報通信ネットワーク，教育機器などを有効活用し，児童の興味・関心をより高め，指導の効率化や言語活動の更なる充実を図るようにすること。

新設 ▷

現行（平成20年3月告示）	改訂（平成29年3月告示）
	カ　各単元や各時間の指導に当たっては，コミュニケーションを行う目的場面，状況などを明確に設定し，言語活動を通して育成すべき資質・能力を明確に示すことにより，児童が学習の見通しを立てたり，振り返ったりすることができるようにすること。
新設▷	（3）教材については，次の事項に留意するものとする。 　ア　教材は，聞くこと，読むこと，話すこと［やり取り，話すこと［発表，書くことなどのコミュニケーションを図る基礎となる資質・能力］を総合的に育成するため，1に示す五つの領域別の目標と2に示す内容との関係について，単元など内容や時間のまとまりごとに各教材の中で明確に示すとともに，実際の言語の使用場面や言語の働きに十分配慮した題材を取り上げること。 　イ　英語を使用している人々を中心とする世界の人々や日本人の日常生活，風俗習慣，物語，地理，歴史，伝統文化，自然などに関するものの中から，児童の発達の段階や興味・関心に即して適切な題材を変化をもたせて取り上げるものとし，次の観点に配慮すること。 　（ア）多様な考え方に対する理解を深めさせ，公正な判断力を養い豊かな心情を育てることに役立つこと。 　（イ）我が国の文化や，英語の背景にある文化に対する関心を高め，理解を深めようとする態度を養うことに役立つこと。 　（ウ）広い視野から国際理解を深め，国際社会と向き合うことが求められている我が国の一員としての自覚を高めるとともに，国際協調の精神を養うことに役立つこと。
新設▷	その他の外国語 　その他の外国語については，英語の1に示す五つの領域別の目標，2に示す内容及び3に示す指導計画の作成と内容の取扱いに準じて指導を行うものとする。
新設▷	**第3　指導計画の作成と内容の取扱い** 1　外国語科においては，英語を履修させることを原則とすること。 2　第1章総則の第1の2の（2）に示す道徳教育の目標に基づき，道徳科などとの関連を考慮しながら第3章特別の教科道徳の第2に示す内容について，外国語科の特質に応じて適切な指導をすること。
第4章　外国語活動 **第1　目標** 　外国語を通じて，言語や文化について体験的に理解を深め，積極的にコミュニケーションを図ろうとする態度の育成を図り，外国語の音声や基本的な表現に慣れ親しませながら，コミュニケーション能力の素地を養う。	**第4章　外国語活動** **第1　目標** 　外国語によるコミュニケーションにおける見方・考え方を働かせ，外国語による聞くこと，話すことの言語活動を通して，コミュニケーションを図る素地となる資質・能力を次のとおり育成することを目

現行（平成20年3月告示）	改訂（平成29年3月告示）
	指す。 　（1）外国語を通して，言語や文化について体験的に理解を深め，日本語と外国語との音声の違い等に気付くとともに，外国語の音声や基本的な表現に慣れ親しむようにする。 　（2）身近で簡単な事柄について，外国語で聞いたり話したりして自分の考えや気持ちなどを伝え合う力の素地を養う。 　（3）外国語を通して，言語やその背景にある文化に対する理解を深め，相手に配慮しながら，主体的に外国語を用いてコミュニケーションを図ろうとする態度を養う。
新設 ▷	**第2　各言語の目標及び内容等** 英語 1　目標 　英語学習の特質を踏まえ 以下に示す，聞くこと，話すこと［やり取り］，話すこと［発表］の三つの領域別に設定する目標の実現を目指した指導を通して，第1の（1）及び（2）に示す資質・能力を一体的に育成するとともに，その過程を通して，第1の（3）に示す資質・能力を育成する。 　（1）聞くこと 　　ア　ゆっくりはっきりと話された際に，自分のことや身の回りの物を表す簡単な語句を聞き取るようにする。 　　イ　ゆっくりはっきりと話された際に，身近で簡単な事柄に関する基本的な表現の意味が分かるようにする。 　　ウ　文字の読み方が発音されるのを聞いた際に，どの文字であるかが分かるようにする。 　（2）話すこと［やり取り］ 　　ア　基本的な表現を用いて挨拶，感謝，簡単な指示をしたり，それらに応じたりするようにする。 　　イ　自分のことや身の回りの物について，動作を交えながら，自分の考えや気持ちなどを，簡単な語句や基本的な表現を用いて伝え合うようにする。 　　ウ　サポートを受けて，自分や相手のこと及び身の回りの物に関する事柄について，簡単な語句や基本的な表現を用いて質問をしたり質問に答えたりするようにする。 　（3）話すこと［発表］ 　　ア　身の回りの物について，人前で実物などを見せながら，簡単な語句や基本的な表現を用いて話すようにする。 　　イ　自分のことについて，人前で実物などを見せながら，簡単な語句や基本的な表現を用いて話すようにする。 　　ウ　日常生活に関する身近で簡単な事柄について，人前で実物などを見せながら，自分の考えや気持ちなどを，簡単な語句や基本的な表現を用いて話すようにする。

現行（平成20年3月告示）	改訂（平成29年3月告示）
第2　内容 〔第5学年及び第6学年〕 1.外国語を用いて積極的にコミュニケーションを図ることができるよう，次の事項について指導する。 　（1）外国語を用いてコミュニケーションを図る楽しさを体験すること。 　（2）積極的に外国語を聞いたり，話したりすること。 　（3）言語を用いてコミュニケーションを図ることの大切さを知ること。 2.日本と外国の言語や文化について，体験的に理解を深めることができるよう，次の事項について指導する。 　（1）外国語の音声やリズムなどに慣れ親しむとともに，日本語との違いを知り，言葉の面白さや豊かさに気付くこと。 　（2）日本と外国との生活，習慣，行事などの違いを知り，多様なものの見方や考え方があることに気付くこと。 　（3）異なる文化をもつ人々との交流等を体験し，文化等に対する理解を深めること。	2　内容 〔第3学年及び第4学年〕 〔知識及び技能〕 　（1）英語の特徴等に関する事項 　　　実際に英語を用いた言語活動を通して，次の事項を体験的に身に付けることができるよう指導する。 　ア　言語を用いて主体的にコミュニケーションを図ることの楽しさや大切さを知ること。 　イ　日本と外国の言語や文化について理解すること。 　　（ア）英語の音声やリズムなどに慣れ親しむとともに，日本語との違いを知り，言葉の面白さや豊かさに気付くこと。 　　（イ）日本と外国との生活や習慣，行事などの違いを知り，多様な考え方があることに気付くこと。 　　（ウ）異なる文化をもつ人々との交流などを体験し，文化等に対する理解を深めること。
新設 ▷	〔思考力，判断力，表現力等〕 　（2）情報を整理しながら考えなどを形成し，英語で表現したり，伝え合ったりすることに関する事項 　　　具体的な課題等を設定し，コミュニケーションを行う目的や場面，状況などに応じて，情報や考えなどを表現することを通して，次の事項を身に付けることができるよう指導する。 　　ア　自分のことや身近で簡単な事柄について，簡単な語句や基本的な表現を使って，相手に配慮しながら，伝え合うこと。 　　イ　身近で簡単な事柄について，自分の考えや気持ちなどが伝わるよう，工夫して質問をしたり質問に答えたりすること。
新設 ▷	（3）言語活動及び言語の働きに関する事項 ① 言語活動に関する事項 　　（2）に示す事項については，（1）に示す事項を活用して，例えば次のような言語活動を通して指導する。 　ア　聞くこと 　　（ア）身近で簡単な事柄に関する短い話を聞いておおよその内容を分かったりする活動。 　　（イ）身近な人や身の回りの物に関する簡単な語句や基本的な表現を聞いて，それらを表すイラストや写真などと結び付ける活動。 　　（ウ）文字の読み方が発音されるのを聞いて，活字体で書かれた文字と結び付ける活動。 　イ　話すこと[やり取り] 　　（ア）知り合いと簡単な挨拶を交わしたり，感謝や簡単な指示，依頼をして，それらに応じたりする活動。 　　（イ）自分のことや身の回りの物について，動作を交えながら，好みや要求などの自分の気持ちや考えなどを伝え合

資料 4 ｜ 次期学習指導要領（小学校・中学校）

現行（平成20年3月告示）	改訂（平成29年3月告示）
	う活動。 （ウ）自分や相手の好み及び欲しい物などについて，簡単な質問をしたり質問に答えたりする活動。 　ウ　話すこと［発表］ （ア）身の回りの物の数や形状などについて，人前で実物やイラスト，写真などを見せながら話す活動。 （イ）自分の好き嫌いや，欲しい物などについて，人前で実物やイラスト写真などを見せながら話す活動。 （ウ）時刻や曜日，場所など，日常生活に関する身近で簡単な事柄について，人前で実物やイラスト，写真などを見せながら，自分の考えや気持ちなどを話す活動。
第3　2　(1)より オ　外国語でのコミュニケーションを体験させるに当たり，主として次に示すようなコミュニケーションの場面やコミュニケーションの働きを取り上げるようにすること。 〔コミュニケーションの場面の例〕 　（ア）特有の表現がよく使われる場面 　　・あいさつ　・自己紹介　・買物　・食事 　　・道案内　など 　（イ）児童の身近な暮らしにかかわる場面 　　・家庭での生活　・学校での学習や活動 　　・地域の行事　・子どもの遊び　など 〔コミュニケーションの働きの例〕 　（ア）相手との関係を円滑にする 　（イ）気持ちを伝える 　（ウ）事実を伝える 　（エ）考えや意図を伝える 　（オ）相手の行動を促す	②　言語の働きに関する事項 　言語活動を行うに当たり，主として次に示すような言語の使用場面や言語の働きを取り上げるようにする。 　ア　言語の使用場面の例 　（ア）児童の身近な暮らしに関わる場面 　　・家庭での生活　　　・学校での学習や活動 　　・地域の行事　　　・子供の遊び　など 　（イ）特有の表現がよく使われる場面 　　・挨拶　　　・自己紹介　　　・買物 　　・食事　　　・道案内　など 　イ　言語の働きの例 　（ア）コミュニケーションを円滑にする 　　・挨拶をする　　　・相づちを打つ　など 　（イ）気持ちを伝える 　　・礼を言う　　　・褒める　など 　（ウ）事実・情報を伝える 　　・説明する　　　・答える　など 　（エ）考えや意図を伝える 　　・申し出る　　　・意見を言う　など 　（オ）相手の行動を促す 　　・質問する　　　・依頼する　　　・命令する　など 3　指導計画の作成と内容の取扱い 　（1）指導計画の作成に当たっては，第5学年及び第6学年並びに中学校及び高等学校における指導との接続に留意しながら，次の事項に配慮するものとする。
<div align="right">新設</div>	ア　単元など内容や時間のまとまりを見通して，その中で育む資質・能力の育成に向けて，児童の主体的・対話的で深い学びの実現を図るようにすること。その際，具体的な課題等を設定し，児童が外国語によるコミュニケーションにおける見方・考え方を働かせながら，コミュニケーションの目的や場面，状況などを意識して活動を行い，英語の音声や語彙，表現などの知識を，三つの領域における実際のコミュニケー

現行(平成20年3月告示)	改訂(平成29年3月告示)
	ションにおいて活用する学習の充実を図ること。
第3 1より	イ　学年ごとの目標を適切に定め，2学年間を通じて外国語活動の目標の実現を図るようにすること。
(2)　各学校においては，児童や地域の実態に応じて，学年ごとの目標を適切に定め，2学年間を通して外国語活動の目標の実現を図るようにすること。	
第3 2より	ウ　実際に英語を用いて互いの考えや気持ちを伝え合うなどの言語活動を行う際は，2の(1)に示す事項について理解したり練習したりするための指導を必要に応じて行うこと。また，英語を初めて学習することに配慮し，簡単な語句や基本的な表現を用いながら，友達との関わりを大切にした体験的な言語活動を行うこと。
(2)　児童の学習段階を考慮して各学年の指導に当たっては，次のような点に配慮するものとする。 　ア　第5学年における活動 　　外国語を初めて学習することに配慮し，児童に身近で基本的な表現を使いながら，外国語に慣れ親しむ活動や児童の日常生活や学校生活にかかわる活動を中心に，友達とのかかわりを大切にした体験的なコミュニケーション活動を行うようにすること。	
第3 1より	エ　言語活動で扱う題材は，児童の興味・関心に合ったものとし，国語科や音楽科，図画工作科など，他教科等で児童が学習したことを活用したり，学校行事で扱う内容と関連付けたりするなどの工夫をすること。
(4)　指導内容や活動については，児童の興味・関心にあったものとし，国語科，音楽科，図画工作科などの他教科等で児童が学習したことを活用するなどの工夫により，指導の効果を高めるようにすること。	
第3 2 (1)より	オ　外国語活動を通して，外国語や外国の文化のみならず，国語や我が国の文化についても併せて理解を深めるようにすること。言語活動で扱う題材についても，我が国の文化や，英語の背景にある文化に対する関心を高め，理解を深めようとする態度を養うのに役立つものとすること。
エ　外国語活動を通して，外国語や外国の文化のみならず，国語や我が国の文化についても併せて理解を深めることができるようにすること。	
新設	カ　障害のある児童などについては，学習活動を行う場合に生じる困難さに応じた指導内容や指導方法の工夫を計画的，組織的に行うこと。
第3 1より	キ　学級担任の教師又は外国語活動を担当する教師が指導計画を作成し，授業を実施するに当たっては，ネイティブ・スピーカーや英語が堪能な地域人材などの協力を得る等，指導体制の充実を図るとともに，指導方法の工夫を行うこと。
(5)　指導計画の作成や授業の実施については，学級担任の教師又は外国語活動を担当する教師が行うこととし，授業の実施に当たっては，ネイティブ・スピーカーの活用に努めるとともに，地域の実態に応じて，外国語に堪能な地域の人々の協力を得るなど，指導体制を充実すること。	

資料 4 ｜ 次期学習指導要領（小学校・中学校）

現行（平成20年3月告示）	改訂（平成29年3月告示）
第3 より 2. 第2の内容の取扱いについては，次の事項に配慮するものとする。 　(1)　2学年間を通じ指導に当たっては，次のような点に配慮するものとする。 　　ア　外国語でのコミュニケーションを体験させる際には，児童の発達の段階を考慮した表現を用い，児童にとって身近なコミュニケーションの場面を設定すること。 　　イ　外国語でのコミュニケーションを体験させる際には，音声面を中心とし，アルファベットなどの文字や単語の取扱いについては，児童の学習負担に配慮しつつ，音声によるコミュニケーションを補助するものとして用いること。 　　ウ　言葉によらないコミュニケーションの手段もコミュニケーションを支えるものであることを踏まえ，ジェスチャーなどを取り上げ，その役割を理解させるようにすること。 新設	(2)　2の内容の取扱いについては，次の事項に配慮するものとする。 　ア　英語でのコミュニケーションを体験させる際は，児童の発達の段階を考慮した表現を用い，児童にとって身近なコミュニケーションの場面を設定すること。 　イ　文字については，児童の学習負担に配慮しつつ，音声によるコミュニケーションを補助するものとして取り扱うこと。 　ウ　言葉によらないコミュニケーションの手段もコミュニケーションを支えるものであることを踏まえ，ジェスチャーなどを取り上げ，その役割を理解させるようにすること。 　エ　身近で簡単な事柄について，友達に質問をしたり質問に答えたりする力を育成するため，ペア・ワーク，グループ・ワークなどの学習形態について適宜工夫すること。その際，相手とコミュニケーションを行うことに課題がある児童については，個々の児童の特性に応じて指導内容や指導方法を工夫すること。
第3 1 より (6)　音声を取り扱う場合には，CD，DVDなどの視聴覚教材を積極的に活用すること。その際，使用する視聴覚教材は，児童，学校及び地域の実態を考慮して適切なものとすること。 新設	オ　児童が身に付けるべき資質・能力や児童の実態，教材の内容などに応じて，視聴覚教材やコンピュータ，情報通信ネットワーク，教育機器などを有効活用し，児童の興味・関心をより高め，指導の効率化や言語活動の更なる充実を図るようにすること。 　カ　各単元や各時間の指導に当たってはコミュニケーションを行う目的，場面，状況などを明確に設定し，言語活動を通して育成すべき資質・能力を明確に示すことにより，児童が学習の見通しを立てたり，振り返ったりすることができるようにすること。
第3　指導計画の作成と内容の取扱い 1.　指導計画の作成に当たっては，次の事項に配慮するものとする。 　(1)　外国語活動においては，英語を取り扱うことを原則とすること。	第3　指導計画の作成と内容の取扱い 1　外国語活動においては，言語やその背景にある文化に対する理解が深まるよう指導するとともに，外国語による聞くこと，話すことの言語活動を行う際は，英語を取り扱うことを原則とすること。
(7)　第1章総則の第1の2及び第3章道徳の第1に示す道徳教育の目標に基づき，道徳の時間などとの関連を考慮しながら，第3章道徳の第2に示す内容について，外国語活動の特質に応じて適切な指導をすること。	2　第1章総則の第1の2の(2)に示す道徳教育の目標に基づき，道徳科などとの関連を考慮しながら，第3章特別の教科道徳の第2に示す内容について，外国語活動の特質に応じて適切な指導をすること。

251

中学校新学習指導要領　比較対照表

現行（平成20年3月告示）	改訂（平成29年3月告示）
第9節　外国語 **第1　目標** 　外国語を通じて，言語や文化に対する理解を深め，積極的にコミュニケーションを図ろうとする態度の育成を図り，聞くこと，話すこと，読むこと，書くことなどのコミュニケーション能力の基礎を養う。	**第9節　外国語** **第1　目標** 　外国語によるコミュニケーションにおける見方・考え方を働かせ，外国語による聞くこと，読むこと，話すこと，書くことの言語活動を通して，簡単な情報や考えなどを理解したり表現したり伝え合ったりするコミュニケーションを図る資質・能力を次のとおり育成することを目指す。 　（1）外国語の音声や語彙，表現，文法，言語の働きなどを理解するとともに，これらの知識を，聞くこと，読むこと，話すこと，書くことによる実際のコミュニケーションにおいて活用できる技能を身に付けるようにする。 　（2）コミュニケーションを行う目的や場面，状況などに応じて，日常的な話題や社会的な話題について，外国語で簡単な情報や考えなどを理解したり，これらを活用して表現したり伝え合ったりすることができる力を養う。 　（3）外国語の背景にある文化に対する理解を深め，聞き手，読み手，話し手，書き手に配慮しながら，主体的に外国語を用いてコミュニケーションを図ろうとする態度を養う。
第2　各言語の目標及び内容等 **英語** **1　目標** （1）　初歩的な英語を聞いて話し手の意向などを理解できるようにする。 （2）　初歩的な英語を用いて自分の考えなどを話すことができるようにする。 （3）　英語を読むことに慣れ親しみ，初歩的な英語を読んで書き手の意向などを理解できるようにする。 （4）　英語で書くことに慣れ親しみ，初歩的な英語を用いて自分の考えなどを書くことができるようにする。	**第2　各言語の目標及び内容等** **英語** **1　目標** 　英語学習の特質を踏まえ，以下に示す，聞くこと，読むこと，話すこと[やり取り]，話すこと[発表]，書くことの五つの領域別に設定する目標の実現を目指した指導を通して，第1の（1）及び（2）に示す資質・能力を一体的に育成するとともに，その過程を通して，第1の（3）に示す資質・能力を育成する。 　（1）聞くこと 　　ア　はっきりと話されれば，日常的な話題について，必要な情報を聞き取ることができるようにする。 　　イ　はっきりと話されれば，日常的な話題について，話の概要を捉えることができるようにする。 　　ウ　はっきりと話されれば，社会的な話題について，短い説明の要点を捉えることができるようにする。 　（2）読むこと 　　ア　日常的な話題について，簡単な語句や文で書かれたものから必要な情報を読み取ることができるようにする。 　　イ　日常的な話題について，簡単な語句や文で書かれた短い文章の概要を捉えることができるようにする。 　　ウ　社会的な話題について，簡単な語句や文で書かれた短い文章の要点を捉えることができるようにする。 　（3）話すこと[やり取り] 　　ア　関心のある事柄について，簡単な語句や文を用いて即興で

現行（平成20年3月告示）	改訂（平成29年3月告示）
	伝え合うことができるようにする。 　イ　日常的な話題について，事実や自分の考え，気持ちなどを整理し，簡単な語句や文を用いて伝えたり，相手からの質問に答えたりすることができるようにする。 　ウ　社会的な話題に関して聞いたり読んだりしたことについて，考えたことや感じたこと，その理由などを，簡単な語句や文を用いて述べ合うことができるようにする。 （4）話すこと［発表］ 　ア　関心のある事柄について，簡単な語句や文を用いて即興で話すことができるようにする。 　イ　日常的な話題について，事実や自分の考え，気持ちなどを整理し，簡単な語句や文を用いてまとまりのある内容を話すことができるようにする。 　ウ　社会的な話題に関して聞いたり読んだりしたことについて，考えたことや感じたこと，その理由などを，簡単な語句や文を用いて話すことができるようにする。 （5）書くこと 　ア　関心のある事柄について，簡単な語句や文を用いて正確に書くことができるようにする。 　イ　日常的な話題について，事実や自分の考え，気持ちなどを整理し，簡単な語句や文を用いてまとまりのある文章を書くことができるようにする。 　ウ　社会的な話題に関して聞いたり読んだりしたことについて，考えたことや感じたこと，その理由などを，簡単な語句や文を用いて書くことができるようにする。
2　内容 （3）　言語材料 　（1）の言語活動は，以下に示す言語材料の中から，1の目標を達成するのにふさわしいものを適宜用いて行わせる。 　ア　音声 　　（ア）現代の標準的な発音 　　（イ）語と語の連結による音変化 　　（ウ）語，句，文における基本的な強勢 　　（エ）文における基本的なイントネーション 　　（オ）文における基本的な区切り 　イ　文字及び符号 　　（ア）アルファベットの活字体の大文字及び小文字 　　（イ）終止符，疑問符，コンマ，引用符，感嘆符など基本的な符号 　ウ　語，連語及び慣用表現 　　（ア）1,200語程度の語 　　（イ）in front of, a lot of, get up, look for などの連語 　　（ウ）excuse me, I see, I'm sorry, thank you, you're welcome, for example などの慣用表現	2　内容 〔知識及び技能〕 （1）英語の特徴やきまりに関する事項 　　実際に英語を用いた言語活動を通して，小学校学習指導要領第2章第10節外国語第2の2の（1）及び次に示す言語材料のうち，1に示す五つの領域別の目標を達成するのにふさわしいものについて理解するとともに，言語材料と言語活動とを効果的に関連付け，実際のコミュニケーションにおいて活用できる技能を身に付けることができるよう指導する。 　ア　音声 　　次に示す事項について取り扱うこと。 　　（ア）現代の標準的な発音 　　（イ）語と語の連結による音の変化 　　（ウ）語や句，文における基本的な強勢 　　（エ）文における基本的なイントネーション 　　（オ）文における基本的な区切り 　イ　符号 　　感嘆符，引用符などの符号 　ウ　語，連語及び慣用表現 　　（ア）1に示す五つの領域別の目標を達成するために必要とな

現行（平成20年3月告示）	改訂（平成29年3月告示）
	る，小学校で学習した語に1600～1800語程度の新語を加えた語
	（イ）連語のうち，活用頻度の高いもの
第2 3（1）より	（ウ）慣用表現のうち，活用頻度の高いもの
オ 語，連語及び慣用表現については，運用度の高いものを用い，活用することを通して定着を図るようにすること。	
第2 2（3）より	エ 文，文構造及び文法事項
エ 文法事項	小学校学習指導要領第2章第10節外国語第2の2の（1）のエ及び次に示す事項について，意味のある文脈でのコミュニケーションの中で繰り返し触れることを通して活用すること。
（ア）文	（ア）文
a 単文，重文及び複文	a 重文，複文
b 肯定及び否定の平叙文	b 疑問文のうち，助動詞（may，willなど）で始まるものやorを含むもの，疑問詞（which，whose）で始まるもの
c 肯定及び否定の命令文	c 感嘆文のうち基本的なもの
d 疑問文のうち，動詞で始まるもの，助動詞（can，do，may など）で始まるもの，or を含むもの及び疑問詞（how，what，when，where，which，who，whose，why）で始まるもの	（イ）文構造
（イ）文構造	a ［主語 ＋ 動詞 ＋ 補語］のうち， 主語 ＋ be動詞以外の動詞 ＋ { 名詞 / 形容詞 }
a ［主語＋動詞］	b ［主語 ＋ 動詞 ＋ 目的語］のうち，
b ［主語＋動詞＋補語］のうち， （a）主語 ＋ be動詞 ＋ { 名詞 / 代名詞 / 形容詞 }	（a）主語 ＋ 動詞 ＋ { 動名詞 / to不定詞 / how（など）to不定詞 / thatで始まる節 }
（b）主語 ＋ be動詞以外の動詞 ＋ { 名詞 / 形容詞 }	（b）主語 ＋ 動詞 ＋ whatなどで始まる節
c ［主語＋動詞＋目的語］のうち， （a）主語 ＋ 動詞 ＋ { 名詞 / 代名詞 / 動名詞 / to 不定詞 / how（など）to 不定詞 / that で始まる節 }	c ［主語 ＋ 動詞 ＋ 間接目的語 ＋ 直接目的語］のうち， （a）主語 ＋ 動詞 ＋ 間接目的語 ＋ { 名詞 / 代名詞 }
（b）主語 ＋ 動詞 ＋ what などで始まる節	（b）主語 ＋ 動詞 ＋ 間接目的語 ＋ { how（など）to不定詞 / thatで始まる節 }
新設	（c）主語 ＋ 動詞 ＋ 間接目的語 ＋ whatなどで始まる節
e ［主語＋動詞＋目的語＋補語］のうち， （a）主語 ＋ 動詞 ＋ 目的語 ＋ { 名詞 / 形容詞 }	d ［主語 ＋ 動詞 ＋ 目的語 ＋ 補語］のうち， （a）主語 ＋ 動詞 ＋ 目的語 ＋ { 名詞 / 形容詞 }
新設	（b）主語 ＋ 動詞 ＋ 目的語 ＋ 原形不定詞
f その他 （a）There ＋ be動詞 ＋ ～ （b）It ＋ be動詞 ＋ ～（＋ for ～）＋ to 不定詞 （c）主語 ＋ tell，want など ＋ 目的語 ＋ to 不定詞	e その他 （a）There ＋ be動詞 ＋ ～ （b）It ＋ be動詞 ＋ ～（＋for～）＋ to 不定詞 （c）主語 ＋ tell，wantなど ＋ 目的語 ＋ to不定詞

資料 4 ｜ 次期学習指導要領（小学校・中学校）

現行（平成20年 3 月告示）	改訂（平成29年 3 月告示）
	（d）主語 ＋ be動詞 ＋ 形容詞 ＋ thatで始まる節
新設〉	
（ウ）代名詞 　　a　人称，指示，疑問，数量を表すもの 　　b　関係代名詞のうち，主格の that，which，who 　　　　及び目的格の that，which の制限的用法	（ウ）文法事項 　　a　代名詞 　　　（a）人称や指示，疑問，数量を表すもの 　　　（b）関係代名詞のうち，主格のthat，which，who，目 　　　　　的格のthat，whichの制限的用法
新設〉	b　接続詞 　　c　助動詞 　　d　前置詞
（エ）動詞の時制など 　　現在形，過去形，現在進行形，過去進行形，現 　　在完了形及び助動詞などを用いた未来表現 （オ）形容詞及び副詞の比較変化 （カ）to 不定詞 （キ）動名詞 （ク）現在分詞及び過去分詞の形容詞としての用法 （ケ）受け身	e　動詞の時制及び相など 　　　現在形や過去形，現在進行形，過去進行形，現在完了形， 　　　現在完了進行形，助動詞などを用いた未来表現 　　f　形容詞や副詞を用いた比較表現 　　g　to不定詞 　　h　動名詞 　　i　現在分詞や過去分詞の形容詞としての用法 　　j　受け身
新設〉	k　仮定法のうち基本的なもの
新設〉	〔思考力，判断力，表現力等〕 （2）情報を整理しながら考えなどを形成し，英語で表現したり， 　　伝え合ったりすることに関する事項 　　　具体的な課題等を設定し，コミュニケーションを行う目的や 　　場面，状況などに応じて，情報を整理しながら考えなどを形成 　　し，これらを論理的に表現することを通して，次の事項を身に 　　付けることができるよう指導する。 　　ア　日常的な話題や社会的な話題について，英語を聞いたり読 　　　んだりして必要な情報や考えなどを捉えること。 　　イ　日常的な話題や社会的な話題について，英語を聞いたり読 　　　んだりして得られた情報や表現を，選択したり抽出したりす 　　　るなどして活用し，話したり書いたりして事実や自分の考え， 　　　気持ちなどを表現すること。 　　ウ　日常的な話題や社会的な話題について，伝える内容を整理 　　　し，英語で話したり書いたりして互いに事実や自分の考え， 　　　気持ちなどを伝え合うこと。
第2より〉	（3）言語活動及び言語の働きに関する事項 　①　言語活動に関する事項 　　（2）に示す事項については，（1）に示す事項を活用して，例 　　えば次のような言語活動を通して指導する。
2　内容 （1）言語活動 　英語を理解し，英語で表現できる実践的な運用 能力を養うため，次の言語活動を3学年間を通し て行わせる。	ア　小学校学習指導要領第 2 章第10節外国語の第2の2の（3） 　　　に示す言語活動のうち，小学校における学習内容の定着を図

255

現行（平成20年3月告示）	改訂（平成29年3月告示）
ア　聞くこと 　主として次の事項について指導する。 　（ア）　強勢，イントネーション，区切りなど基本的な英語の音声の特徴をとらえ，正しく聞き取ること。 　（イ）　自然な口調で話されたり読まれたりする英語を聞いて，情報を正確に聞き取ること。 　（ウ）　質問や依頼などを聞いて適切に応じること。 　（エ）　話し手に聞き返すなどして内容を確認しながら理解すること。 　（オ）　まとまりのある英語を聞いて，概要や要点を適切に聞き取ること。 イ　話すこと 　主として次の事項について指導する。 　（ア）　強勢，イントネーション，区切りなど基本的な英語の音声の特徴をとらえ，正しく発音すること。 　（イ）　自分の考えや気持ち，事実などを聞き手に正しく伝えること。 　（ウ）　聞いたり読んだりしたことなどについて，問答したり意見を述べ合ったりなどすること。 　（エ）　つなぎ言葉を用いるなどのいろいろな工夫をして話を続けること。 　（オ）　与えられたテーマについて簡単なスピーチをすること。 ウ　読むこと 　主として次の事項について指導する。 　（ア）　文字や符号を識別し，正しく読むこと。 　（イ）　書かれた内容を考えながら黙読したり，その内容が表現されるように音読すること。 　（ウ）　物語のあらすじや説明文の大切な部分などを正確に読み取ること。 　（エ）　伝言や手紙などの文章から書き手の意向を理解し，適切に応じること。 　（オ）　話の内容や書き手の意見などに対して感想を述べたり賛否やその理由を示したりなどすることができるよう，書かれた内容や考え方などをとらえること。 エ　書くこと 　主として次の事項について指導する。 　（ア）　文字や符号を識別し，語と語の区切りなどに注意して正しく書くこと。 　（イ）　語と語のつながりなどに注意して正しく文を書くこと。 　（ウ）　聞いたり読んだりしたことについてメモをとったり，感想，賛否やその理由を書いたりなどすること。 　（エ）　身近な場面における出来事や体験したことなどについて，自分の考えや気持ちなどを書くこと。 　（オ）　自分の考えや気持ちなどが読み手に正しく伝わるように，文と文のつながりなどに注意して文章を書くこと。	るために必要なもの。 イ　聞くこと 　（ア）日常的な話題について，自然な口調で話される英語を聞いて，話し手の意向を正確に把握する活動。 　（イ）店や公共交通機関などで用いられる簡単なアナウンスなどから，自分が必要とする情報を聞き取る活動。 　（ウ）友達からの招待など，身近な事柄に関する簡単なメッセージを聞いて，その内容を把握し，適切に応答する活動。 　（エ）友達や家族，学校生活などの日常的な話題や社会的な話題に関する会話や説明などを聞いて，概要や要点を把握する活動。また，その内容を英語で説明する活動。 ウ　読むこと 　（ア）書かれた内容や文章の構成を考えながら黙読したり，その内容を表現するよう音読したりする活動。 　（イ）日常的な話題について，簡単な表現が用いられている広告やパンフレット，予定表，手紙，電子メール，短い文章などから，自分が必要とする情報を読み取る活動。 　（ウ）簡単な語句や文で書かれた日常的な話題に関する短い説明やエッセイ，物語などを読んで概要を把握する活動。 　（エ）簡単な語句や文で書かれた社会的な話題に関する説明などを読んで，イラストや写真，図表なども参考にしながら，要点を把握する活動。また，その内容に対する賛否や自分の考えを述べる活動。 エ　話すこと［やり取り］ 　（ア）関心のある事柄について，相手からの質問に対し，その場で適切に応答したり，関連する質問をしたりして，互いに会話を継続する活動。 　（イ）日常的な話題について，伝えようとする内容を整理し，自分で作成したメモなどを活用しながら相手と口頭で伝え合う活動。 　（ウ）社会的な話題に関して聞いたり読んだりしたことから把握した内容に基づき，読み取ったことや感じたこと，考えたことなどを伝えた上で，相手からの質問に対して適切に応答したり自ら質問し返したりする活動。 オ　話すこと［発表］ 　（ア）関心のある事柄について，その場で考えを整理して口頭で説明する活動。 　（イ）日常的な話題について，事実や自分の考え，気持ちなどをまとめ，簡単なスピーチをする活動。 　（ウ）社会的な話題に関して聞いたり読んだりしたことから把握した内容に基づき，自分で作成したメモなどを活用しながら口頭で要約したり，自分の考えや気持ちなどを話したりする活動。 カ　書くこと 　（ア）趣味や好き嫌いなど，自分に関する基本的な情報を語句や文で書く活動。

資料4｜次期学習指導要領（小学校・中学校）

現行（平成20年3月告示）	改訂（平成29年3月告示）
	（イ）簡単な手紙や電子メールの形で自分の近況などを伝える活動。 （ウ）日常的な話題について，簡単な語句や文を用いて，出来事などを説明するまとまりのある文章を書く活動。 （エ）社会的な話題に関して聞いたり読んだりしたことから把握した内容に基づき，自分の考えや気持ち，その理由などを書く活動。

現行（平成20年3月告示）

> 第2 2 (2) より

（ウ）言語活動を行うに当たり，主として次に示すような言語の使用場面や言語の働きを取り上げるようにすること。

〔言語の使用場面の例〕
a 特有の表現がよく使われる場面
　・あいさつ　・自己紹介　・電話での応答
　・買物　・道案内　・旅行　・食事　など
b 生徒の身近な暮らしにかかわる場面
　・家庭での生活　・学校での学習や活動
　・地域の行事　など

〔言語の働きの例〕
a コミュニケーションを円滑にする
　・呼び掛ける　・相づちをうつ　・聞き直す
　・繰り返す　など
b 気持ちを伝える
　・礼を言う　・苦情を言う　・褒める
　・謝る　など
c 情報を伝える
　・説明する　・報告する　・発表する
　・描写する　など
d 考えや意図を伝える
　・申し出る　・約束する　・意見を言う
　・賛成する　・反対する　・承諾する
　・断る　など
e 相手の行動を促す
　・質問する　・依頼する　・招待する　など

改訂（平成29年3月告示）

② 言語の働きに関する事項
　言語活動を行うに当たり，主として次に示すような言語の使用場面や言語の働きを取り上げるようにする。
ア 言語の使用場面の例
（ア）生徒の身近な暮らしに関わる場面
　・家庭での生活　　・学校での学習や活動
　・地域の行事　など
（イ）特有の表現がよく使われる場面
　・自己紹介　　・買物　　・食事
　・道案内　　・旅行　　・電話での対応
　・手紙や電子メールのやり取り　など
イ 言語の働きの例
（ア）コミュニケーションを円滑にする
　・話し掛ける　　・相づちを打つ　　・聞き直す
　・繰り返す　など
（イ）気持ちを伝える
　・礼を言う　　・苦情を言う　　・褒める
　・謝る　・歓迎する　　など
（ウ）事実・情報を伝える
　・説明する　　・報告する　　・発表する
　・描写する　　など
（エ）考えや意図を伝える
　・申し出る　　・約束する　　・意見を言う
　・賛成する　　・反対する　　・承諾する
　・断る　・仮定する　　など
（オ）相手の行動を促す
　・質問する　　・依頼する　　・招待する
　・命令する　　など

現行（平成20年3月告示）

第3 指導計画の作成と内容の取扱い
1. 小学校における外国語活動との関連に留意して，指導計画を適切に作成するものとする。

> 第2 2 (2) より

（イ）実際に言語を使用して互いの考えや気持ちを伝え合うなどの活動においては，具体的な場面や状況に合った適切な表現を自ら考えて言語活動ができるようにすること。

改訂（平成29年3月告示）

3 指導計画の作成と内容の取扱い
（1）指導計画の作成に当たっては，小学校や高等学校における指導との接続に留意しながら，次の事項に配慮するものとする。

ア 単元など内容や時間のまとまりを見通して，その中で育む資質・能力の育成に向けて，生徒の主体的・対話的で深い学びの実現を図るようにすること。その際，具体的な課題等を設定し，生徒が外国語によるコミュニケーションにおける見方・考え方を働かせながら，コミュニケーションの目的や場

257

現行（平成20年3月告示）	改訂（平成29年3月告示）
	面，状況などを意識して活動を行い，英語の音声や語彙，表現，文法の知識を五つの領域における実際のコミュニケーションにおいて活用する学習の充実を図ること。
3　指導計画の作成と内容の取扱い (1)　指導計画の作成に当たっては，次の事項に配慮するものとする。 　ア　各学校においては，生徒や地域の実態に応じて，学年ごとの目標を適切に定め，3学年間を通して英語の目標の実現を図るようにすること。 <div align="right">第2 2より ▷</div>	イ　学年ごとの目標を適切に定め，3学年間を通じて外国語科の目標の実現を図るようにすること。
(2)　言語活動の取扱い 　ア　3学年間を通じ指導に当たっては，次のような点に配慮するものとする。 　（ア）　実際に言語を使用して互いの考えや気持ちを伝え合うなどの活動を行うとともに，(3)に示す言語材料について理解したり練習したりする活動を行うようにすること。 <div align="right">新設 ▷</div>	ウ　実際に英語を使用して互いの考えや気持ちを伝え合うなどの言語活動を行う際は，2の(1)に示す言語材料について理解したり練習したりするための指導を必要に応じて行うこと。また，小学校第3学年から第6学年までに扱った簡単な語句や基本的な表現などの学習内容を繰り返し指導し定着を図ること。
<div align="right">新設 ▷</div>	エ　生徒が英語に触れる機会を充実するとともに，授業を実際のコミュニケーションの場面とするため，授業は英語で行うことを基本とする。その際，生徒の理解の程度に応じた英語を用いるようにすること。
<div align="right">新設 ▷</div>	オ　言語活動で扱う題材は，生徒の興味・関心に合ったものとし，国語科や理科，音楽科など，他の教科等で学習したことを活用したり，学校行事で扱う内容と関連付けたりするなどの工夫をすること。
<div align="right">新設 ▷</div>	カ　障害のある生徒などについては，学習活動を行う場合に生じる困難さに応じた指導内容や指導方法の工夫を計画的，組織的に行うこと。
第2 3 (1)より ▷ キ　生徒の実態や教材の内容などに応じて，コンピュータや情報通信ネットワーク，教育機器などを有効活用したり，ネイティブ・スピーカーなどの協力を得たりなどすること。 また，ペアワーク，グループワークなどの学習形態を適宜工夫すること。	キ　指導計画の作成や授業の実施に当たっては，ネイティブ・スピーカーや英語が堪能な地域人材などの協力を得る等，指導体制の充実を図るとともに，指導方法の工夫を行うこと。
	(2)　2の内容に示す事項については，次の事項に配慮するものとする。
第2 3 (1)より ▷ イ　2の(3)の言語材料については，学習段階に応じて平易なものから難しいものへと段階的に指導すること。	ア　2の(1)に示す言語材料については，平易なものから難しいものへと段階的に指導すること。また，生徒の発達の段階に応じて，聞いたり読んだりすることを通して意味を理解できるように指導すべき事項と，話したり書いたりして表現できるように指導すべき事項とがあることに留意すること。

資料 4 ｜ 次期学習指導要領（小学校・中学校）

現行（平成20年3月告示）	改訂（平成29年3月告示）
第2 3（1）より ウ　音声指導に当たっては，日本語との違いに留意しながら，発音練習などを通して2の（3）のアに示された言語材料を継続して指導すること。また，音声指導の補助として，必要に応じて発音表記を用いて指導することもできること。 エ　文字指導に当たっては，生徒の学習負担に配慮し筆記体を指導することもできること。 第2 2（4）より イ　文法については，コミュニケーションを支えるものであることを踏まえ，言語活動と効果的に関連付けて指導すること。 ウ　（3）のエの文法事項の取扱いについては，用語や用法の区別などの指導が中心とならないよう配慮し，実際に活用できるように指導すること。また，語順や修飾関係などにおける日本語との違いに留意して指導すること。 エ　英語の特質を理解させるために，関連のある文法事項はまとまりをもって整理するなど，効果的な指導ができるよう工夫すること。 第2 3（1）より カ　辞書の使い方に慣れ，活用できるようにすること。	イ　音声指導に当たっては，日本語との違いに留意しながら，発音練習などを通して2の（1）のアに示す言語材料を継続して指導するとともに，音声指導の補助として，必要に応じて発音表記を用いて指導することもできることに留意すること。また，発音と綴りとを関連付けて指導すること。 ウ　文字指導に当たっては，生徒の学習負担にも配慮しながら筆記体を指導することもできることに留意すること。 エ　文法事項の指導に当たっては，次の事項に留意すること。 （ア）英語の特質を理解させるために，関連のある文法事項はまとめて整理するなど，効果的な指導ができるよう工夫すること。 （イ）文法はコミュニケーションを支えるものであることを踏まえ，コミュニケーションの目的を達成する上での必要性や有用性を実感させた上でその知識を活用させたり，繰り返し使用することで当該文法事項の規則性や構造などについて気付きを促したりするなど，言語活動と効果的に関連付けて指導すること。 （ウ）用語や用法の区別などの指導が中心とならないよう配慮し，実際に活用できるようにするとともに，語順や修飾関係などにおける日本語との違いに留意して指導すること。 オ　辞書の使い方に慣れ，活用できるようにすること。 カ　身近で簡単な事柄について，友達に質問をしたり質問に答えたりする力を育成するため，ペア・ワーク，グループ・ワークなどの学習形態について適宜工夫すること。その際，他者とコミュニケーションを行うことに課題がある生徒については，個々の生徒の特性に応じて指導内容や指導方法を工夫すること。 キ　生徒が身に付けるべき資質・能力や生徒の実態，教材の内容などに応じて，視聴覚教材やコンピュータ，情報通信ネットワーク，教育機器などを有効活用し，生徒の興味，関心をより高め，指導の効率化や言語活動の更なる充実を図るようにすること。 新設 ク　各単元や各時間の指導に当たっては，コミュニケーションを行う目的，場面，状況などを明確に設定し，言語活動を通して育成すべき資質・能力を明確に示すことにより，生徒が学習の見通しを立てたり，振り返ったりすることができるようにすること。

現行（平成20年3月告示）	改訂（平成29年3月告示）
第2 3より (2) 教材は，聞くこと，話すこと，読むこと，書くことなどのコミュニケーション能力を総合的に育成するため，実際の言語の使用場面や言語の働きに十分配慮したものを取り上げるものとする。その際，英語を使用している人々を中心とする世界の人々及び日本人の日常生活，風俗習慣，物語，地理，歴史，伝統文化や自然科学などに関するものの中から，生徒の発達の段階及び興味・関心に即して適切な題材を変化をもたせて取り上げるものとし，次の観点に配慮する必要がある。 　ア　多様なものの見方や考え方を理解し，公正な判断力を養い豊かな心情を育てるのに役立つこと。 　イ　外国や我が国の生活や文化についての理解を深めるとともに，言語や文化に対する関心を高め，これらを尊重する態度を育てるのに役立つこと。 　ウ　広い視野から国際理解を深め，国際社会に生きる日本人としての自覚を高めるとともに，国際協調の精神を養うのに役立つこと。	(3) 教材については，次の事項に留意するものとする。 　ア　教材は，聞くこと，読むこと，話すこと［やり取り］，話すこと［発表］，書くことなどのコミュニケーションを図る資質・能力を総合的に育成するため，1に示す五つの領域別の目標と2に示す内容との関係について，単元など内容や時間のまとまりごとに各教材の中で明確に示すとともに，実際の言語の使用場面や言語の働きに十分配慮した題材を取り上げること。 　イ　英語を使用している人々を中心とする世界の人々や日本人の日常生活，風俗習慣，物語，地理，歴史，伝統文化，自然科学などに関するものの中から，生徒の発達の段階や興味・関心に即して適切な題材を効果的に取り上げるものとし，次の観点に配慮すること。 　（ア）多様な考え方に対する理解を深めさせ，公正な判断力を養い豊かな心情を育てるのに役立つこと。 　（イ）我が国の文化や，英語の背景にある文化に対する関心を高め，理解を深めようとする態度を養うのに役立つこと。 　（ウ）広い視野から国際理解を深め，国際社会と向き合うことが求められている我が国の一員としての自覚を高めるとともに，国際協調の精神を養うのに役立つこと。 その他の外国語 　その他の外国語については，英語の1に示す五つの領域別の目標，2に示す内容及び3に示す指導計画の作成と内容の取扱いに準じて指導を行うものとする。 **第3　指導計画の作成と内容の取扱い** 1　外国語科においては，英語を履修させることを原則とすること。 2　第1章総則の第1の2の(2)に示す道徳教育の目標に基づき，道徳科などとの関連を考慮しながら，第3章特別の教科道徳の第2に示す内容について，外国語科の特質に応じて適切な指導をすること。

索引

あ行

アイコンタクト	eye contact	131
曖昧性	ambiguity	50
アウトプット	output	34
アクティブ・ラーニング	active learning	11, 30, 59, 121
足場がけ	scaffolding	36
言い換え	paraphrase	87
言い直し	recast	46, 104
意見文	comment, opinion	88
一貫性	coherence	109
一般的能力	general competences	19 38, 39
意図的学習	intentional learning	142
異文化間能力（IC）	intercultural competence	16, 18, 39, 59, 150
異文化理解	intercultural understanding	48, 125, 165
意味交渉	negotiation of meaning	35
インタラクション	interaction	13, 19, 35, 61, 120
インタラクティブ処理	interacive processing	69
インテイク（内在化）	intake	34
イントネーション	intonation	69, 71, 101, 208
インフォメーション・ギャップ	information gap	39, 103
英語母語話者	English native speakers, native speakers of English	46
欧州評議会（COE）	Council of Europe	15
オーセンティック	authentic	73, 118, 154
オーディオリンガル・メソッド	audiolingual method	37
オーバーラッピング	overlapping	85, 100, 182
置き換え	substitution	108
音読	reading aloud	85, 182, 208

か行

外国語指導助手（ALT）	assistant language teacher	193
外国語習得	foreign language acquisition	43
外国語としての英語	English as a foreign language	12
外的価値観	extrinsic value	52

概念・機能シラバス	notional-functional syllabus	38, 134
外発的学習動機	extrinsic learning motivatiton	48
学習過程	learning process	210
学習指導要領	The Course of Study	25, 82, 135
学習者観	view of learners	167, 173
学習者中心	learner-centeredness	19, 58
学習者中心の授業	learner-centered class	191
学習者要因	learner factor	43, 49
学習ストラテジー	learning strategy	36
学校の教育方針	school educational policy	162
カリキュラム	curriculum	25
関心・意欲・態度	interest, will and attitude	206
観点別評価	criterion referenced evaluation	11, 206
慣用表現	idiom	140
キー・コンピテンシー	key competency	13
技能・表現	skills and expressions	206
機能語	function word	71, 116, 142
技能統合型	skills integrated	120, 148
技能統合型の活動	skills-integrated activities	59
教育機器	education devices	168
教育的評価	educational assessment	202
教材観	view of materials	167, 173
教材研究	researching teaching materials	163
教師中心の	teacher-directed/-centered	19
教師中心の授業	teacher-centered class	191
教室英語	classroom English	58, 194, 195
強勢（ストレス）	stress	69, 71, 101, 208
共通語としての英語	English as a lingua franca	11, 12
共通参照レベル	common reference levels	15, 20
協同学習	cooperative learning	61, 121, 192
偶発的学習	incidental learning	142
句読点	punctuation	108
クラス分けテスト	placement test	205
グループワーク	group work	120, 192
グローバルエラー	global error	210

グローバル市民 global citizen	14	
グローバル人材 global human resources/capital	10, 11, 14, 59	
形式・意味・機能の結びつき form-meaning-function mapping	34	
形式スキーマ form schema	68, 81, 84	
形成的評価 formative assessment	202, 205	
結束性 cohesion	109	
言語活動 language activity	19, 27	
言語間の距離 linguistic distance	135	
言語教師のポートフォリオ（J-POSTL） Japanese Portfolio for Student Teachers of Languages	10	
言語材料 language elements	27	
言語習得 language acquisition	43	
言語習得装置（LAD）language acquisition device	43	
言語使用者 language user	61	
言語と文化の複元的アプローチ参照枠（FREPA） A Frame of Reference for Pluralistic Approaches to Languages and Cultures	16	
言語の運用能力 language competence	120	
言語の使用場面 language-use situations	20, 27	
検定教科書 authorized textbook	120	
高次な思考力（HOTS）higher order thinking skills	40	
行動志向アプローチ action-oriented approach	19	
国際競争力 international competitive power	13, 14	
国際共通語 international lingua franca	11, 12, 61	
語・句の穴埋め式 fill-in-the-blanks/cloze	204	
国際語としての英語 English as an international language	11, 12	
固定観念（ステレオタイプ）stereotype	150, 153	
誤答分析 error analysing	209	
コノテーション connotation	138, 143	
コミュニカティブ・アプローチ communicative approach	19	
コミュニカティブな指導法（CLT） communicative language teaching	19, 38, 98	
コミュニケーション・タスク communication task	136	
コミュニケーション活動モデル communication event model	38	
コミュニケーション言語能力 communicative language competences	19, 38, 39	
コミュニケーションのための道具 communication tool	46	
コロケーション collocation	138, 140	

さ行

細案 detailed lesson plan	171
サマリー・ライティング summary writing	87, 116
思考・判断 thinking and judgement	206
自己評価 self-assessment	23, 62
自己評価記述文 self-assessment descriptors	23, 210
視聴覚教材 audio-visual aids	166
実際の発達領域（ZAD）zone of actural development	36
実用性 practicality	203
自動化 automatization	35, 85, 194
指導過程 procedure	174
指導観 view of teaching	167, 173
指導目標 teaching objectiveness / lesson target	173
自閉症 autism	51
四方読み buzz reading	85
自民族・自文化中心の物の見方 ethnocentric view	152
社会的行為者 social agent	19
尺度 criterion	203
シャドーイング shadowing	85, 101
自由英作文 essay writing	204
授業観察 class visits/observation	163
授業計画 lesson planning	162, 164, 165
授業力 didactic competence	57, 59
熟達度テスト achievement test	205
受容機能 receptive function	120
受容語彙 receptive vocabulary	141
ショウ・アンド・テル show and tell	102, 120, 124
使用域 register	143
生涯学習 life-long learning	21, 22
省察（しょうさつ→せいさつ）	
シラバス syllabus	133
自立 independence	22, 44
自律 autonomy	22, 44
自律型学習者 independent learners	45
自律的学習 autonomous learning	15
自律的学習者 autonomous learner	14, 22
自律的能力（自律性）autonomy	22
深層文化 deep culture	149, 153
診断的評価 diagnostic assessment	202, 205
信頼性 reliability	203

索引

推敲 edit	114
推論 inference	81, 89
スキーマ schema	68, 147, 166
スキット skit	103
スキミング skimming	89
スキャニング scanning	89
スタンダード standards	16
ステレオタイプ（固定観念）stereotype	150, 153
ストレス（強勢）stress	12, 71, 145
スピーチ speech	102, 120, 129
スピーキング・ストラテジー speeking strategy	104
スラッシュ・リーディング slash reading	85, 90, 208
省察 reflection	15, 22, 52, 62, 197
省察サイクル reflection cycle	62
省察ツール reflection tool	15, 16
精読 intensive reading	86
世界の諸英語 World Englishes	12
絶対評価 absolute evaluation	205
説明責任 accountability	204
宣言的（叙述的）知識 declarative knowledge	35, 39
選択式 multiple choice	204
草稿（下書き）draft	117
総括的評価 summative assessment	202, 205
相対評価 relative evaluation	205
測定具 gauge / meassuring instrument	204
速読 speed reading	86

た 行

第一言語（L1）first language	43
第二言語（L2）second language	43
第二言語習得（SLA）second language acquisition	34
第二言語としての英語 English as a second language	12
多肢選択法 multiple choice	78
多言語主義 multilingualism	17
多元的アイデンティティ multiple identities	150
他者性 otherness	152
タスク task	76, 103, 136
タスク中心教授法（TBLT）task-based language teaching	39, 98
妥当性 validity	203

多読 extensive reading	88, 147
多文化共生 multicultural symbiosis	209
知識・理解 knowledge and understanding	206
チャット chat	102
チャンク chunk	69, 90, 134
チャンツ chants	135, 167
中間言語 interlanguage	34, 43, 45
定期試験 periodic examination	207
ティーチャートーク teacher talk	194
ディクテーション dictation	115, 130
ディクトグロス dictogloss	116, 120, 130
ディスカッション discussion	87, 88, 104, 120
ディスコース・マーカー（談話標識）discourse marker	90, 94, 109
ディベート debate	87, 103, 120, 127, 130
ティームティーチング team teaching	193
手続き的知識 procedural knowledge	35
統一性 unity	109
統括的評価 summative assessment	202
到達度テスト achievement test	205
到達目標 achievement goal	164
ドシエ dossier	23
トップ・ダウン処理 top-down processing	69, 81
ドラマ drama	103

な 行

内在化 intake / internalization	34
内的価値観 intrinsic value	52
内容言語統合型学習（CLIL）content and language integrated learning	40
内容語 content word	71, 116, 142
内容スキーマ content schema	68, 81, 84
内容中心教授法（CBLT）content-based language teaching	40
内容理解 comprehension	180
ニーズ・アナリシス needs analysis	48
認知スタイル cognitive style	49
認知的発達段階 cognitive development stages	154
能力記述文 Can-do statements	23
ノート・テイキング note taking	116, 130

は行

場依存型 field dependence　　50

パターン・プラクティス pattern practice　　38, 135

発信機能 productive function　　120

発達最近接領域（ZPD）zone of proximal development　　36

発達障害 developmental disability　　51

発表語彙 productive vocabulary　　141

発表能力 ability to give a presentation　　206

場独立型 field independence　　50

パラグラフの構造 paragraph structure　　90

反転授業 flipped classroom　　168

ピア・レビュー peer review　　115, 117

低次な思考力（LOTS）lower order thinking skills　　40

筆記試験 written test　　204

評価 assessment　　202

評価基準 a measure of evaluatio/standard/criterion　　208

評価の物差し gauge for assessment　　203

表現の能力 ability to express　　207

剽窃 plagiarism　　117

表層文化 surface culture　　149, 153

頻度 frequency　　140

フィードバック feedback　　116

フォーカス・オン・フォーム focus on form / FonF　　41, 98, 130, 136

フォーカス・オン・フォーム アプローチ Focus on Form approach　　137

複合語 compound (word)　　140

複言語主義 plurilingualism　　17, 59

複文化主義 pluriculturalism　　17

フラッシュカード flash card　　143, 145

振り返り（省察）reflection　　15

プレ・スピーキング pre-speaking　　96

プレ・ライティング pre-writing　　112

プレ・リーディング pre-reading　　84, 147

プレ・リスニング pre-listening　　75

プレイスメントテスト placement test　　205

ブレインストーミング brainstorming　　84, 113

プレゼンテーション presentation　　102, 122, 125, 209

フレッシュ・キンケイドの公式 Flesch-Kincaid Grade Level　　83

プロジェクト型学習 project-based learning　　88

文化相対的な物の見方 ethnorelative view　　152

文法シラバス grammatical syllabus　　133

文法訳読法（GTM）grammar translation method　　37, 86

ペアワーク pair work　　120, 192

ポートフォリオ portfolio　　23, 117

母語習得 first language acquisition　　43

母語としての英語 English as a native language　　11, 12

ポスト・スピーキング post-speaking　　96, 98

ポスト・リスニング post-listening　　75, 77

ボトム・アップ処理 bottom-up processing　　69, 81

ホワイル・スピーキング while-speaking　　96

ホワイル・ライティング while-writing　　114

ホワイル・リスニング while-listening　　75, 76

ホワイル・リーディング while-reading　　84

ま行

マイクロティーチング microteaching　　198

マインドマッピング mind mapping　　113

民主的市民性 democratic citizenship　　152

メタ認知能力 meta-cognition　　39, 52, 130

メディア・リテラシー media literacy　　126

模擬授業 trial lesson　　197

黙読 silent reading　　84

目標言語材料 target language materials　　173

や行

ヨーロッパ言語教師教育プロフィール：参照枠（Profile）European Profile for Language Teacher Education: A Frame of Reference　　16

ヨーロッパ言語共通参照枠（CEFR）Common European Framework of Reference for Languages　　10, 15

ら行

ライティング・ストラテジー writing strategy　　117

リーダビリティ readability　　83

リーディング・ストラテジー reading strategy　　89

リード・ルックアップ・アンド・セイ read, look up and say　　85, 131, 182

リエゾン liaison　　115

理解可能なインプット comprehensible input　　34

索引

理解の能力 ability to understand	206
リズム rhythm	69, 71, 101
リテリング retelling	88, 101
リピーティング repeating	85, 100
リメディアル（の）remedial / developmental	135
略案 outline of a lesson plan	171
ルーブリック（評価）rubric	209
レシテーション recitation	101
ローカルエラー local error	210
ロール・プレイ role play, role playing	103, 120, 126

A

ALT (assistant language teacher) 外国語指導助手　31

C

Can-doリスト Can-do list　10, 14, 210

CEFR (Common European Framework of Reference for Languages) ヨーロッパ言語共通参照枠　10, 15

CLIL (content and language integrated learning) 内容言語統合型学習　40

CLT (communicative language teaching) コミュニカティブな指導法　19, 38

E

EFL (English as a foreign language) 外国語としての英語　11, 12

EIL (English as an international language) 国際語としての英語　11, 12

ELF (English as a lingua franca) 共通語としての英語　11, 12

ELP (European Language Portfolio) ヨーロッパ言語ポートフォリオ　15, 16, 23

ENL (English as a native language) 母語としての英語　11, 12

EPOSTL (European Portfolio for Student Teachers of Languages) ヨーロッパ言語教育履修生ポートフォリオ 16, 23

ESL (English as a second language) 第二言語としての英語　11, 12

F

FREPA (A Frame of Reference for Pluralistic Approaches to Languages and Cultures) 言語と文化の複元的アプローチ参照枠　16

I

IC (intercultural competence) 異文化間能力　18, 150

J

J-POSTL (Japan Portfolio for Student Teachers of Languages) 言語教師のポートフォリオ　10

JETプログラム Japan Exchange and Teaching Program　193

O

OECD (Organisation for Economic Co-operation and Development) 経済協力開発機構　13

P

PDCA (plan-do-check-act) 計画・実行・評価・改善　62

PISA (Programme for International Student Assessment) 学習到達度調査　13

PPP (presentation, practice, production) 提示・練習・産出　98, 137

S

SLA (second language acquisition) 第二言語習得　34

T

True or False 正誤問題　204, 207

引用・参考文献

- 石田雅近, 神保尚武, 久村研, 酒井志延編著（2011）英語教育学体系第7巻『英語教師の成長 求められる専門性』大修館書店
- 石渡一秀, グレッグ・ハイズマンズ著, 吉田研作, 金子朝子監修（2011）『現場で使える教室英語 重要表現から授業への展開まで』
- 和泉伸一（2016）『フォーカス・オン・フォームとCLILの英語授業』アルク
- 和泉伸一（2009）『「フォーカス・オン・フォーム」を取り入れた新しい英語教育』大修館書店
- 伊東治己（2016）『インタラクティブな英語リーディングの指導』研究社
- 卯城祐司編（2009）『英語リーディングの科学』研究社
- 英語教員研修研究会（2004）（石田雅近, 緑川日出子, 久村研, 酒井志延, 笹島茂）『現職英語教員の実態と将来像に関する総合的研究』平成15年度科学研究費補助金基盤研究（B）研究成果報告書 英語教員研修研究会
- 大井恭子編著 田畑光義, 松井孝志著（2008）『パラグラフ・ライティング指導入門 中高での効果的なライティング指導のために』大修館書店
- 大木充（2014）「グローバル人材育成政策と大学人の良識」, 西山教行, 平畑奈美編著『「グローバル人材」再考』くろしお出版
- 大木充（2011）「『ヨーロッパ言語共通参照枠』（CEFR）に学ぶ外国語学習の意義」大木充・西山教行編『マルチ言語宣言 なぜ英語以外の外国語を学ぶのか』京都大学学術出版会
- 大喜多喜夫（2009）『英語教員のための授業活動とその分析』昭和堂
- 大谷泰照, 杉谷眞佐子, 橋内武, 林桂子編著（2015）『国際的に見た外国語教員の養成』東信堂
- 岡秀夫, 赤池秀代, 酒井志延編著（2009）『「英語授業力」強化マニュアル』大修館書店
- 門田修平, 野呂忠司編（2001）『英語リーディングの認知メカニズム』くろしお出版
- 氏木道人, 伊藤佳世子著, 門田修平監修（2006）『決定版 英語エッセイ・ライティング』コスモピア株式会社
- 金谷憲編集代表, 阿野幸一, 久保野雅史, 高山芳樹（2012）『英語授業ハンドブック 中学編』大修館書店
- 金谷憲編集代表, 青野保, 太田洋, 馬場哲生, 柳瀬陽介編（2012）『英語授業ハンドブック 高校編』大修館書店
- フランシス・カルトン著 堀晋也訳（2015）「異文化間教育とは何か」, 西山教行, 細川英雄, 大木充編『異文化間教育とは何か グローバル人材育成のために』くろしお出版
- 清田洋一（2016）「英語教師の自律的な省察を支援する授業改善への取り組み」『言語教師教育Vol.3 No.1』JACET教育問題研究会
- 清田洋一（2015）「英語科教化法の授業におけるJ-POSTLの総合的な活用法―授業力への内省を深めるために―」『言語教師教育Vol.2 No.1』JACET教育問題研究会
- 熊野純彦（2006）『西洋哲学史 近代から現代へ』岩波新書
- 酒井志延（2011）「CEFRについて意識調査」『英語教師の成長に関わる枠組みの総合的研究』平成22年度科学研究費補助金基盤研究（B）研究成果報告書, 研究代表者：神保尚武, JACET教育問題研究会
- 酒井志延（2011）「提案3：CLTの日本への文脈化とポートフォリオ」JACET教育問題研究会編著『英語教師の成長に関わる枠組みの総合的研究』（平成22年度科学研究費補助金基盤研究（B）研究成果報告書, 研究課題番号：22320112）
- 笹島茂（2011）『CLIL 新しい発想の授業』三修社
- 塩澤正, 吉川寛, 石川有香編著（2010）英語教育学体系第3巻『英語教育と文化』大修館書店
- 白井恭弘（2012）『英語教師のための第二言語習得論入門』大修館書店
- 白畑知彦（2015）『英語指導における効果的な誤り訂正―第2言語習得研究の見地から』大修館書店

- 白畑知彦, 村野井 仁, 若林茂則, 冨田 祐一（2009）『英語教育用語辞典』（改訂版）大修館書店
- 白畑知彦, 冨田祐一, 村野井仁, 若林茂則（1999）『英語教育用語辞典』大修館書店
- 杉江修一（2011）『協同学習入門―基本の理解と51の工夫』ナカニシヤ出版
- 大学英語教育学会基本語改訂特別委員会編（2016）『大学英語教育学会基本語リスト　新JACET8000語彙リスト』桐原書店
- 髙木亜希子（2015）「英語科教職課程履修生による省察―言語教師のポートフォリオ（J-POSTL）を用いて―」『言語教師教育Vol.2 No.1』JACET教育問題研究会
- 高島英幸編著（2011）『英文法導入のための「フォーカス・オン・フォーム」アプローチ』大修館書店
- 高島英幸編著（2005）『文法項目別 英語のタスク活動とタスク34の実践と評価』大修館書店
- 高梨庸夫, 高橋正夫（2011）『新・英語教育学概論：改訂版』金星堂
- 高梨庸雄, 高橋正夫, Carl R. Adams, 久埜百合編（2004）『教室英語活用辞典』（改訂版）研究社
- 土屋澄男編著, 秋山朝康, 千葉克裕, 蒔田守, 望月正道著（2011）『新編英語科教育法入門』研究社
- 寺沢拓敬（2014）『「なんで英語やるの？」の戦後史』研究社
- 鳥飼玖美子（2016）『本物の英語力』講談社現代新書
- 中内康夫（2010）「国連における日本人増強問題～参議院ODA調査派遣における調査を踏まえて～」参議院事務局企画調整室編『立法と調査305号』参議院調査室
  http://www.sangiin.go.jp/japanese/annai/chousa/rippou_chousa/backnumber/2010pdf/20100601034.pdf
  （2016年8月28日引用）
- 中山夏恵, 栗原文子（2015）「中学校英語検定教科書に見られる異文化間コミュニケーションン能力―『言語と文化の複元的アプローチのための参照枠』を用いた分析を通して―」『言語教師教育Vol.2 No.1』JACET教育問題研究会
- 西山教行（2015）「異文化間教育はどのように生まれたか」西山教行・細川英雄・大木充編『異文化間教育とは何か グローバル人材育成のために』くろしお出版
- 西山教行（2011）「多言語主義から複言語・複文化主義へ」大木充・西山教行編『マルチ言語宣言　なぜ英語以外の外国語を学ぶのか』京都大学学術出版会
- 西山教行（2010）「複言語・複文化主義の形成と展開」細川英雄・西山教行編『複言語・複文化主義とは何か ヨーロッパの理念・状況から日本における受容・文脈化へ』くろしお出版
- マイケル・バイラム著 柳美佐訳（2015）「異文化間市民教育―外国語教育の役割」西山教行・細川英雄・大木充編『異文化間教育とは何か グローバル人材育成のために』くろしお出版
- 長谷川 元洋監修 松阪市立三雲中学校編著（2016）『無理なくできる 学校のICT活用―タブレット・電子黒板・デジタル教科書などを使ったアクティブ・ラーニング』
- 平田オリザ（2012）『わかりあえないことから コミュニケーション能力とは何か』講談社現代新書
- 久村研（2016）「EPOSTLからJ-POSTLへ：日本での適用可能性をめぐって」『言語教師教育Vol.3　No.1』JACET教育問題研究会
- 久村研（2015）「英語教師の異文化間教育力に対する自信の現状と課題」シンポジウム：中学英語検定教科書から見られる異文化指導の現状と課題 言語教育エキスポ 2015年3月15日
- 久村研（2014a）「言語教師のポートフォリオ：完成から普及へ」『言語教師教育Vol.1 No.1』JACET教育問題研究会
- 久村研（2014b）「英語教師の海外経験と異文化間教育への自信」『言語教師教育Vol.1 No.1』JACET教育問題研究会
- 広瀬友紀（2017）『ちいさい言語学者の冒険』岩波科学ライブラリー259
- 廣森友人（2015）『英語学習のメカニズム』大修館書店
- 松浦信和（2003）「絶対評価の誤解を解く(3)」『STEP英語情報』公益財団法人日本英語検定協会 36巻 pp. 26-35
- 松浦信和（2003）「絶対評価の誤解を解く(2)」『STEP英語情報』公益財団法人日本英語検定協会 34巻 pp. 30-33
- 松浦信和（2002）「絶対評価の誤解を解く(1)」『STEP英語情報』公益財団法人日本英語検定協会 31巻 pp. 24-27
- 松村昌紀（2012）『タスクを活用した英語授業のデザイン』大修館書店
- 三浦省五・深澤清治編（2009）『新しい学びを拓く英語科授業の理論と実践』ミネルヴァ書房

- 村野井仁（2006）『第二言語習得研究から見た効果的な英語学習法・指導法』大修館書店
- 文部科学省（2017）「小学校学習指導要領」
  http://www.mext.go.jp/a_menu/shotou/new-cs/__icsFiles/afieldfile/2017/04/27/1384661_4_1.pdf
  （2017年4月27日引用）
- 文部科学省（2017）「中学校学習指導要領」
  http://www.mext.go.jp/a_menu/shotou/new-cs/__icsFiles/afieldfile/2017/04/26/1384661_5_1.pdf
  （2017年4月26日引用）
- 文部科学省（2016）「平成27年度 英語力調査結果（高校3年生）の速報（概要）」
  http://www.mext.go.jp/b_menu/shingi/chousa/shotou/117/shiryo/__icsFiles/afieldfile/2016/05/24/1368985_7_1.pdf
  （2016年8月10日引用）
- 文部科学省（2016a）「次期学習指導要領改訂に向けたこれまでの審議のまとめ（素案）のポイント 参考資料」
  http://www.mext.go.jp/b_menu/shingi/chukyo/chukyo3/053/siryo/__icsFiles/afieldfile/2016/08/02/1375316_2_1.pdf
  （2016年8月20日引用）
- 文部科学省（2016b）「幼稚園、小学校、中学校、高等学校及び特別支援学校の 学習指導要領等の改善及び必要な方策等について（答申）」
  http://www.mext.go.jp/b_menu/shingi/chukyo/chukyo0/toushin/__icsFiles/afieldfile/2016/12/27/1380731_00.pdf
  （2016年12月27日引用）
- 文部科学省（2016）「次期学習指導要領改訂に向けたこれまでの審議のまとめ（素案）のポイント 参考資料」
  http://www.mext.go.jp/b_menu/shingi/chukyo/chukyo3/053/siryo/__icsFiles/afieldfile/2016/08/02/1375316_2_1.pdf
  （2016年8月20日引用）
- 文部科学省（2015）「生徒の英語力向上推進プラン」
  http://www.mext.go.jp/b_menu/shingi/chukyo/chukyo3/053/siryo/__icsFiles/afieldfile/2015/08/04/1360076_8.pdf
  （2016年8月10日引用）
- 文部科学省（2015）「平成26年度 英語力調査（高校3年生）結果の概要」
  http://www.mext.go.jp/component/a_menu/education/detail/__icsFiles/afieldfile/2015/07/03/1358071_01.pdf
  （2015年12月5日引用）
- 文部科学省（2015）「平成26年度 英語力調査（高校3年生）結果の概要（詳細版）」
  http://www.mext.go.jp/component/a_menu/education/detail/__icsFiles/afieldfile/2015/07/03/1358071_02.pdf
- 文部科学省（2015）「生徒の英語力向上推進プラン」
  http://www.mext.go.jp/b_menu/shingi/chukyo/chukyo3/053/siryo/__icsFiles/afieldfile/2015/08/04/1360076_8.pdf
  （2016年8月10日引用）
- 文部科学省（2014）「平成25年度「英語教育実施状況調査」の結果について」
  http://www.mext.go.jp/a_menu/kokusai/gaikokugo/1351631.htm （2015年12月15日引用）
- 文部科学省（2013）「各中・高等学校の外国語教育における「CAN-DOリスト」の形での学習到達目標設定のための手引き」. 初等中等教育局国際教育課.
  http://www.mext.go.jp/a_menu/kokusai/gaikokugo/__icsFiles/afieldfile/2013/05/08/1332306_4.pdf
  （2015年12月1日引用）
- 文部科学省（2013）「グローバル化に対応した英語教育改革実施計画」
  http://www.mext.go.jp/a_menu/kokusai/gaikokugo/__icsFiles/afieldfile/2014/01/31/1343704_01.pdf
  （2016年8月10日引用）
- 文部科学省（2012a）「グローバル人材育成戦略」
  http://www.kantei.go.jp/jp/singi/global/1206011matome.pdf （2015年11月30日引用）
- 文部科学省（2012b）「教職生活の全体を通じた 教員の資質能力の総合的な向上方策について（審議のまとめ）」中央教育審議会 教員の資質能力向上特別部会
  http://www.mext.go.jp/b_menu/shingi/chukyo/chukyo11/sonota/__icsFiles/afieldfile/2012/05/15/1321079_1.pdf
  （2015年12月15日引用）

- 文部科学省（2011）「国際共通語としての英語力向上のための5つの提言と具体的政策」外国語能力の向上に関する検討会
  http://www.mext.go.jp/component/b_menu/shingi/toushin/__icsFiles/afieldfile/2011/07/13/1308401_1.pdf
  （2015年12月1日引用）
- 文部科学省（2010）『高等学校学習指導要領解説外国語編・英語編』開隆堂出版
- 文部科学省（2009）「外国語学習指導要領」
  http://www.mext.go.jp/a_menu/shotou/new-cs/youryou/1356249.htm（2015年9月5日引用）
- 文部科学省（2009）「高等学校学習指導要領」
  http://www.mext.go.jp/a_menu/shotou/new-cs/youryou/kou/kou.pdf（2016年8月10日引用）
- 文部科学省（2008）「小学校学習指導要領」
  http://www.mext.go.jp/a_menu/shotou/new-cs/youryou/__icsFiles/afieldfile/2015/03/26/1356250_1.pdf
  （2016年8月10日引用）
- 文部科学省（2008）「中学校学習指導要領」
  http://www.mext.go.jp/a_menu/shotou/new-cs/youryou/__icsFiles/afieldfile/2015/03/26/1356251_1.pdf
  （2016年8月10日引用）
- 文部科学省（2008）『中学校学習指導要領解説外国語編』開隆堂出版
- 文部科学省（2003）「「英語が使える日本人」の育成のための戦略構想」
  http://www.mext.go.jp/b_menu/shingi/chousa/020/sessaku/020702.htm
- 文部科学省（2003）「「英語が使える日本人」の育成のための行動計画」
  http://www.mext.go.jp/b_menu/shingi/chukyo/chukyo3/015/siryo/04042301/011.htm（2016年8月10日引用）
- 文部科学省（2002）「「英語が使える日本人」の育成のための戦略構想」
  http://www.mext.go.jp/b_menu/shingi/chousa/shotou/020/sesaku/020702.htm#plan（2015年11月30日引用）
- 山川智子（2008）「欧州評議会・言語政策部門の活動成果と今後の課題―plurilingualism概念のもつ可能性―」『ヨーロッパ研究』第7号 東京大学ドイツ・ヨーロッパ研究センター
  http://www.desk.c.u-tokyo.ac.jp/download/es_7_Yamakawa.pdf（2016年9月10日引用）
- 吉島茂, 大橋理枝訳・編（2004）『外国語教育Ⅱ 外国語の学習，教授，評価のためのヨーロッパ共通参照枠』朝日出版社
- 米山朝二（2011）『新編 英語教育指導法事典』（改訂新版）研究社
- 米山朝二（2003）『英語教育指導法事典』研究社
- 渡辺浩行（1994）『リスニングの指導』研究社
- ELEC同友会英語教育学会実践研究部会編著（2008）『中学校・高校英語段階的スピーキング活動42』三省堂
- JACET教育問題研究会（2014）『言語教師のポートフォリオ』（J-POSTL）*Japanese Portfolio for Student Teachers of Languages.* JACET教育問題研究会
- JACET教育問題研究会（2013）『英語教師のためのポートフォリオの普及と英語で授業を行う能力基準に関する実証的研究』平成25年度科学研究費補助金基盤研究(B)研究成果報告書，研究代表者：神保尚武，JACET教育問題研究会
- JACET教育問題研究会（2012）『英語教師の成長に関わる枠組みの総合的研究』平成23年度科学研究費補助金基盤研究(B)研究成果報告書，研究代表者：神保尚武，JACET教育問題研究会
- JACET教育問題研究会（2006）『英語科教職課程における英語教授力の養成に関する実証的研究』平成17年度科学研究費補助金基盤研究(C)研究成果報告書，研究代表者：神保尚武，JACET教育問題研究会
- JACET教育問題研究会編（2005）『新英語科教育の基礎と実践―授業力のさらなる向上を目指して』三修社
- JACET教育問題研究会（2005）『英語科教職課程における英語教授力の養成に関する実証的研究』平成16年度科学研究費補助金基盤研究(C)研究成果報告書，研究代表者：神保尚武，JACET教育問題研究会
- Newby, D.（2011）「CEFR, ELP, EPOSTLのヨーロッパにおける文脈化」（2010年8月開催「英語・独語・仏語教育合同シンポジウム」基調講演の日本語訳）『英語教育の成長に関わる枠組みの総合的研究』平成22年度科学研究費補助金基盤研究(B)研究成果報告書，研究代表者：神保尚武，JACET教育問題研究会
- Richard Schmidt & Jack C. Richards編著 高橋 貞雄・山崎 真稔・小田 眞幸・松本 博文訳（2013）『ロングマン言語教育・応用言語学用語辞典』（増補改訂版）南雲堂

＜本書で参考にした検定教科書＞

- 『New Horizon English Course 2』（2015）著者代表：笠島準一，関 典明，東京書籍
- 『Power On English Communication I』（2016）著者代表：浅見道明，東京書籍

- Anderson, J. R. (1983) *The Architecture of Cognition.* Cambridge, MA: Harvard University Press.
- Bloom, B. S. (ed) et al. (1956). *Taxonomy of Educational Objectives. Handbook I: The Cognitive Domain.* New York: David McKay Co Inc.
- Byram, M. (2008). *From foreign language education to education for intercultural citizenship.* Clevedon: Multilingual Matters.
- Byram, M. (1997). *Teaching and Assessing Intercultural Communicative Competence.* Clevedon: Multilingual Matters.
- Candelier, M. et al. (2012). *FREPA: A Frame of Reference for Pluralistic Approaches to Languages and Cultures—Competences and resources.* Council of Europe/ECML.
- Council of Europe (2006). Plurilingual Education in Europe: 50 years of international cooperation. http://www.coe.int/t/dg4/linguistic/Source/Plurilingal_Eduation_En.pdf. （2016年1月29日引用）
- Council of Europe (2001). *Common European Framework of Reference for Languages: Learning, teaching, assessment.* Modern Language Division, Strasbourg. Cambridge University Press.
- Crystal, D. (2003). *English as a Global Language Second Edition.* CUP.
- Deardorff, D. (2016) Creating a global campus: Lessons learned from graduating global ready graduates, Lecture handout distributed at the Annual Conference of SIETAR at Nagoya University of Foreign Studies, 18 Sep 2016.
- Deardorff, D. (2011). "Intercultural competence in foreign language classrooms: A framework and implications for educators" in Witte, A. and Harden, T. (Eds.), *Intercultural Competence,* 37-54. Bern: Peter Lang.
- Eurydice (2012). *Key Data on Teaching Languages at School in Europe 2012.* European Commission. http://ec.europa.eu/languages/policy/strategic-framework/documents/key-data-2012_en.pdf （2016年8月10日引用）
- Fenner, A-B. (2012). The EPOSTL as a Tool for Reflection. In Newby, D. (Ed.) *Insights into the European Portfolio for Student Teachers of Languages (EPOSTL).* Cambridge Scholars Publishing.
- Goh, C.C.M. & Burns, A. (2012). *Teaching speaking: A holistic approach.* New York: Cambridge University Press.
- Hall, E.H. (1976) *Beyond Culture.* New York: Anchor Books/Doubleday.
- Jenkins, J. (2002). A Sociolinguistically Based, Empirically Researched Pronunciation Syllabus for English as an International Language. *Applied Linguistics* 23/1. 83-103.
- Jenkins, J. (2000). *The Phonology of English as an International Language.* OUP.
- Kelly, M. and Grenfell, M. (2004). *European Profile for Language Teacher Education. A Frame of Reference.* European Commission. University of Southampton
- Kolthagen,F. (2001). *Linking practice with theory.* Lawrence Erlbaum Associates, Inc. http://ec.europa.cu/languages/documents/doc489_en.pdf. （2015年12月5日引用）
- Lantolf, J.and Poehner, M. (eds.) (2008). *Sociocultural Theory and the Teaching of Second Languages.* London: Equinox Publishing.
- Little, D., Hodel, H.P., Kohonen, V., Meijer. D. & Pervlová, R. (2007). *Preparing teachers to use the European Language Portfolio.* Council of Europe Publishing.
- Lynch, T. (2009). *Teaching second language listening.* Oxford University Press.
- Mayo, G. (ed.)(2007). *Investigating Tasks in Formal Language Learning.* Clevedon: Multilingual Matters.
- Mehlmauer-Larcher, B. (2015). English Language Education in Austria: Teacher Education in the Context of the CEFR. Key-note Speech at Language Education EXPO 2015.
- Mehlmauer-Larcher, B. (2011). Implementing the EPOSTL in the early phase of pre-service EFL teacher education. In Newby, D., Fenner, A.B. & Jones, B. (Eds.) *Using the European Portfolio for Student Teachers of Languages.* Council of Europe/ECML.

引用・参考文献

- Nation, I. S. P. & Newton, J. (2009). *Teaching ESL/EFL listening and speaking.* New York: Routledge.

- Newby. D. (2014). Report on the conference: Crossing continents: EPOSTL around the world. http://epostl2.ecml.at（2014年5月15日引用）

- Newby, D. (2012a). The *EPOSTL* and the *Common European Framework of Reference.* In Newby, D. (Ed.): *Insights into the European Portfolio for Student Teachers of Languages (EPOSTL).* Cambridge Scholars Publishing.

- Newby, D. (2012b). *The European Portfolio for Student Teachers of Languages:* Background and Issues. Newby, D. (Ed.): *Insights into the European Portfolio for Student Teachers of Languages (EPOSTL).* Cambridge Scholars Publishing.

- Newby, D. Allan, R., Fenner, A-B, Jones, B., Komorowska, H., Soghikyan, K. (2007). E*uropean Portfolio for Student Teachers of Languages.* Strasbourg: Council of Europe Publishing.

- OECD/PISA (2003). *The Definition and Selection of Key Competencies: Executive Summary.* http://www.oecd.org/dataoecd/47/61/35070367.pdf. (retrieved in Dec. 2011)

- O'Malley, M and Chamot, A. (1990). *Learning Strategies in Second Language Acquisition.* Cambridge: Cambridge University Press.

- Richards, J. C. and Burns, A. (2012). *Tips for teaching listening:* A practical approach. New York: Pearson.

- Selinker, L. (1972). Interlanguage. *International Review of Applied Linguistics in Language Teaching* 10, 209-231.

- Swain, M. and Lapkin, S. (1995). Problems in output and the cognitive processes they generate: a step towards second language learning. *Applied Linguistics* 16, 371-91.

- Vygotsky, L. (1978). *Mind in Society: The Development of Higher Psychological Processes.* Cole, M., John-Steiner, V. Scribner, S. and Souberman, E., (Eds.) Cambridge, MA: Harvard University Press.

271

執筆者紹介

■監修

神保 尚武（じんぼ ひさたけ）　早稲田大学名誉教授

専門分野は英語教育。主な著書：『Get You Message Across-Writing Communicative Paragraphs』（共著，南雲堂，2008年），『大学英語教育学―その方向性と諸分野』（「英語教育学大系第1巻」共編著，大修館書店，2010年），『英語教師の成長―求められる専門性』（「英語教育学大系第7巻」共編著，大修館書店，2011年）

■編集統括

久村 研（ひさむら けん）　田園調布学園大学名誉教授

■執筆者（五十音順）

浅岡 千利世（あさおか　ちとせ）　［第2章・第16章担当］

獨協大学教授。専門分野は英語教育，教師教育。主な著書：『言語教師認知の動向』（共著，開拓社，2014年），『英語教師の成長―求められる専門性』（「英語教育学大系第7巻」共著，大修館書店，2011年），『All Aboard! English Communication I, II』『All Aboard! Communication English III』（高等学校検定教科書，共著，東京書籍，2012年〜2017年）

清田 洋一（きよた よういち）　［第14章・第15章担当］

明星大学教授。専門分野は英語教育，リメディアル教育，バイリンガリズム。主な著書：『英語学習ポートフォリオの理論と実践―自立した学習者をめざして』（共著，くろしお出版，2017年），『All Aboard! English Communication I, II』『All Aboard! Communication English III』（高等学校検定教科書，共著，東京書籍，2007年〜2017年），「否定的な学習意識を協同学習で変える：自尊感情の向上を目指して」『英語教育』（大修館書店，2011年2月第59巻第12号），『英語教師の成長―求められる専門性』（「英語教育学大系第7巻」共著，大修館書店，2011年）

栗原 文子（くりはら ふみこ）　［第3章・第7章・第9章・第13章（共同）担当］

中央大学商学部教授。専門分野は英語教育，異文化間学習。主な論文・著者："Developing learners' intercultural communicative competence: An E-mail exchange project between Japanese and Taiwanese university students."『英語英米文学』第50集（中央大学英米文学会，2010年），"Can intercultural competence be developed through textbooks? An analysis of English textbooks for Japanese junior high school students."『言語教師教育』vol.2, No.2（共著，JACET教育問題研究会，2015年），『Prominence English Communication I, II』（高等学校検定教科書，共著，東京書籍，2017年〜）

酒井 志延（さかい しえん）　［第4章・第10章・第17章担当］

千葉商科大学教授。専門分野は英語教育学。主な論文・著書：「リメディアルと向き合う」『英語教育』（大修館書店，2011年2月第59巻第12号），「日本の英語学習者の認知方略使用構造について」『リメディアル教育研究』（2011年3月），「英語教育の2つの課題と CEFR の文脈化」*Media, English and Communication*（2011年7月），『英語教師の成長―求められる専門性』（「英語教育学大系第7巻」共編著，大修館書店，2011年）

髙木 亜希子（たかぎ あきこ）　［第6章・第8章担当］

青山学院大学准教授。専門分野は英語教育学。主な著書：『英語教師の成長―求められる専門性』（「英語教育学大系第7巻」（共著，大修館書店，2011年），『はじめての英語教育研究』（共著，研究社2016年），『Power On English Communication I, II』『Power On Communication English III』（高等学校検定教科書，共著，東京書籍，2012年〜2017年）

中山 夏恵（なかやま なつえ）　［第11章・第12章・第13章（共同）担当］

文教大学准教授。専門分野は英語教育，異文化アプローチによる言語教育，電子辞書研究。主な著書・論文：『英語教師の成長：求められる専門性』（共著，大修館書店，2011年），「中学校英語検定教科書に見られる異文化間コミュニケーション能力―『言語と文化の複元的アプローチのための参照枠』を用いた分析を通して―」『言語教師教育』vol.2, No.1（共著，JACET 教育問題研究会，2015年）

久村 研（ひさむら けん）　［第1章・第5章担当］

田園調布学園大学名誉教授。専門分野は英語教育学（英語教師教育）。JACET 教育問題研究会会誌『言語教師教育』編集代表。主な著書：『英語教師の成長―求められる専門性』（「英語教育学大系第7巻」（共編著，大修館書店，2011年），『新しい時代の英語科教育の基礎と実践』（共編著，三修社，2012年），『新英語科教育の基礎と実践』（共著，三修社，2001年），以上のほか高等学校英語検定教科書（東京書籍，1988〜2011年）数点などがある。

行動志向の英語科教育の基礎と実践
―教師は成長する―

2017年11月30日　第1刷発行
2019年 2 月28日　第2刷発行

編　者　　JACET教育問題研究会

発行者　　前田俊秀

発行所　　株式会社 三修社
　　　　　〒150-0001東京都渋谷区神宮前2-2-22
　　　　　TEL 03-3405-4511　FAX 03-3405-4522
　　　　　振替 00190-9-72758
　　　　　http://www.sanshusha.co.jp
　　　　　編集担当 三井るり子

印刷所　　壮光舎印刷株式会社

製本所　　牧製本印刷株式会社

©2017 Printed in Japan ISBN978-4-384-05876-5 C1082

カバーデザイン　土橋公政
本文デザイン・DTP　秋田康弘

JCOPY 〈出版者著作権管理機構 委託出版物〉
本書の無断複製は著作権法上での例外を除き禁じられています。複製される場合は、
そのつど事前に、出版者著作権管理機構（電話 03-5244-5088 FAX 03-5244-5089
e-mail: info@jcopy.or.jp）の許諾を得てください。

M·H